YINLING YU CHENGZHANG
DILING CHUFA WEICHENGNIANREN
JIAOYU JIAOZHENG YANJIU

引领与成长

低龄触法未成年人教育矫正研究

刘若谷 /著

人民出版社

目　录

序　一

未成年人是新时代的希望和接班人，未成年人的健康成长是家庭幸福的源泉、社会发展的动力、国家复兴的关键。但由于多方面的原因，少数未成年人出现了心理失衡、道德失范、行为失当，甚至触犯法律。2009 年以来，我国大龄未成年人犯罪得到了有效遏制，而低龄未成年人犯罪的比重却逐年上升。人们震惊地发现，10 岁出头的"毛孩子"不仅抢劫或盗窃财物、欺凌或伤害他人，"熊孩子"经常肆无忌惮地挑战法律的底线，低龄未成年人弑母杀师的滔天大罪也时有发生。低龄未成年人触法现象已经成为家庭之痛、学校之困、社会之难题。既对国家、社会和人民造成莫大的危害，也毁掉了低龄未成年人的人生及其家庭。面对如此现实，人们都认识到其重大隐患，也尝试从全方位、立体化、实效化对低龄触法未成年人实施预防和干预。不过目前针对涉罪低龄未成年人的教育矫正管理情况却不容乐观。一是常规管教途径效果堪忧，涉罪低龄未成年人往往处于"家长管不了、学校管不好、社会管不着"的"三不管"境地。随着我国城市化进程的推进，大量农村人口迁移到城市居住，客观上造成了大量留守儿童和流动人口，亲子分离成为许多家庭的常态，加之网络的迅猛发展、智能手机等网络移动终端的普及与"触网"年龄的低龄化趋势，最终导致亲子沟通的量与质双双下降，使许多家庭丧失了情感与道德管教的基本功能。而城镇化带来的传统村落凋零、宗族势力衰败，导致邻里、宗族、村集体等传统社会教育力量式微，而新社区的教育功能尚未形成，使社会教育处于"青黄不接"的境地。二是司法强制性管教途径利弊共存，隔离、强制带来的矫正效果并不尽如人意，而"交叉感染""污名化效果"等"副作用"却如影相随。根据我国法律规定，14 岁以下的低龄未成年人不承担刑事责任，司法机构对这部分群体无权进行管束。因此涉罪低龄未成年人的管教面临非司法途径与司法途径双重乏力的困境。令人高兴的是，刘若谷博士多年来致力于问题青少年教育矫正管理研究，选取低龄触法未成年人作为研究对象，对自己的博士论文精雕细刻、反复修改，为该领域奉献出少见的耳目一新的专著：《引领与成长——低龄触法未成年人教育矫正研究》一书。

本书的最大亮点是，基于多元化开放性的教育矫正视域，进行系统的理论分析，探讨低龄触法未成年人教育矫正的策略与路径。首先对低龄触法未成年人矫正现状、未成年人犯罪理论及对 11 岁—13 岁的普通和触法低龄未成年人抽样问卷调查进行分析，探究低龄触法未成年人触法的原因。这使作者夯实了后续研究的现实根基，使后续研究有理有据。然后，从多元化的大教育视域出发，立足教育矫正的终极关怀，探究对低龄触法未成年人的教育矫正的价值预设、价值承诺和定位问题等。以此为理据，展开对低龄触法未成年人教育矫正价值本体探究，确立幸福成长作为教育矫正的价值本体。最后，基于教育生态理论，以法治、德治、心治和综治策略为基础，从法治教育、传统文化、人格完善、生态协调四个方面出发，进而提出矫正路径、主题选择和教育方法，探讨低龄触法未成年人的教育矫正方式，构建具有系统性与逻辑性的教育矫正内容体系，以切实帮助低龄触法未成年人顺利成长、回归社会。

通览全书，作者笔下辞藻温润、字字珠玑，对涉罪低龄未成年人不是严加斥责与贬低，而是怀着悲天悯人的情怀来书写他们的内心世界，充分体现了我国优秀传统文化中"幼吾幼以及人之幼"的恤幼、爱幼美德。可以看出，在作者眼中，低龄触法未成年人不仅仅是违法犯罪事件的加害者，也是家庭、学校、社会管教不当的受害者，所以不能把所有的错误都算到低龄触法未成年人的头上，否则是有失公允甚至恃强凌弱的。面对低龄触法现象，家庭、社会、国家均应承担自己应负的那部分责任。这体现了作者人道主义精神和人文关怀的基调。

作者在书中重点强调了影响低龄未成年人触法行为发生的因素，以提醒相关人员能够及早发现低龄未成年人触法行为，由事后的消极惩罚转向事前的积极预防。另外，作者尝试论证将低龄未成年人的触法行为纳入法律视阈，为相关法律法规的变革提供理论基础，预防低龄未成年人触法行为的再犯、累犯和惯犯，在触法行为矫正、道德修复与灵魂转向中健康成长。这是本书理论研究和实践探索的重要现实意义。这种超前预防思想与实务探索倾向均着眼于将理论用于指导和改造实践，在学术追求上体现了"上工治未病"的境界，精神可嘉，可圈可点。

希望刘若谷博士以本书的出版作为新的起点，深入探索低龄触法未成年人教育矫正的内在规律与发生发展机制，并将研究成果转化为社会效益，用研究所得解决该领域的现实问题。期待刘若谷博士将研究向纵深发展：一是从哲学层面深入思考低龄触法未成年人教育矫正的价值与实现路径；二是深入个案，探寻低龄触法未成年人的内在形成机制与发展轨迹；三是在挖掘中国优秀传统文化的同时借鉴国外的先进研究成果，形成与中国国情相适应的、有中国特色的低龄触法未成年人教育矫正管理理论与实践体系。

苏春景

2019 年 7 月 30 日

（苏春景，二级教授、博士生导师，享受国务院政府特殊津贴专家，鲁东大学问题青少年教育矫正研究院院长）

序 二

近些年来，由低龄未成年人实施的恶性事件频发，但这不仅仅是少年司法所面对的挑战，也是家庭、学校和社会所应当重视和反思的问题。

若从少年法的视角来看，未成年人的罪错行为（美国称为delinquency，日本称为"非行"）可以划分为虞犯行为、违警行为、触法行为、犯罪行为四种类型①，这四种行为虽然在广义上同属于未成年人罪错行为，但根据现行法律，其在法律性质上却是存在重大甚至是根本性的差异。造成这种差异的原因在于我国目前尚无专门的少年法和独立的少年司法制度，并未将未成年人罪错行为从普通法（成人法）中分离出来予以特殊和专门对待，而是仍然适用与成年人同样的《刑法》《刑事诉讼法》《治安管理处罚法》等。承受了诸多骂名的《未成年人保护法》《预防未成年人犯罪法》并无"司法法"的性质，对于未成年人罪错行为的处置和干预没有实际约束力。

---

① 虞犯行为具备"成年人可为而未成年人不可为""自害性或轻微害他性""犯罪倾向性"三大实质特征，同时还应当具有法律明确规定的形式特征；违警行为即具有一定社会危害性，触犯治安管理处罚法，但尚不构成刑事犯罪危害程度的行为；触法行为是指因为未满刑事责任年龄或因刑事政策原因不予以刑事处罚的行为，其具有成年人实施即为刑事犯罪的特点；犯罪行为是指符合犯罪构成诸要件的未成年人刑事犯罪行为。详见姚建龙：《论〈预防未成年人犯罪法〉的修订》，《法学评论》2014年第6期；姚建龙、李乾：《论虞犯行为的早期干预》，《东南大学学报》2017年第2期；姚建龙、孙鉴：《触法行为干预与二元结构少年司法制度之设计》，《浙江社会科学》2017年第4期等。

未成年人是与成年人本质不同的独立群体，而不是缩小的成年人，这是现代儿童观的基本立场。体现在法律与司法制度设计上，即要求将未成年人的罪错行为与成年人的违法犯罪行为区别对待，也就是要求有专门的少年法和独立的少年司法制度。但显然，我国目前的立法和司法制度设计与这样的要求还存在较大的差距。其结果是，对于未达到责任年龄的低龄但有危害社会行为的未成年人（主要是指有违警行为和触法行为的低龄未成年人），根据现行法律既无法给予公众所期待的处罚，也无法给予必要的教育矫治措施，而只能陷入"养大了再打，养肥了再杀"的"养猪困局"。而另一个同样也需要重视的困局是，对达到责任年龄、有危害社会行为的未成年人则实际是比照成年人从轻、减轻处罚——"一罚了之"。

近些年来，随着社会舆论对以校园欺凌为代表的低龄未成年人恶性危害社会行为的关注——更准确地说是不满和愤怒，如何完善我国对于未成年人罪错行为的干预、教育与矫治机制，已经在一定程度上引起了学术界的重视，并且形成了主张降低刑事责任年龄的"严罚说"和反对降低刑事责任年龄但主张完善少年司法制度特别是其中的保护处分制度的"宽容而不纵容说"两种观点的对立。但总体来看，学术界的研究仍然是十分薄弱的，而且基本上只限于法律界和法律视角的讨论，显然也还存在着学科视角的不足。

也正是因为如此，刘若谷博士从多学科但偏重于教育学的《引领与成长——低龄触法未成年人教育矫正研究》一书，不仅有力加强了国内对于低龄未成年人罪错行为研究的力度，也因为其学科视角的综合性和特别性而给人诸多启迪。在刘若谷博士看来：低龄触法未成年人的教育矫正问题，是一个多学科综合的研究问题；需要打破学科间的藩篱，从多元化的大教育视域出发，立足教育矫正的终极关怀，探究对低龄触法未成年人的教育矫正的价值预设、价值承诺和定位问题等；以此为理据，展开对低龄触法未成年人教育矫正价值本体探究，确立幸福成长作为教育矫正的价值本体；从价值定位的本体性承诺出发，在对低龄未成年人触法原因进行定量分析的基础上，进一步探究对低龄触法未成年人实施教育矫正的策略及途径问题，引领低龄触法未成年人个体价值观的重构，帮助低龄触法未成年人顺利成长、回归社会。

不能不说，这样的研究思路是有极大的难度和挑战性的，也在某种程度上体现了刘若谷博士的学术胆略甚至可以说是"雄心"，而这也正是青年学者的可爱和可敬之处。通读本书，既有对低龄未成年人抽样问卷调查的实证分析，也有对低龄触法未成年人教育矫正的理论探讨，更有从法治教育、传统文化、人格完善、生态协调四个方面对触法低龄少年的教育矫正策略的探讨。如果按照严谨的少年法学视角尤其是根据现有法律规定，本书尚有不确之处，但这种侧重于教育学的多学科视角研究，却可以为如何完善我国对于未成年人罪错行为的干预制度，特别是未成年人立法和少年司法制度提供独特的参考——毕竟在本质上，未成年人罪错行为不是法律问题，而是教育问题。据悉，全国人大已经将《未成年人保护法》和《预防未成年人犯罪法》的修订纳入立法规划，相信本书的出版也会对于促进我国未成年人立法的完善发挥积极的作用。

2012 年 12 月，鲁东大学获批"问题青少年教育矫正管理"博士人才培养项目，成为首批服务国家特殊需求博士人才培养项目单位——迄今为止仍然是国内唯一一个专门培养问题青少年教育矫正管理方向博士的博士点。因为长期从事青少年犯罪与司法研究的原因，我有幸兼任鲁东大学博士生导师，见证和参与了鲁东大学博士点的建设和发展。可以说，鲁东大学已经成为国内青少年犯罪研究和人才培养的重镇，在服务国家青少年犯罪治理与立法中发挥了日益重要的作用。刘若谷博士虽然并非我直接指导的博士生，但其虚心好学、刻苦钻研的学风给我留下了深刻的印象，相信他在未来学术发展道路上必有所成。

姚建龙

2019 年 8 月 1 日于上海

（姚建龙，教授、博士生导师，上海政法学院副校长、

上海市法学会未成年人法研究会会长）

导　言

最快乐的天使，你可懂得焦虑、
羞愧、内疚、啜泣、厌倦，
以及那些可怕的黑夜里，
使心缩成一团皱纸的茫然的恐惧？
最快乐的天使，你可懂得焦虑？
　　　　　　——夏尔·波德莱尔《恶之花·替赎》

教育非他，乃是心灵的转向。
　　　　　　　　　　　　——柏拉图

一、研究背景与问题提出

以低龄触法未成年人为研究对象，探讨如何引领其个体价值观的重构，帮助其顺利回归社会、健康成长，从开放性与多样性教育的视域审视低龄触法未成年人的教育矫正，笔者对这一课题的关注源自2009年以来我国未成年人犯罪虽然得到有效遏制，而低龄未成年人犯罪的比重却逐年上升的严峻现实。发生于校园内外的一个个迷失人性、充满"戾气"与"炫暴"色彩的恶性事件，令人触目惊心，当我们面对这些青春少年的"恶之花"时，不能不引发关于"孰之过"的追问。当然这种追问的目的不在于指责，而是寻求解决问题的方案。研究背景中的有关统计数据和案例或许能够给我们提供展开问题研究的线索与启示。

（一）研究背景

如图 1–1 所示，我国法院审理未成年人刑事案件人数从 2000 年的 41709 人（占总人数的 6.5%）逐年上升，到 2008 年的 88891 人（占总人数的 8.8%）达到顶峰后，开始减少至 2013 年的 55817 人（占总人数的 4.8%）。这表明我国在控制未成年人犯罪方面取得了较好的成绩。

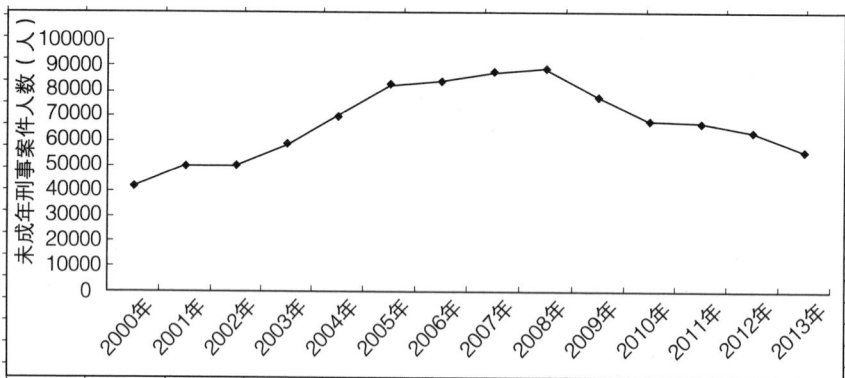

图 1–1　2000 年—2013 年法院审理未成年刑事案件人数示意图

数据来源：中国统计年鉴 2014 年

如图 1–2 所示，2001 年、2010 年 [1] 和 2013 年 [2] 三次全国未成年人犯罪抽样调查数据显示未成年人犯罪年龄呈明显的下移趋势。但

---

[1] 关颖：《未成年人犯罪特征十年比较——基于两次全国未成年犯调查》，《中国青少年研究》2012 年第 6 期。

[2] 路琦、董泽史、姚东、胡发清：《2013 年我国未成年犯抽样调查分析报告（上）》，《青少年犯罪问题》2014 年第 3 期。

是 14 岁^① 未成年人犯罪的比例从 2001 年的 12.1% 上升到 2013 年的 27.75%，可谓触目惊心。

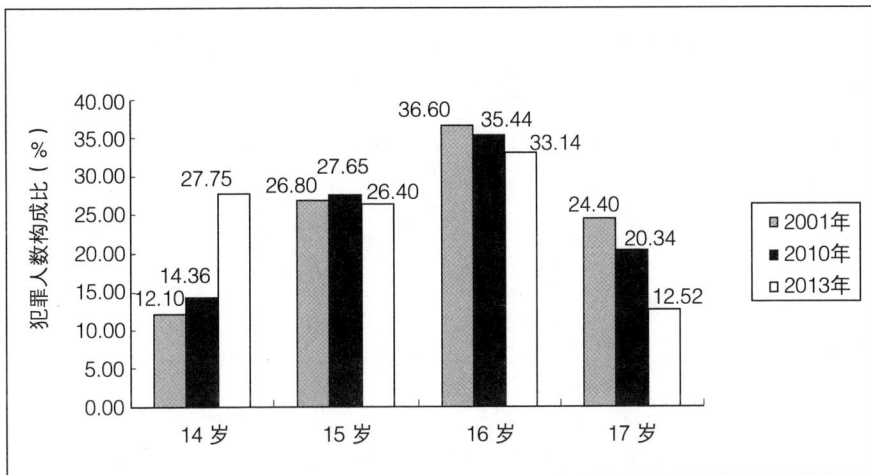

图 1-2　2001 年、2010 年与 2013 年未成年人犯罪年龄分布图

　　根据我国刑法规定，不满 14 岁的未成年人对任何犯罪行为均不承担刑事责任，不在刑事司法的研究范围内，所以我们从 2000 年—2013 年全国法院审理青少年犯罪情况的统计中，无法看出 14 岁以下低龄未成年人的违法犯罪情况。但我们从一些区域性的统计数据中可以看出，触法未成年人的低龄化呈明显上升趋势。未成年人违法犯罪的初始年龄已由 20 世纪 80 年代初的 14、15 岁，提前到了 13 岁以下。山东省 2005 年在押的 1500 名未成年犯中，初次实施违法犯罪行为的，12 岁的占 4.01%、13 岁的占 5.5%^②。据张远煌等人

---

① 作者注：本书所涉及的"岁"均指《最高人民法院关于审理未成年人刑事案件具体应用法律若干问题的解释》第二条、刑法第十七条规定的"周岁"，按照公历的年、月、日计算，从周岁生日的第二天起算。

② 李康熙：《未成年人违法犯罪急剧上升的原因分析——以山东省为例的研究》，《青少年犯罪问题》2007 年第 4 期。

的统计，"未成年犯第一次实施犯罪的年龄主要集中在 14—16 岁，占到全部未成年犯的 77.5%；7—13 岁年龄段第一次实施犯罪的比例也高达 9.8%"①。笔者于 2015 年对山东省未成年犯管教所收监的未成年犯基础情况调查发现，不满 14 岁时有不良行为的占 87%，有严重不良行为的占 52%，触犯《治安管理法》的达到 34%②。根据国外的自我报告和官方统计数据显示，只有大约 3%—15% 的严重青少年犯罪行为能够引起警方的注意，事实上官方数据有可能低估了犯罪的实际发生率③。依此看来，我国低龄未成年人的犯罪情况比已公布的统计数据要更为严峻。

如果说统计数据大多停留于理性分析，那么一个个案例则会引起人们心灵的颤抖。2015 年 1 月 18 日，湖南邵阳邵东县三名少年为筹钱上网，盗窃学校小卖部时，被一位女老师发现，担心女老师报警，先用棍棒击打女老师的头部，继而追打至厕所，并用毛巾捂住女老师口鼻，最终致其死亡。这三名学生一个是初三的学生 13 岁，一个是初二的学生 12 岁，一个是小学六年级的学生 11 岁④。2015 年 6 月，湖南衡阳 12 岁留守女童小雯，将放了毒药的可乐送给同学小霞和小林，致使二人中毒身亡。案件的原因是同学之间的小矛盾，而投毒杀人的蓄谋已有一个月之久⑤。2016 年 6 月，陕西洛南一名瘦小的女生被逼在厕所的墙角被几个女生轮流掌掴、脚踹、扯头发。施暴的原因竟是被打女生与打人女生其中

---

① 张远煌、姚兵：《中国现阶段未成年人犯罪的新趋势——以三省市未成年犯问卷调查为基础》，《法学论坛》2010 年第 1 期。

② 刘若谷、苏春景：《虞犯制度背景下工读学校改革走势的思考》，《中国特殊教育》2016 年第 8 期。

③ ［美］C.Bartol, A.Bartol：《犯罪心理学》，杨波等译，中国轻工业出版社 2009 年版，第 44 页。

④ 张瑞：《杀师之后》，2016-02-18，见 http://www.weibo.com/p/1001643943993107959988。

⑤ 袁汝婷、谢樱：《留守女童毒死两同学》，2015-06-17，见 http://news.sina.com.cn/o/2015-06-17/081931959829.shtml。

之一"撞衫"①。2018年3月，湖北孝感市一名14岁女生在放学回家路上，遭一名13岁男生持刀抢劫。女生被逼脱光衣服，脖子、手臂和腿上多处被该男生刺伤。行凶者因其未满14周岁，不承担刑事责任，很快被释放。男生家长拒绝将孩子由政府收容教养，该男生仍处于无人监管的境况②。

一个个未成年人犯罪的恶性案件，令人触目惊心，不寒而栗。从未成年罪犯的文化层次来看，2001年犯罪时是文盲的占3.3%，小学没毕业的占22.5%，小学毕业的占11%，初中没毕业的占46.4%，初中毕业的占10.8%，高中或中专没毕业的占4.8%，高中及以上的占1.2%；2010年犯罪时是文盲的占1%，小学没毕业的占8%，初中没毕业的52.5%，初中毕业的占13.9%，高中或中专没毕业的占8.5%，高中或中专毕业的1.8%③。从未成年罪犯的文化层次的统计比较来看，处于初中阶段的低龄少年占多数，而且增长趋势非常明显，从2001年的57.2%至2010年的66.4%，10年间增长了9.2个百分点，年均增长近1%。在初中生犯罪中又以失学辍学未成年人占绝大多数，2001年是46.4%，2010年达到52.5%。"初中未毕业"的失学辍学未成年人在抢劫、故意杀人、强奸、故意伤害、盗窃等罪项中，均远远高于其他文化层次的未成年犯，这些义务教育阶段未成年人的流失大大增加了犯罪的几率。低龄触法未成年人实施的暴力案件，大多是因为日常琐事或同学朋友之间的小矛盾，有的甚至是因为"撞衫""看着不顺眼"等引发的，带有很大的突发性和盲目性。2001年

---

① 曾春：《陕西警方通报"女生穿同款衣被围殴"：打人者均未成年不担责》，2016-06-04，见 https://www.thepaper.cn/newsDetail_forward_1478766。

② 雷宇：《初中男生持刀伤害花季少女 因未满14岁被释放引发争议》，2018-07-02，见 http://zqb.cyol.com/html/2018-07/02/nw.D110000zgqnb_20180702_1-07.htm。

③ 关颖：《未成年人犯罪特征十年比较——基于两次全国未成年犯调查》，《中国青少年研究》2012年第6期。

和 2010 年两个年度的调查显示，低龄触法未成年人在犯罪时的心理状态中，"一时冲动，什么都没想"高居首位。对未成年犯性格特点的问卷调查显示，依次是暴躁、自卑、乐观、孤独、懦弱、偏执、冷酷 [①]，带有明显的青春烙印。

（二）问题提出

面对未成年人犯罪低龄化的严峻现实以及校园暴力的频发，有的专家认为根源在家庭，是"父之过"；有的则归咎于学校，认为学校是教育的主渠道和主阵地，是"教之过"。这两种归因思维把问题过于简单化了，指责与诟病遮蔽了寻求解决问题的愿望与诉求。

儿童少年的成长植根于家庭，家庭教育是一切教育的初始和起点，对一个人的成长与发展起到了奠基的作用。但家庭教育也不是完全封闭的，必然要受到多样性教育因素的影响。随着社会的发展、经济压力增加，双职工家庭比例越来越大，原有的"男主外，女主内"家庭模式逐渐消亡，与子女相处的时间在减少，核心家庭被赋予的教育职责被迫向爷爷奶奶辈倾斜，最严重的，外出务工子女只有在春节假期才能见上父母一面 [②]。同时，电视与网络广泛渗透于家庭生活之中，大量挤占了父母与子女相处的时间，很多情况下父母子女各自盯着各自的屏幕，共处一室之内却没有交流。调查显示，在普通未成年人的业余生活中，"看电视"占 85.7%，"上网聊天"占 44.2%，"上网玩游戏"占 37.3%，而与父母沟通交流的时间越来越少；电视文化与网络文化不可避免地发挥着教育作用，触法未成年人上网的开始年

---

① 路琦、牛凯、刘慧娟、王志超：《2014 年我国未成年人犯罪研究报告——基于行为规范量表的分析》，《中国青年社会科学》2015 年第 3 期。

② 段成荣、吕利丹、王宗萍：《城市化背景下农村留守儿童的家庭教育与学校教育》，《北京大学教育评论》2014 年第 3 期。

龄最小的 5 岁，集中于 12—15 岁，不上网率仅仅是 12.1%[①]。因此，信息技术革命在家庭教育中逐步挤占了父母与子女交流的时间，扮演着越来越重要的角色。另外，未成年人居住的社区环境也是影响他们成长的重要因素，人们耳熟能详的"孟母三迁"的故事，说的就是居住环境、生活邻里对儿童少年的影响，因此我们无法把未能"三迁"全部归咎为"父之过"。

　　学校是专门从事教育的机构，是对儿童少年进行教育培养的主阵地和主渠道。学校教育是按照社会特定要求和受教育者的身心发展规律，对受教育者进行传授知识技能、发展智力和体力、培养思想品德的系统活动，具有比较强的统一性、集中性、系统性和组织性的特点。但学校也不是万能的，不可能包打天下。美国在 20 世纪六七十年代，随着政治和经济生活的发展与变革，人口向城市集中和新科学技术的不断出现日益改变着人们的生活方式，文化的多元发展以及对价值观的质疑与重构，出现了公立学校学生个人行为失检、暴力行为频发、人际关系紧张等现象，人们纷纷对美国公立学校提出批评与指责，从而引发了对教育的大讨论。西尔伯曼提出："我们不能将我们的注意力局限在学校，因为，教育不是学校教育的同义词。孩子和成人不仅在校内学习，还在校外学习，也许更多的是在校外学习。这样说并不是否认学校的重要性，而是给予美国社会中其他教育机构以合适的地位：家庭和社区、学生同龄人、电视和大众媒体、军队、社团训练计划、图书馆、博物馆、教堂、童子军、4–H 俱乐部……"[②] 针对当时美国展开的教育大讨论，克雷明提醒人们"不要把所有的成就都归功于学校，也不要把所有的缺点都归罪于学校"。

---

① 操学诚、路琦、牛凯、王星：《2010 年我国未成年犯抽样调查分析报告》，《青少年犯罪问题》2011 年第 6 期。

② Charles E. Silberman, *Crisis in the Classroom: the Remaking of American Education*, New York: Random House, 1970, p.11.

美国心理学家 C. Bartol、A. Bartol 在《犯罪心理学》中认为造成青少年犯罪的冒险因素很多，"没有哪个单一的变量是决定性的"，如社会歧视、受教育不足、不安全的居住条件、失业、社会疏离、从不良同伴群体中习得违法行为的机会等，所有这些因素在青少年犯罪以及其他犯罪行为的产生时都起到重要作用。他们特别强调"青少年时期是个人基本人生观形成的关键阶段。许多例子表明，青少年犯罪是青少年所采信的价值观的一种表达"①。美国著名教育家杜威在《民主主义与教育》中说："教育从其最广泛的意义上来说，是连续不断的、无所不在的、渗透一切的和强有力的，而一个人从实际生活中所接受的教育与学校中所提供的教育之间是有差别的。"从价值观的层面关照青少年犯罪的动因，促使我们不得不对我们的教育理念、教育目标、教育方式乃至教育结构生态进行反思。这里的教育既不仅指家庭教育，也不是只针对学校教育，而是一个开放性与多样性的教育概念，体现于社会整体的生态系统中。

综上所述，这是本书面向低龄触法未成年人教育矫正开展理论研究和实践探索的现实背景，也是本书提出问题的缘起。

二、研究目的和意义

在现实生活中，尽管有的未成年人在 7—8 岁的时候就开始表现出不良的习气，甚至盗窃或伤害他人行为也偶有发生，但这毕竟只是极个别的现象，在加强家庭教育和学校教育的同时，还不足以达到实施社会性预防的程度。在张远煌主编的《中国未成年人犯罪的犯罪学

---

① ［美］C. Bartol, A.Bartol：《犯罪心理学》，杨波等译，中国轻工业出版社 2015 年版，第 62—64 页。

研究》一书中认为"以 10 岁为起点年龄，才有探讨和实施未成年犯罪预防活动的必要性"，指出"如果说 13 岁是未成年人犯罪爆发的起始点，反映了刑事干预此时介入的必要性，10 岁则是未成年人犯罪显著增加的起始点，反映了从此时开始纳入理论研究和预防实践范畴的必要性。"[①] 因此，本书即以 10—13 岁未成年人为研究对象。

（一）研究目的

"红日初升，其道大光；河出伏流，一泻汪洋。"未成年人恰似早晨七八点钟的太阳，光芒四射；如同化雪融冰的春江，激情奔流。他们肩负着国家的未来、社会的未来和民族的未来，是国家、社会、民族兴盛发达、生生不息的希望。正如梁启超在著名的《少年中国说》中所云："少年智则国智，少年富则国富，少年强则国强，少年独立则国独立，少年自由则国自由，少年进步则国进步，少年胜于欧洲则国胜于欧洲，少年雄于地球则国雄于地球。"

我国历届党和国家领导人都非常重视少年儿童的健康成长，毛泽东同志 1957 年在莫斯科向中国留学生讲话时说："世界是你们的，也是我们的，但是归根结底是你们的。你们青年人朝气蓬勃，正在兴旺时期，好像早晨八九点钟的太阳。希望寄托在你们身上。世界是属于你们的。中国的前途是属于你们的。"[②]邓小平同志对少年儿童同样寄予厚望，专门为少年儿童题词：培养有理想、有道德、有文化、有纪律的无产阶级革命事业接班人；并多次寄语全国的小朋友：希望娃娃们立志做有理想、有道德、有知识、有体力的人，立志为人民作贡献，为祖国作贡献，为人类作贡献。习近平总书记在 2015 年国际"六一"儿童节寄语全国各族少年儿童，要从小学习做人，"世界上最

---

① 张远煌主编：《中国未成年人犯罪的犯罪学研究》，北京师范大学出版社 2012 年版，第 45—46 页。
② 《建国以来毛泽东文稿》第六册，中央文献出版社 1992 年版，第 650—651 页。

难的事情，就是怎样做人、怎样做一个好人。要做一个好人，就要有品德、有知识、有责任，要坚持品德为先"；从小学习立志，"志向是人生的航标。一个人要做出一番成就，就要有自己的志向。一个人可以有很多志向，但人生最重要的志向应该同祖国和人民联系在一起，这是人们各种具体志向的底盘，也是人生的脊梁"；从小学习创造，"幸福不是毛毛雨，幸福不是免费午餐，幸福不会从天而降。人世间的一切成就、一切幸福都源于劳动和创造。"① 李克强总理在 2016 年的《政府工作报告》中针对频发的校园暴力和未成年人犯罪问题，强调："从家庭到学校，从政府到社会，都要为孩子的安全健康、成长成才担起责任。"

　　基于对未成年人教育重要性的认识，本书研究的根本目的是坚持以人为本，从教育矫正的本来出发，以社会主义核心价值观为统领，引领低龄触法未成年人个体价值观的重构，帮助低龄触法未成年人顺利成长、回归社会。柏拉图在《理想国》中表达了"教育非他，乃灵魂的转向"的教育理念，他在《理想国》第七卷说："知识是每个人灵魂里都有的一种能力，每个人用以学习的器官就像眼睛。——整个身体不改，眼睛是无法离开黑暗转向光明的。同样，作为整体的灵魂必须转离变化世界，直至它的'眼睛'得以正面观看实在，观看所有实在中最明亮者，即我们所说的善者。"② 拉丁文中"教育"写作"educare"，是由动词"educere"转换而来的，具有"引领""引导"的意思，也就是以正确的方式对一个人进行引领，使其固有的或潜在的品质由内而外的逐步完善，成长为对社会有益的人。

　　本书的研究目的的具体表现在以下几个方面：

　　1. 通过对我国低龄触法未成年人教育矫正的现状分析及对普通和

---

① 《美好的生活属于你们　美丽的中国梦属于你们》，《人民日报》2015 年 6 月 2 日第 1 版。
② ［古希腊］柏拉图：《理想国》，郭斌和、张竹明译，商务印书馆 1986 年版，第 277 页。

触法 11 岁—13 岁^① 的低龄未成年人进行抽样问卷调查，从实证层面探索影响低龄未成年人触法行为发生的因素，增强对低龄触法未成年人进行教育矫正的针对性与实效性。

2.针对目前家庭教育、学校教育乃至社会舆论评价中存在不利于低龄触法未成年人回归社会的急于求成的"简单效率主义""工具实利主义"，本书从幸福成长的本体论出发探讨教育的本体回归，以期有助于矫正和修复被扭曲、被异化的教育价值观，引领未成年人个体价值观的重构与"灵魂的转向"，明确低龄触法未成年人的教育矫正路径，增强教育矫正的针对性与可操作性。

3.围绕低龄未成年人触法行为与校园暴力事件频发，针对"子不教，父之过"与"生不教，师之过"不公允的归因批评，本书从教育生态结构系统出发，探讨家庭、社区、学校以及社会教育的不同作用与功能互补，以期有益于形成协同互动的教育生态，帮助低龄触法未成年人顺利成长，回归社会。

（二）研究意义

1.理论意义

在传统上的未成年人刑事司法研究范式中，通常认为未成年人犯罪是特指 14—17 岁的人违反刑事法律规定应当受到刑罚处罚的行为。由于不满 14 岁的未成年人对任何犯罪行为均不承担刑事责任，所以不在刑事司法的研究范围内。在少年司法研究范式中，在未成年人犯罪行为的研究中继承了未成年人刑事司法研究范式中刑事责任年龄的观点。对未成年人不良行为的研究则集中在 14 岁以上的年龄范围。即使涉及 14 岁以下的未成年人也是以"未成年人"的整体性概念一带而过。仅有姚建龙《法学的童真》、张鸿巍《少年司法通论》等个

---

① 作者注：10 岁低龄触法未成年人样本量太少，本次问卷调查未将其纳入。

别著作涉及了 14 岁以下的触法未成年人。我国不满 14 岁的触法未成年人的教育矫正问题处于研究的薄弱环节。因此，本书所进行的面向低龄触法未成年人的理论研究具有重要的理论意义。

一是从教育价值的本体论出发，摆脱功利主义、效用主义、工具主义等价值观的牵制，走出迷茫的"价值丛林"，在教育价值本体上回归教育的本来，回归个体生命成长，回归低龄触法未成年人的幸福成长，重新确立基于"以人为本"的教育价值本体观。

二是着眼于低龄触法未成年人个体价值观的修复与重构，基于开放性与多样性的教育视域，从法治教育、优秀传统文化教育、人格完善教育与教育生态修复等方面，探讨低龄触法少年的教育策略，达到"心灵转向"的教育目的。

三是基于教育生态结构理论，从沟通协调、互补互动、融合渗透的原则出发，探讨优化以家庭教育为核心的微环境养成机制、深化以学校教育为重点的融合互动机制、净化社会教育的网络媒体的引导机制、强化以社会主义核心价值观为统领的渗透教育机制。

2. 实践意义

20 世纪 80 年代以来，随着经济的快速发展，中国社会也出现了巨大的变化，人口的大面积大范围迁移流动，从西部到东部，从北方到南方，从农村到城市，形成了数以千万计的城市流动儿童，农村的"空壳化"以及大量的留守儿童；从电视、电脑到网络的普及，到信息化日新月异的发展，在为人们生活与学习带来便捷性的同时，也催化和诱发了个别低龄未成年人的不良行为；生活水平的提高以及教育的普及等等，这一切都促成了低龄未成年人的早熟和认知能力的超前发展，同时也导致了少年儿童犯罪的低龄化现象。低龄未成年人在早年所表现出来的某种行为、倾向、态度或者是某种缺失，会成为以后犯罪行为的"种子"。在我国民间有"三岁看小，七岁看老"的谚语，说的是从儿童三岁时的心理特点与个性倾向就能看出其长大后的心理与个性雏形，从七岁的所作所为就能看出一个人一生成就的高低与事业的成功。当然在民间谚语智慧中所蕴含的更多是告诉人们对儿童教育抓早抓小的重要性。

因此，本书一方面尝试探索影响低龄未成年人触法行为发生的因素，能够及早发现低龄未成年人触法行为，由事后的消极惩罚转向事前的积极预防，通过教育矫正违法行为，遏止其不良行为的发展，可以在预防未成年人犯罪或预防重新犯罪方面起到非常重要的作用；另一方面，将低龄未成年人的触法行为纳入法律视阈，为相关法律法规的变革提供理论基础，对低龄未成年人表现出来的触法行为，抓早抓小，杜绝"养猪模式"①，可以预防低龄未成年人触法行为的再犯、累犯和惯犯，在触法行为矫正、道德修复与灵魂转向中健康成长。这是本书理论研究和实践探索的重要现实意义。

三、概念的界定

（一）低龄

本研究所指的低龄是指 10—13 岁。这个年龄阶段与青春期、少年期存在着年龄阶段的交叉。青春期是从生理的生长发育来定义的，是指以生殖器官发育至成熟、第二性征发育为标志的时期，是由儿童逐渐发育成为成年人的过渡时期。一般来说，女孩的青春期比男孩要早，大约从 10—12 岁开始，而男孩则从 12—14 岁才开始。但是由于个体差异，所以通常把 10—20 岁这段时间统称为青春期。由此，本研究所指称的 10—13 岁这个年龄阶段，属于青春期早期，所以我们讨论 10—13 岁这一年龄阶段的低龄触法未成年人的触法行为及其教

---

① 姚建龙：《法学的童真：孩子的法律世界》，上海三联书店 2015 年版，第 143—145 页。

育矫正问题，还必须涉及青春期早期这一年龄阶段特征。少年期则主要是指个体从 11—15 岁的年龄时期，这一年龄阶段还可称为学龄中期。少年期是从童年期（幼稚期）向青年期（成熟期）发展的一个过渡时期。这个时期的主要特点在于：它是一个半幼稚、半成熟的时期，是独立性和依赖性、自觉性和幼稚性错综矛盾的时期。从我国现行学制规定的入学年龄来看，如果按 6 岁入小学一年级，按"六三"制义务教育的学段规定，10—13 岁的低龄触法未成年人应该读小学五年级到初中二年级这个跨两个学段的年龄段。从这一意义上讲，该年龄阶段的触法未成年人都没有完成九年义务教育，甚至部分触法未成年人尚未接受完整的小学教育。因此，学历低、知识少、理性判断能力差、情绪自控型能力低等，都是低龄触法未成年人的基本特点。可见，本书所指的低龄触法未成年人——10—13 岁这一年龄阶段，又属于少年期但又不是完整的少年期，而是少年期的早中期。因此，这一年龄阶段的低龄触法未成年人，同样表现出少年期的早中期年龄阶段的年龄特征、心理特征和认知特征等。

需要补充说明的是低龄未成年人与"小大人"的区别问题。在人们的习惯里，从儿童到成年人之间，有一个"小大人"的称谓，内含着从儿童期向成人期转化的年龄阶段。这个称谓，在时间段上与低龄未成年人的年龄阶段有一定的交叉或重叠，但从我国习惯的称谓上，"小大人"是成人化的指称，只是因为年龄小，已经内在地表达着成人化的要求，即成年人能做的事情这些"小大人"也是可以做的或也是被允许做的，如通过劳动获得报酬、为自己的行为承担法律责任等。如《民法总则》第 18 条规定："十六周岁以上的未成年人，以自己的劳动收入为主要生活来源的，视为完全民事行为能力人。"《刑法》第 16 条规定："已满十六周岁的人犯罪，应当负刑事责任。"因此，虽然对年龄小或低龄未成年人在习惯称谓上被称为"小大人"，但不能以成年人的标准对待这些低龄的所谓"小大人"。10—13 岁的低龄未成年人，并不享有成年人或"小大人"所能享有的权利，如劳动权利、经济权利等，这一年龄阶段的低龄未成年人，仍属于未发育成熟的、需要被抚育和保护的，同时也是没有经济地位和劳动权利的群体。但他们又具有成年人的一部分特点，如具有自主活动能力。另外，这一年龄阶段的低龄未成年人还有一些儿童和成年人都不具备的显著特征，即都正处于生理和心理急剧变化的青春期和进入叛逆行为多发的少年期等。从这一层面上讲，本文所指的 10—13 岁的低龄未成年人，不应以"小大人"来对待。

概言之，从 10—13 岁这一年龄段来看，这些低龄触法未成年人都尚未完成我国义务教育阶段。这一年龄阶段的低龄未成年人，既具有青春期早期的生理特征和特点，也具有少年期的年龄特性和特征，而且在学龄层面上理应处于接受完整的九年义务教育的学龄中期阶段，他们的触法行为，虽不承担刑事责任，但必须接受教育矫正管理。

（二）触法

从广义上，触法是指特定主体实施了与现行法律法规相冲突的行为，引起相应的损害事实，法律法规对之进行否定性评价的状态。从狭义上，姚建龙教授将未成年人罪错行为参照日本少年法分为：少年犯罪、触法行为、违警行为与虞犯行为[1]。触法行为是指实施了犯罪行为，但因为未满刑事责任年龄，或者因为未成年人刑事政策因素而不予刑事处罚的行为。本书探讨的未成年人触法行为采用广义上的概念，是指违反了《未成年人保护法》《预防未成年人犯罪法》《治安管理处罚法》以及《刑法》的行为，不包括触犯《民法》及其他法律法规的行为。主要包含两种情形：（1）违反现行法律规定但未构成犯罪

---

[1] 姚建龙：《论〈预防未成年人犯罪法〉的修订》，《法学评论》2014 年第 5 期。

的行为。易言之，低龄未成年人的触法，从现行法律规定来看，其行为已被视为违法，但其违法行为尚未构成法律层面上的犯罪，即其违法行为的危害程度尚未达到现行法律所规定的量刑定罪标准。（2）违反现行法律规定且已构成犯罪但并不承担刑事责任。易言之，低龄触法未成年人的行为已被视为犯罪，且其触法行为已达到现行法律所规定的量刑定罪标准，但因低于法定 14 岁以下，不承担刑事责任。从这两种"触法"的情形来看，前一种较之后一种情况，其违法行为相对较轻，但也已经违法。

（三）教育矫正

教育被认为是涉及犯罪未成年人的国际条约中已被确定的原则。对于犯罪未成年人的矫正，都是以教育矫正的方式进行，如指导、训诫或移送教养结构。

作为儿童权利宪章的《儿童权利公约》规定，对于违法儿童的处理应在保护其权益最大化的基础上与其违法行为相适应。矫正均应建立在康复和重返社会的理念基础上，矫正应帮助违法儿童重建个人价值观并增强其对他人基本权利的尊重，应帮助违法儿童适应社会、回归社会、融入社会。公约规定了照管、指导、教育和监督令等多种不需由矫正机构处理低龄触法未成年人的方法，并禁止使用任何残忍、不人道或有辱人格的待遇或处罚。

《联合国少年司法最低限度标准规则》（北京规则）作为最系统、最全面的少年司法制度制定规则，明确指出少年司法的目的就是为了未成年人的幸福。它要求各成员国采取积极措施，充分调动所有可能的资源，包括家庭、志愿人员及学校和其他社区机构，以便促进少年的幸福。一方面，尽可能少的使用拘留和监禁，尽量使用观护制度和非监禁待遇，减少法律干预的必要，使少年可以幸福成长；另一方面，如果必须由法律介入，应为其提供一切必要的保护和援助，为其自信地、幸福地回归社会创造条件。

《联合国预防少年犯罪准则》（利雅得准则）认为，青少年不符合社会规范的行为是其成长过程的一部分，也就是说当青少年心理成熟后，这些行为将自行消失。因此，不应当将轻微的青少年不良行为轻易地定性为行为不端、违法乱纪，过度的标签化会使轻微的青少年不良行为升级为习惯性行为。主管部门应避免对未造成严重后果的青少年行为定罪。官方应注重向有犯罪危险的青少年提供机会，特别是教育机会，使其可以受到特殊的照顾和保护，从而保障其健康发展。

基于李斯特教育刑的观点，本书中的教育矫正是指以低龄触法未成年人回归社会为目的，重建其个人价值观，教授其追求幸福的方法，使其能够和普通低龄未成年人一样幸福成长，而对其采取的各种措施的总称。

四、研究探索

（一）教育矫正本体探索

"教育是为了价值而存在，而且必须为了价值。没有价值，就没有教育。并且，哪里有真正的教育，哪里就有真正的人类价值。"[1] 从目前教育矫正的现状来看，虽在理念上强调"教育为主、惩罚为辅"，以低龄触法未成年人回归社会为本全面深化矫正改革，但教育矫正却依旧现实地被简单效率主义、工具实利主义的教育矫正价值所牵制，强化"何以为生"的价值设定。教育矫正之于低龄触法未成年人的理想信念、德性崇高、人性完善、幸福生活以及人生意义等"为何而生"

---

[1]　Edited by Jo Cairns, Denis Lawton and Roy Gardner, *Values, Culture and Education*, Kogan Page Limited, 2001, p.31.

的人文教育及其终极性价值关怀等却被淡化甚至边缘化，致使教育矫正缺失了价值的本体。

本书通过对我国低龄触法未成年人现状的分析及普通和触法低龄未成年人的对比研究，进一步探究对低龄触法未成年人的教育矫正的价值预设、价值承诺和定位问题等。以此为理据，展开对低龄触法未成年人教育矫正价值本体探究，确立以幸福成长作为教育矫正的价值本体。以教育矫正的价值本体为基础，修正现行低龄触法未成年人教育矫正的价值评价以及生态体系。

（二）教育矫正策略尝试

基于教育矫正的价值本体，重塑低龄触法未成年人教育矫正的价值观，实现教育矫正回归低龄触法未成年人的幸福成长。这需要从大教育观的视域来观照低龄触法未成年人的教育矫正，既关系教师的知识与能力、校长的思想理念与道德领导，也包括父母的涵养与智慧、祖父母及外祖父母乃至兄弟姐妹的观念与态度；既包括教师、家长、朋友、同伴等人际交往因素，也包括家庭、学校、社区、社会等环境因素；既与低龄触法未成年人的心智、兴趣、个性、人格等内在因素有关系，也与教材、大纲、教学内容、方法和手段等外在因素有关。

"策略"是为了实现特定目标，根据形势的发展预先谋划而定的若干行动方案，对目标的实现具有重要意义。本书为探索适用于低龄触法未成年人的教育矫正方式，从法治教育、传统文化、人格完善、生态协调四个方面提出了低龄触法未成年人的教育矫正策略方案。一是基于法治教育的法治策略：①提高认识与推进改革，突破学校法治教育瓶颈；②法律知识与生活实践相结合，培养法律意识；③权利与义务相统一，强化公民意识；④法治教育与道德教育融合渗透，建立法律信仰。二是基于传统文化的德治策略：①德治与法治相结合，德主刑辅；②自治与他治相结合，道德自律；③教化与养成相结合，德行自觉。三是基于人格完善的心治策略：①明确人格教育内涵和目标的"养心"策略；②德智体美四育并举的"育心"策略；③认知教育与认知实践相结合的"化心"策略；④建立人格调查制度的"正心"策略。四是基于生态结构的综治策略：①优化以家庭为核心的微系统教养策略；②深化以学校教育为重点的融合互动策略；③净化社会教育的网络媒体引导策略；④强化以社会主义核心价值观为统领的渗透润育策略。

以德治、法治、心治和综治四项策略为基础，进而依托传统文化的精华提出从"仁爱""正义""克己""诚信"四个方面，分析了教育矫正的主题性路向选择；基于虞犯制度视域进行教育矫正的路径探析，对虞犯制度与我国《预防未成年人犯罪法》的内涵与矫正方式进行比较分析，从建立拥有"先决权"的裁判机构、扩大社会调查的范围、完善转向处置制度、改革工读教育四个方面，提出了完善教育矫正机制的路径；从法治教育入手，提出抓早抓小的规则教育、公权介入的家庭监护、全程一贯的法治教育，探讨教育矫正的路径；以人格完善为目的，探索有针对性的特色教育，以低龄触法未成年人为主体的自我教育、一主多辅的渗透式教育，构建具有系统性与逻辑性的教育矫正内容体系。

第一章 低龄触法未成年人教育矫正的历史发展与现状

法律是统治阶级维护自身统治的工具，它是由整个阶级的"普遍意志"决定的。马克思认为即使作为一个阶级意志的"统治阶级意志"，也不是由这个阶级的"意志自由"决定的，而是由它的生活条件决定的[①]。生产力的发展推动了生产方式的变化，使人们对世界、自身和文明的认识也进一步加深。法律作为"上层建筑"的组成部分也随着教育、宗教、人文方面的进步而不断变化。在古代人们的认知中，儿童除了身体的大小和知识的多少以外与成年人没有区别，将儿童看作是"小大人"（miniature adults）。儿童概念是从启蒙运动时期萌芽产生的，随着教育心理学的建立，人们开始使用科学的方法重新认识儿童，承认儿童是在精神和认知能力方面尚未成熟、应受到保护的人。少年司法制度依据刑事实证学派的教育刑观点和国家亲权思想，实施将少年犯与成年犯分开处置，将少年犯放到具有教育性、治疗性的社区中而非监禁等司法改革。

一、触法未成年人教育矫正体系的起源

教育科学之父约翰·弗里德里希·赫尔巴特（Johann Friedrich

---

① 《马克思恩格斯选集》第 1 卷，人民出版社 1995 年版，第 133 页。

Herbart，1776—1841）在其系统的实践哲学与观念心理学基础上，以伦理学阐述目的、心理学论证方法、实验学校为实践基础，建立起近代教育史上第一个具有严密系统的经验教育学体系，成为科学教育学诞生的重要标志。他将心理学知识的运用扩展到学校教育系统，并渗透进全部教育理论的建构中。随着"教育心理学化"运动的深入，人们逐渐认识到儿童的特殊性。爱伦·凯（Ellen Key，1849—1926）继承了卢梭（Jean-Jacques Rousseau，1712—1778）的自然主义教育理论，在她的《儿童的世纪》中提倡尊重儿童并保护他们应有的权利，在教育上注重儿童的个性发展。她的理论对欧洲"新教育运动"（New Educational Movement）的兴起产生了至关重要的作用。"新教育运动"打破了人们对儿童的传统认识和教育方式，并引发了对儿童认知的大讨论。学界最后达成共识：儿童是人，他们有自身的特殊性，他们的权利应受到保护和尊重。[1]

与此同时，工业革命的兴起迫使大量的破产农民流入城市。在"小大人"的儿童权利认知下，为了谋生，未成年人需要承担和成年人同样的工作。未发育完全的身体、恶劣的工作条件、营养的缺乏以及几乎为零的劳动培训，导致童工的死亡率远远高于成年人。悲惨的生活、毫无希望的未来和未成年人易受他人影响、鼓动的特性，使大量的未成年人铤而走险，甚至以犯罪为职业。但是以报应刑为基础的古典学派对此毫无办法。"在意大利，当古典犯罪学理论发展到顶峰的时候，这个国家却存在从未有过的数量极大的犯罪行为的不光彩状况，这确实是一种令人惊异的对比。"[2]

在19世纪科学发展的新成果的基础上，特别是在儿童权利认知和达尔文的进化论的支持下，产生了源自新观点的刑法理论[3]。刑法

---

① 刘晓东：《儿童教育新论》，江苏教育出版社1998年版，第75页。

② ［意］菲利：《实证派犯罪学》，郭建安译，中国政法大学出版社1987年版，第3页。

③ ［意］菲利：《实证派犯罪学》，郭建安译，中国政法大学出版社1987年版，第20页。

学家、犯罪学家开始注意犯罪人的个人特征，从科学的途径去重新认识犯罪人特点，科学地探索犯罪成因。从犯罪人着手研究犯罪，探索犯罪成因，在此之前的刑法理论从未涉及这一点①。刑事古典学派注重的仅仅是刑罚，注重在犯罪发生后采取各种措施进行处罚。他们没有考虑到犯罪是由罪犯实施的，每个罪犯都有独立的人格。犯罪对于刑事古典学派而言，仅仅是孤立的法律现象。菲利（Enrico Ferri，1856—1929）认为："罪犯是一个在一定程度上可以医治的道德（我情愿加上生理）病人，我们必须对他适用医学的主要原则。我们必须对不同的疾病适用不同治疗方法。"②

　　李斯特（Frantz Von Liszt，1851—1919）更进一步提出了教育刑的观念。刑罚的目的在于改造和教育犯罪人，消除其危险性，使之重返一般市民生活之中。他特别强调个别预防的重点不是预防不特定的可能犯罪的人，而是预防已受到刑罚处罚的人再次犯罪③。国家不应该惩罚犯人，而应该用惩罚来教育改造犯罪。既然教育刑的目的在于教育犯人成为新人，李斯特主张不能以敌对的态度对待犯人，而应采取感化的态度，以人情对待其恶性。监狱不应是单纯的监禁犯人的场所，而是传授知识和技能的学校，是治疗各种疾病，增进身体健康的治疗设施④。日本新派代表人物牧野英一（まきのえいいち，1878—1970）承继李斯特的观点，力倡教育刑的同时，又在理论中适当加入了报应论的内容，对责任进行回应。牧野英一认为，刑罚的目的旨在对犯罪实行社会防卫⑤。首先，刑罚可以使罪犯暂时脱离社会，使他们在被矫正完成前不会对社会造成再次伤害。其次，刑罚能通过教

---

① ［意］菲利：《实证派犯罪学》，郭建安译，中国政法大学出版社1987年版，第25页。

② ［意］菲利：《犯罪社会学》，郭建安译，中国人民公安大学出版社1990年版，第153页。

③ 马克昌主编：《近代西方刑法学说史》，中国人民公安大学出版社2008年版，第240页。

④ 张婧：《监狱矫正机能之观察与省思》，中国人民公安大学出版社2010年版，第54页。

⑤ 马克昌主编：《近代西方刑法学说史》，中国人民公安大学出版社2008年版，第375页。

育、感化甚至恐吓等手段矫正罪犯，使他们有能力、有信心融入正常的社会生活，而不是走上社会的对立面。

刑事古典学派和刑事实证学派的侧重点不同，但是在未成年人犯罪的领域，李斯特倡导的教育刑被各国主流刑法界认可。人们认识到未成年人触犯刑罚法律行为的性质和成年人犯罪有着本质的不同，同时基于未成年人的特殊性，对于少年触犯刑罚法律行为的处理完全不同于成年人的犯罪行为的呼声日益高涨。在国际性司法会议上开始关注未成年人犯罪教育矫正的方面。如少年犯应单独关押，在关押期间应对其进行教育，释放后应帮助其就业（布鲁塞尔国际监狱会议，1847）；将刑事责任年龄提高，剥夺不尽责父母的监护权（巴黎会议，1859）；不到刑事责任年龄的少年犯应有相关矫正设施监护到成年（斯多拉克荷姆会议，1878）等。这些国际司法会议提出的倡议或达成的共识有力地推动了少年司法制度的建立，为少年法庭的出现奠定了理论的基础。

二、少年司法制度的特点与分类

1899 年美国伊利诺伊州第 41 届州议会通过了《少年法庭法》，并在考克县设立少年法庭。这个少年法庭被公认为是世界上第一个少年法庭。在新实证学派的影响下，各国开始实践刑法二元论思想，纷纷制定少年刑法。1902 年，瑞典制定了《儿童福利法》。1908 年，英国制定了《儿童法》，并在治安法院下设少年庭。1922 年，日本实施《少年法》。1923 年，德国出台《少年福利法》和《少年法院法》。

（一）少年司法的特点

少年司法起源于刑法，法律关系主体为触法未成年人。由于主体的特殊性，遵循刑法个别化原则，少年司法的适用、管辖、审判、矫正均与普通刑法有所不同①。

1. 以国家亲权观点为指导的特殊适用范围

国家亲权（Parents Patriae）衍生于古罗马的父权（Patria Potestas）。就一个不特定的自由民而言，其自身为国家的组成部分和其由家庭繁衍的特点决定了其从属关系：既从属于国家家长，也从属于自然的家长。这两位家长是人力资源的利用者，也是人力资源的控制者。国家家长代表着国家的权益，着眼于国家权益的最大化（古罗马自由民承担纳税的义务，并享有加入罗马军团的权利）；自然家长则代表家长对于子女的控制权，着眼于家庭利益的最大化。当自然家长损害了国家的权益，例如将其控制下的子女杀害或贩卖为奴时，国家将进行干涉。如果仅仅是自然家长对于不服从的子女进行惩罚（鞭打、监禁），国家则不会进行干涉。

14世纪，英国《关于国王特权的法律》规定：国王承担保护其臣民的监护义务②。衡平法院代表国王对失去依靠的儿童（主要是贵族儿童）的财产行使监护权。在自然父亲缺位的情况下，成为代理父亲，指定未成年继承人的监管，甚至自己充当监护人，并解决财产管理发生的争议。若孤儿的监护人意图售卖前者财产，衡平法院则会予以审查并确定此举是否符合"儿童最佳利益"原则。这一做法的初衷是为了防止上级贵族借机吞并下级贵族的土地、佃户等财产，势力过度膨胀，从而对国王统治造成威胁。1772年"艾瑞诉沙福兹伯里女伯爵案"为"国家亲权"法则的最终确立奠定了基础③。英国的国家亲权是一种国家监护制度，即"君主作为'国父'对无行为能力需要保护的未成年人与精神病人行使监护人的职能"④，但不涉及对触法未

---

① 参见姚建龙：《转变与革新论少年刑法的基本立场》，《现代法学》2006年第1期。

② 徐国栋：《普通法中的国家亲权制度及其罗马法根源》，《甘肃社会科学》2011年第1期。

③ 参见张鸿巍：《"国家亲权"法则的衍变及其发展》，《青少年犯罪问题》2013年第5期。

④ 参见薛波主编：《元照英美法词典》，法律出版社2003年版，第1022页。

成年人的矫正。

美国在英国的国家亲权思想的基础上，扩大了对象和范围。《1664年马萨诸塞顽劣儿童法》开启了政府对于问题儿童的干涉。1839年，宾夕法尼亚州的克劳斯案（Ex Parte Crouse）判定州政府有权采取适当形式以保护未成年人免受自身与周边不利环境致害[①]。随着儿童权益最大化原则（Best Interests of Child）的被认可，国家亲权包含了以下几方面：1.儿童期是一段具有依赖性、充满危险的时期，监管是儿童生存的基本需要；2.家庭在儿童监管中居于首要地位，但国家在儿童教育中起首要作用，当家庭不能提供充足的养育、道德训导或监管的时候，国家应进行强力干预；3.当儿童处于危险时，政府官员有权决定何为儿童的最佳利益[②]。犯罪未成年人、有犯罪趋势的未成年人与无行为能力的未成年人一样都需要国家的监管。

这标志着少年司法超越了刑法的适用范围，不仅适用于犯罪未成年人，也适用于有犯罪趋势的未成年人。完全采纳了国家亲权思想的日本《少年法》，对于交付家庭法院审判的适用范围进行了明确规定：一、犯罪少年。二、未满十四岁，触犯刑罚法令的少年。三、参照少年的品性或环境，具有下列理由，唯恐将来触犯刑罚法令的少年：（一）具有不服从监护人正当监督恶习的；（二）无正当理由不接近家庭的；（三）与具有犯罪性质的人或者不道德的人交往的，或者出入于可疑场所的；（四）具有损害自己或者他人品德行为。

2.由独立的审批机关进行不公开审理，并封存触法档案

社会学符号互动论认为，与他人的互动塑造了对自己的感知并且会影响我们的行为。罗森塔尔和雅各布森（Rosenthal and Jacobson，1968）的经典实验证明了这一点。研究者选择了一个普通的新生班，

---

① 参见张鸿巍：《"国家亲权"法则的衍变及其发展》，《青少年犯罪问题》2013年第5期。

② [美]富兰克林·E.齐姆林：《美国少年司法》，高维俭译，中国人民公安大学出版社2010年版，第4页。

在入学时对全班学生进行了一次测试。测试之后，老师根据研究者提供的分组，公开告诉班上所有的学生：哪些学生是"聪明"的，而哪些学生是"愚笨"的。在期末的时候，这些学生再次接受测试。研究者将两次测试的成绩进行对比，从平均数上看，"聪明"的学生比"愚笨"的学生学到了更多的知识。但事实上，研究者对"聪明"组和"愚笨"组的分配是随机的，而不是按照入学测试的成绩分配的，班上的老师和学生们并不知情。基于这个观点，贝克尔（Howard Becker）认为，给某人贴上越轨的标签会促使其产生一种越轨的自我印象，而这种自我印象又会促使他从事更多的越轨行为[①]。

埃里克森认为 12—18 岁间的青少年期危机是同一性危机，即进入青春期后，青少年对自身的关注变得敏感，青少年必须仔细思考全部积累起来的有关他们自己及社会的知识去回答它，并借此作出种种尝试性的选择，最后致力于某一生活策略[②]。标签效应对于正处于"同一性危机"中的未成年人更是如此，他们相对于自我认知完善、人生观固化的成年人，更容易受到外界的影响，从而改变对自己的认识，接受标签，在越轨的路上越走越远，最后发展为犯罪。

独立的审判机关进行不公开审理能够有效地降低触法未成年人的标签效应。首先，独立的审判机关通常带有社会福利性质，由熟悉未成年人成长发展规律的专业人员组成，必要的情况下，会引入未成年人心理专家进行评估。因为对于触法未成年人的审理原则不是刑法的"罪刑相适应"，而是"教育为主、惩罚为辅"，以触法未成年人回归社会为最终目的。其次，根据未成年人的心理调整审判模式，以对待需要帮助的未成年人的方式，而不是将他们视为犯人，甚至敌人。审判机关通过倾听触法未成年人的心声，调查触法未成年人的社会背

---

① ［美］斯蒂芬·巴坎：《犯罪学：社会学的理解》，姜晨译，人民出版社 2011 年版，第 249 页。
② ［美］埃里克·H.埃里克森：《同一性：青少年与危机》，孙名之译，中央编译出版社 2015 年版，第 210 页。

景，来了解其触法的直接成因，据此提出针对性的矫正意见。让触法未成年人认识到虽然自己的触法行为是错误的，但是改正后，家人、朋友、社会还是愿意接纳自己。最后，不公开的审判和前科消灭制度可以降低社会对他们的关注度。触法未成年人在矫正完成后，以一个清白的身份回归社会，不会被贴上标签。

3. 以教育的方式进行矫正，帮助触法未成年人回归社会

西方对于罪犯进行矫正的观念起源于中世纪教会对于僧侣的拘禁制度。教会将犯错的牧师在修道院里单独监禁①。一方面，教会相信孤独和苦行能够启发悔罪和精神康复；另一方面，这一做法可以使僧侣和有地位的信徒免受世俗法律所制定的酷刑折磨。

英王爱德华六世（Edward VI）在 1553 年命令伦敦市政府在布莱德威尔宫（Birdewell Palace）建立了第一个世俗层面上的教养院（Birdewells）②。教养院强制收容流浪汉、妓女、流氓以及轻微罪犯等因为懒惰而不愿意自食其力的人。为帮助他们成为对社会有用的人，向他们提供工作场所，强制他们学习劳动技能，养成规律的生活习惯。从教养院毕业后，如果仍屡屡犯罪，将被送去做船奴。荷兰的阿姆斯特丹和德国的柏林也建立了类似机构。

这些矫正观念的萌芽在 17 世纪被摧毁殆尽。1618—1648 年的三十年战争（Thirty Years' War）由神圣罗马帝国的内战演变而成全欧洲参与的一次大规模国际战争，也是历史上第一次全欧大战。它将欧洲所有的强国都卷入其中。长时间的战争摧毁了参战国的经济，农田荒废，工厂倒闭，人民流离失所，大量儿童成为孤儿。为了维护社会的稳定，大多数政府简单粗暴地处理了这些人：统统关进监狱。这使得监狱还承担着"精神病院""孤儿院"等任务。监狱人满为患，只

---

① [加]朗奇菲尔德：《刑罚的故事》，郭建安译，法律出版社 2006 年版，第 14 页。
② 王敏：《矫正基本原理研究》，博士学位论文，西南政法大学 2010 年，第 25—27 页。

能勉强维持运转，连犯人最基本的生活条件都很难满足，更别提什么矫正了。

传统的报应刑期望通过威慑的方式防止犯罪的发生。威慑分为一般威慑和个别威慑。一般威慑是指通过向社会展示罪犯因犯罪受到处罚的痛苦，使潜在的罪犯认识到犯罪的成本高于犯罪的收益，从而放弃犯罪。个别威慑是指对罪犯使用刑罚，使其痛苦，从而不敢再次犯罪。但刑事古典学派对 19 世纪犯罪率节节高升的束手无措，证明了在犯罪收益远高于犯罪成本时，仅仅依靠威慑是不能防止犯罪发生的。正如老子所说"民不畏死，奈何以死惧之"。

以犯罪人为研究对象的刑事实证学派应运而生。龙勃罗梭（Cesare Lombroso，1863—1909）认为存在天生犯罪人，应当对其进行隔离或排除隐患[1]。菲利（Enrico Ferri，1856—1929）认为罪犯是道德上的病人，是可以通过矫正进行治疗的[2]。李斯特（Frantz Von Liszt，1851—1919）在前人的基础上，进一步提出了教育刑的观点，为教育矫正奠定了理论基础。他认为刑罚的目的在于矫正罪犯消除其社会危险性，使其重新融入社会之中[3]。李普曼（Liepman，1869—1929）认为刑罚必须是教育的，否则刑罚就没有其存在的理由[4]。虽然刑事古典学派和刑事实证学派在不同领域各有所长，但由于未成年人的生理特点和心理特点，在触法未成年人矫正领域，李斯特的教育刑思想受到了广泛的认可[5]。刑事实证学派提出对罪犯的矫正，特别是李斯特提出的教育刑观点，使对触法未成年人的矫正看到曙光。对

---

① [意]龙勃罗梭：《犯罪及其原因和矫正》，吴宗宪译，中国人民公安大学出版社 2009 年版，第 335 页。

② [意]菲利：《犯罪社会学》，郭建安译，中国人民公安大学出版社 1990 年版，第 153 页。

③ 马克昌主编：《近代西方刑法学说史》，中国人民公安大学出版社 2008 年版，第 240 页。

④ 马克昌：《近代西方刑法学说史略》，中国检察出版社 2004 年版，第 161 页。

⑤ 沈银和：《中德少年刑法比较研究》，台湾五南图书出版公司 1988 年版，第 7 页。

触法未成年人的矫正是指将触法未成年人视为需要帮助的人，通过各种教育措施和手段，使触法未成年人价值观念与行为规范有所改善，从而重新融入社会，成为社会中的正常成员。

教育矫正是触法未成年人回归社会的最佳途径。这是由以下几点决定的：

一是未成年人的特性。随着身体的发育、知识的积累、认知能力的发展，洋溢着青春气的未成年人不再盲从于成年人，而是开始以自己的方式探索世界。很多事情不经过实践操作是无法学会的，例如做决定、驾驶、恋爱，其中最重要的是抉择自己的人生道路。成熟是需要实践的，但没有人能每一次都做出正确的选择。我们应当允许未成年人做出错误的选择，希望他们能犯合适类型的错误。例如怎样与异性相处，一次失败的约会成本远远小于一次失败的婚姻。因此，应当对做出错误选择的未成年人进行教育，虽然不能让他们接受别人定义下的"同一性"，但是可以教给他们寻找自己的"同一性"的方法。教育矫正既保留了触法未成年人选择自身"同一性"的权力，又避免他们沿着错误的路线越走越远，对自身和社会造成更大的伤害。

二是教育矫正可以避免触法未成年人受到刑罚的伤害。首先，从触法未成年人的认知方面。教育矫正将触法未成年人视为需要帮助的人，使用教育的手段对其进行矫正。触法未成年人可以明确知道自己的触法行为是错误的，当自己改正了这个错误后，就可以不受歧视的重新开始生活。其次，从对触法未成年人的惩罚方面。教育矫正将对触法未成年人的惩罚作为手段，并限制在其能承受的合理范围内。教育矫正关注的是触法未成年人的未来，惩罚是为了使触法未成年人今后不再犯类似错误，是基于对未成年人的爱，而不是因为他已经实施了触法行为而进行惩罚。教育矫正的惩罚都是以教育的形式进行的，避免了超过未成年人容忍的限度，伤害未成年人的自尊，让他们感到沮丧和绝望。如我国台湾"少年事件处理相关规定"第四十二条第1

款规定的假日生活辅导，以剥夺触法未成年人的假日进行生活辅导来对其进行惩罚，而不是剥夺上课时间对其进行惩罚。最后，从触法未成年人的交往对象方面。从萨瑟兰（Sutherland，1939）的差异接触理论到科恩（Albert K. Cohen，1955）的犯罪亚文化理论，再到赫希（Hirschi 1969）的社会纽带理论均提出触法未成年人的交往对象在其触法行为的形成中占据重要的地位。监狱里的"交叉感染"现象一直是矫正的难题。教育矫正通常以假日辅导、社区劳动等方式限制触法未成年人的空闲时间，减少其与"狐朋狗友"的交往，减少此类朋友对其产生的不良影响。同时，只有那些不收监可能严重危害社会的触法未成年人，才被矫正机构限制自由。这些触法未成年人被单独关押，不与成年罪犯关押在同一所监狱，最大可能地避免"交叉感染"。

（二）少年司法制度的分类

按法系标准可以分为四类：英美法系的福利模式少年法、大陆法系的教育模式少年法、日本式（英美与大陆法系混合型）少年法以及北欧的儿童福利局模式，并形成了与此相适应的少年司法制度。

1. 英美法系的福利模式少年司法制度

英美法系的福利模式少年法以国家亲权为指导思想，以福利型保护处分作为标志。它将非行少年（Juvenile Delinquent）视为需要国家帮助、保护、治疗的对象，采取国家主动介入的福利方式帮助非行少年矫正错误行为，回归社会。对于非行少年的定义是实施了犯罪行为或身份罪行为的未成年人，也就是说从出生到成年前、从逃学到犯罪均属于少年法院的管辖范围之内。少年法院以"维护儿童最大权益"为目标，综合考虑非行少年的行为严重性、家庭教养环境、心理状态等情况后，对非行少年实施保护处分。对于轻微的非行，由行政机关或社会福利机构判定不需要移交少年法院进行起诉的，可以将非行少年转介到青少年服务局（Youth Service Bureau）等福利机构进行帮助和辅导。

2. 大陆法系的教育模式少年司法体系

大陆法系中，德国的少年司法体系贯彻了"少年宜教不宜罚"的教育刑法思想，教育优先原则贯穿于德国少年司法程序的始终[①]。它是由《少年福利法》和《少年法院法》组成。《少年福利法》管辖18岁以下身份犯、14岁以下的犯罪少年以及需要国家救助的未成年人如流浪儿童、残疾儿童、受害儿童等困境中的儿童。《少年福利法》体现了部分国家亲权的思想，对于需要帮助的未成年人，由国家通过青少年福利局、监护法院代为行使监护权。从矫正方法上说，是以教育的方式对管辖范围内的未成年人进行矫正或帮助。《少年法院法》管辖14—18岁犯罪少年以及18—21岁的犯罪青年。对于14—18岁犯罪少年的教育矫正是由于少年在实施犯罪行为时心智尚未成熟，不足以认识到其行为的违法性，不需要承担刑事责任，应当对其进行教育。对于18—21岁的犯罪青年，经全面评估认为其行为时心智发育状态和少年相似，且犯罪行为的动机、情节和方式被认定为少年犯罪的，可由少年法庭依照《少年法院法》处理。这是"一种特许的权利"[②]。对于未成年人刑事责任年龄的划分，从而决定进行刑事判决，并实施教育刑是大陆法系和英美法系之间的区别。

3. 日本混合式少年司法体系

在批判地继承国家亲权思想后，日本于1922年颁布了《少年法》。二战失败后，在占领军当局的控制下，日本更加深化地吸收了国家亲权的思想，重新修订了《少年法》和《儿童福利法》。家庭法院的管辖对象扩大为：1.14—20岁的犯罪少年；2.未满14岁触犯刑法的少年；3.虞犯少年，即有犯罪危险的少年。对于1、3类型中年满14岁的少年必须由家庭法院审理。未满14岁的少年依据《儿童福利法》首先

---

① 姚建龙：《长大成人：少年司法制度的建构》，中国人民公安大学出版社2003年版，第335页。

② 陈冰、李雅华：《德国少年司法保护简述》，《青少年犯罪问题》2005年第3期。

交由地方政府建立的儿童辅导中心监护。儿童辅导中心对少年实施个别诊治法，且未经父母同意不得对少年实施强制手段。只有在家庭法院得出结论认为这些少年需要法院的保护性处分时，儿童辅导中心才将他们移送家庭法院。虽然日本全面接受了国家亲权的思想，但仍保留了未成年人刑事责任年龄的划分，因此被称作是混合式少年司法模式。

4. 北欧儿童福利局模式

北欧型模式的主要特征是儿童福利局制度，由行政机关以帮助和辅导的福利模式主动介入未成年人案件，而不是由法院直接审理。瑞典的儿童福利局是北欧型儿童福利局模式的典型。儿童福利局具有三项特征：第一，组成人员的多样化。作为行政机关的儿童福利局，其成员不局限于公职人员，还包括教师、心理学家、医生等专业人士，也有社会志愿者和福利机构。人员的多元化有助于应对复杂多变的未成年人矫正工作。第二，权力的扩大化。作为行政机关的儿童福利局，可以对少年实施保护处分，在必要的情况下对少年进行强制收容，这主要是针对极端的反社会行为或吸毒行为。第三，儿童福利局参与对少年犯的调查，并允许帮助少年犯与公诉人沟通。少年犯出庭时，儿童福利局应派员出庭监督，确保处罚措施是适当的并带有福利性质[1]。

(三) 低龄触法未成年人教育矫正的国际公约

1. 确定儿童权益最大化的《儿童权利公约》

该公约被誉为全球儿童权利的宪章。它规定的权利平等、权益最大化、尊重和多重责任四项保护儿童权益的原则[2]，对低龄触法未成

①　[美] 玛格丽特·K. 罗森海姆编：《少年司法的一个世纪》，高维俭译，商务印书馆 2008 年版，第 553 页。

②　王勇民：《儿童权利保护的国际法研究》，法律出版社 2010 年版，第 94—156 页。

年人教育矫正方法的建立具有指导性意义。儿童权益最大化原则成为法院、行政机关和福利机构处理未成年人问题的首要原则和最终目标。该公约还直接规定了低龄触法未成年人在司法程序中应受到的保护。一是规定成员国应设定专门机构、法律、程序审理未成年人案件。成员国应规定本国最低刑事责任年龄，对低于刑事责任年龄的低龄触法未成年人不得使用刑罚；在保证人权的基础上，制定针对此类未成年人的矫正措施。二是规定在司法程序中，低龄触法未成年人应享受各种权利。这些权利应包括成人在司法程序中的权利，并更加注重隐私权和各种被援助权。三是对低龄触法未成年人的矫正均应建立在康复和重返社会的理念基础上。矫正应帮助低龄触法未成年人重建个人价值观并增强低龄触法未成年人对他人基本权利的尊重，应帮助低龄触法未成年人适应社会、回归社会、融入社会。公约规定了照管、指导、教育和监督令等多种不需由矫正机构处理低龄触法未成年人的方法，确保处罚符合低龄触法未成年人的利益并与其触法行为严重性相符。公约禁止对低龄触法未成年人使用任何残忍、不人道或有辱人格的待遇或处罚。

2. 以未成年人幸福为目的的《北京规则》

该规则是最为系统的规定少年司法制度的国际公约。它在《儿童权利公约》儿童权益最大化原则、康复和重返社会的理念基础上，直接提出少年司法的目的是维护和提高少年的幸福。该规则在第一条第1款明确规定："会员国应当努力按照总的利益来促进青少年及其家庭的福利（Member States shall seek, in conformity with their respective general interests, to further the well-being of the juvenile and her or his family）。"这表明国际社会承认幸福（well-being）应当作为少年司法措施制定的出发点和执行的目的。其中适用于低龄触法未成年人的规则有以下几点：

一是管辖范围的扩大化。该规则适用于少年犯、身份犯、虞犯和年纪较轻的成年犯，并明确少年犯的定义为"被指控犯有违法行为或被判定犯有违法行为的儿童或少年人"。这意味着低龄触法未成年人也被纳入该规则的管辖范围。

二是人员的专业化和机构的专门化。该规则要求设立专门的警察小组，使用专业化人员防止少年犯罪和与其他少年接触。具有处理权的主管当局应具有特别资历或经过特别训练，能够根据自己的职责和权限明智地行使这种处理权。

三是调查和审判的快速化。该规则要求从逮捕、拘留、审判阶段尽可能提高效率，最大程度地避免监禁对低龄触法未成年人的伤害，将拘留作为万不得已的手段。

四是处遇的保护化。首先，避免审判，尽量采取转向制度处置低龄触法未成年人。转向处置应征得本人和其父母的同意。其次，主管部门对低龄触法未成年人进行审判前，应进行社会调查作为必备前置程序，量刑时必须以社会调查报告为依据。最后，审判处置应遵循保护处分原则，最大程度地避免剥夺人身自由而采取多种处置措施，在必要情况下才能对低龄触法未成年人进行监禁矫正。鼓励提供低龄触法未成年人回归社会的半监禁手段。

三、我国低龄触法未成年人教育矫正制度的发展与困境

（一）我国触法未成年人矫正的发展

1. 五千年的报应刑：西周到清晚期

我国最早的矫正出现在西周。《周礼·秋官司寇·大司寇》中明确规定：对于不够"五刑"的罪犯关入狱城罚做苦役，以大方版写明罪行放在他背上以羞辱他。那些能改过的，就释放回故里。那些不能改过而逃出狱城的就处死。这种矫正思想与儒家礼法相结合，产生

了儒家的"不教而杀为之虐"、两汉时期的"德主刑辅"、隋唐的"仁本刑末"和明清时的"明刑弼教"等一系列相对先进的矫正思想。但是，在实际操作中，从奴隶社会的墨、劓、宫、荆、大辟到封建社会的笞、杖、徒、流、死，并没有给罪犯留下矫正的机会，报应刑贯穿了上下五千年的中国历史。

由于受到儒家"仁"的思想的影响，统治阶级强调"仁政"，对触法未成年人的刑罚形成了"悯幼"的传统。怜悯未成年人心智尚不成熟，而在处理上比照成年人从轻或减轻处罚。这表现在以下几个方面：

一是刑事责任年龄的划分。《礼记》记载，七岁以下的儿童，犯了罪也不追究刑事责任。李悝的《法经》将刑事责任分为两种：十五岁至六十岁为完全刑事责任能力人，其他为限制刑事责任能力人。《唐律疏议》将刑事责任年龄细分为四种：七岁以下为无刑事责任能力，七到十岁为限制刑事责任年龄，十到十五岁为减轻刑事责任年龄（部分罪名可以交钱赎罪），十五岁以上为完全刑事责任年龄。

二是禁止对未成年人进行刑讯。在案件审理中，对犯人使用体罚来获得口供是一种常见并获得法律认可的手段。《唐律疏议·断狱律》规定："先备五听，又验诸证言，事状疑似，犹不首实者，然后拷掠。"拷掠即是指刑讯逼供。但是，不允许对十五岁以下的未成年人进行刑讯，否则将对违反的官员"以故失论"。

三是对未成年人处罚比照成年人从轻或减轻。以唐律采取的处罚方式最具有代表性，未成年人可依照年龄对部分罪名"免、减、赎"。《唐律疏议》卷四《名例》规定：十岁以下犯强盗和伤害他人的罪可以交钱赎罪，在此之下的行为免除刑罚；十五岁以下犯处以流刑及以下的罪可以交钱赎罪（犯加役流、反逆缘坐流、会赦犹流者不用此律），到了发配的地方可以不用劳作。

这是因为未成年人是人身危险性较小的群体，并不会危及统治的秩序，却能够充分体现统治者的"仁政""爱民"之心。统治阶级借助减轻对未成年人的刑罚来标榜自己的仁慈，从而维护自己的统治。一旦未成年人的行为对其统治造成了影响，将受到与成年人同样的处罚。如对于七岁以下的，如果祖或父反、逆罪成立，不能免罪，仍"坐应配役"。

2.五十年的放眼看世界：清末至民国

鸦片战争结束后，清政府被迫赔款并开放口岸。从政府到民间，对西方世界有了重新的认识，不再仅仅以天朝上国自居视其为蛮夷。双方的交流日益密切，西方的法律理念对传统的法律文化产生了冲击。少年司法理念开始被中国的法学家了解和接受。

首先是零星的考察笔记。在清政府参加 1910 年第八届万国监狱会议前，对少年司法描述仅零星存在于出国商人或官绅的笔记中。李圭在参加费城举行的世界博览会期间，参观了容留儿童的"习正院"。在他的《环游地球新录》中不仅介绍了习正院的收容条件和内部设施，还详细记录了习正院教育感化的手段。张德彝作为清朝首位驻外大使郭嵩焘的翻译官，在他的《英轺私记　随使英俄记》中也涉及了少年监狱的情况："号骚靠蕾镇则收孤贫子女之无教养者，恐其陷于匪彝，故巡捕捉入，饮食教诲，令其改过自新。学艺有效，然后释归。"[1]

清朝末期，统治阶级在法学上关注最多的是宪政。由于少年司法对于维护统治的效果不明显，且初期驻外使节（关心少年司法的多为公使的翻译官或随从官）和出国官绅（多为商人）政治地位较低，少年司法制度未获得清政府的重视。

其次是正式参加 1910 年第八届万国监狱会议。历次万国监狱会议均将少年犯罪问题作为关注的焦点。以第八次万国监狱会议为例，其议题分为：刑罚改良、监狱改良、预防犯罪制度和幼年保护

---

[1]　刘锡鸿、张德彝：《英轺私记　随使英俄记》，岳麓书社 1986 年版，第 370 页。

制度。幼年保护又包含了四个问题，一是幼年犯罪是否适用于普通刑法；二是幼年罪犯不适合监禁，也不适合感化院的情况应如何处理；三是如何防止幼儿受到不良诱惑而犯罪；四是私生子是否应立法管理。

清政府虽然参加了第二、五、六次万国监狱会议，但都是"驻使就近参加"的形式。第八届万国监狱会议是清政府第一次系统接触少年司法理念和司法实践的最高平台。无论是该会议的官方背景、学术水平和参会人员的规模，都使得该会议对清朝少年司法建设产生深远的影响。许世英（1873—1964）在《考察司法制度报告书》中提出引入感化院制度[①]。他认为："成年犯罪者之矫正难，幼年犯罪者之感化易。"他提议将无人监管的、有不良行为的、有犯罪行为的儿童均纳入感化院管理。同时，许世英将少年法庭的思想与清政府开展的司法改革相结合，于1911年在《奉天审判厅厅丞呈请提法司特设幼年审判庭文》中提出了"奉省审判厅……于承德地方审判厅特设一庭，名为幼年审判厅"[②]，详细提出了幼年审判厅的受理案件范围、法官的特殊选择、不公开审理、社会背景调查及与成人分别审理、分别关押等当时少年司法中最先进的观点。这比世界上第一个少年法庭的设立仅仅晚了12年。但由于1911年清政府的倒台，幼年审判厅仅仅是停留在蓝图阶段[③]。

再次是《大清监狱律草案》与《大清新刑律》的制定。由于日本接受西方法律思想进行司法改革较为成功，且保留了皇权在统治阶级中的领导地位，日本的法律制度成为清政府学习的样板。监狱学家小河滋次郎（おがわ－しげじろう，1861—1915）在我国少年监狱的发

---

① "厅丞许世英曾于第八次万国监狱会报告书中，申请法部通饬全国，设立幼年监及感化院各在案"，引自汪庆祺编：《各省审判厅判牍》，北京大学出版社2007年版，第251页。

② 汪庆祺编：《各省审判厅判牍》，北京大学出版社2007年版，第251—252页。

③ 周颖：《近代少年司法制度研究》，博士学位论文，华东政法大学2015年，第35页。

展上留下了不可磨灭的贡献。据统计，清末翻译近代监狱学著作共计35种，其中小河所著就占了18种，次多的著作仅为2种①。他将李斯特的教育刑思想发扬光大，使用教育刑处遇思想构筑了中日两国的幼年监制度。1908年，小河受聘为修订法律馆顾问兼京师法律学堂教习，起草了中国第一部监狱法典草案的《大清监狱律草案》。在《大清监狱律草案》中明确规定："未满十八岁之处徒刑者，拘禁于特设监狱，或在监狱内区分一隅拘禁之。并在立法理由书中说明：监狱之设，为改良犯罪之性质。而幼年犯罪之人，血气未定，往往一入监狱，传染种种恶习，不惟不能改良，且愈进于不良。如此则与国家设立监狱之目的相背驰。故国家欲使不良少年改恶从善，当设特别之监狱。"②

《大清新刑律》是清末刑法改革的集大成者。它针对少年犯做出了如下规定：一是明确刑事责任年龄，不满16岁未成年人不承担刑事责任。但由于保守势力的反对，被迫调整为12岁为刑事责任年龄，12—16岁应当进行感化教育③。二是提出惩治教育。惩治教育的创意起源于德国"教育刑"制度。16岁以下少年犯应当接受教育而不是刑罚，刑罚是最后的手段。16岁以下少年犯不应进入监狱，因为会熏染恶习。也不能放回家庭，因为家长没有矫正他的能力。他们应由国家建立的特殊学校进行强迫教育。三是设立针对16岁以下少年犯的特殊学校。"盖以未满十六岁者虽有触罪行为，不应置诸监狱，而应置诸特别之学校。"④这种特殊学校由于清政府的倒台最终也没有出

① 孔颖：《走进文明的橱窗——清末官绅对日监狱考察研究》，法律出版社2014年版，第145—155页。

② 中华人民共和国司法部编：《中国监狱史料汇编（上册）》，群众出版社1988年版，第208页。

③ 姚建龙：《近代中国少年司法改革的进展与高度》，《预防青少年犯罪研究》2014年第4期。

④ 李秀清、孟祥沛、汪世荣点校：《大清新法令1901—1911点校本》第1卷，商务印书馆2010年版，第474—475页。

现。但根据《大清新刑律》的相关规定和沈家本在《修订法律大臣沈家本等奏进呈刑律草案折》和《刑律草案》中体现的感化教育的思想，特殊学校应当是类似于许世英所提出的感化院制度，而不是小河滋次郎的少年监制度。

虽然清政府变法的原意是为了维护自己摇摇欲坠的统治，但少年司法的思想也随之传入中国。少年法院、教育刑、感化院等少年司法的核心理念被法学界认可并较为系统地出现在刑法中。

最后是民国时期较完善的少年司法体系的建立。中华民国在推翻了清王朝的统治之后，大体沿用了《大清新刑律》无关政治的部分，并在此基础上发展出较为完善的少年司法体系，主要体现在以下几点：

1. 刑事责任年龄的提高。1912 年，民国政府删除了与国体不符的部分章节，将修改后《大清新刑律》更名为《暂行新刑律》继续使用。在两次刑法修正案的基础上，民国政府于 1928 年制定了《中华民国刑法》。在这部刑法草案中，将刑事责任年龄从《大清新刑律》规定的 12 岁提高至 14 岁。但由于时任中央执行委员和中央政治委员会委员兼任国民政府司法委员会主席的伍朝枢等人在审核草案时，认为以 14 岁为刑事责任年龄不符合我国国情，过于宽泛，不利于威慑犯罪。1928 年《中华民国刑法》正式公布时，将刑事责任年龄调整为 13 岁。1934 年修改刑法时，刑事责任年龄再次引发了激烈的讨论。支持提高刑事责任年龄的人认为：少年因小罪被关入监狱，出狱后反而变本加厉。应提高刑事责任年龄，对刑事责任年龄以下的少年犯进行感化教育，而不是简单地将他们关入监狱。反对者认为：对少年犯应严厉惩罚，使他们不敢再次尝试犯罪。最后经立法会表决，1935 年《中华民国刑法》将刑事责任年龄提高到 14 岁，与国际惯例接轨①。

---

① 姚建龙：《近代中国少年司法改革的进展与高度》，《预防青少年犯罪研究》2014 年第 4 期。

2.少年法庭的探索。1912 年，时任司法总长的许世英继续推行他担任奉天审判厅厅丞时提出的幼年法庭的构想。30 年代关于少年法庭建立，民间有呼声[①]、官方有计划[②]，甚至在《少年法草案》的立法说明中表示：专设法院需选址建设，耗费时间与金钱；由普通法官审理少年犯，则担心法官能力不足。因此建议在地方法院附设少年法庭。但是民国政府一方面认为现有法律已有相关规定，不需要另设新规；另一方面认为立法程序繁杂导致立法不易，故选择一种权宜之举[③]。1935 年《审理少年案件应行注意事项》规定少年案件仍以专办推事或兼办推事的方式在普通刑事法庭中审理，少年法庭的建立被暂时搁置。

《审理少年案件应行注意事项》的出现标志着民国少年司法中审判程序法的完善。它包含了社会调查、不公开审理、非监禁化矫正、柔性审理程序等一系列现代少年司法的基本内容。相比《奉天审判厅厅丞呈请提法司特设幼年审判庭文》，内容更为详细，更具有操作性，更注重对未成年人的保护和矫正。《审理少年案件应行注意事项》的执行为少年法庭的出现积累了经验。

1947 年，南京地方法院试办了第一个少年法庭。该法庭由指定推事张金兰主持，负责管辖不满十八岁而罪行在五年有期徒刑以下幼年罪犯[④]。以少年法庭、感化学校（1922）、少年监狱（1933）为主体的少年司法审判—矫正体系已于民国时期建立。

3.保安处分的引进。保安处分最早由普鲁士刑法学家克莱因提

[①] 1934 年上海律师公会建议制定儿童保护法。参见金大陆：《上海青年志》，上海社科院出版社 2002 年版，第 1166 页。

[②] 《关于司法改良计划事项十八年三中全会大会之司法院工作报告》，载赵琛：《监狱学》，上海法学编译社 1933 年版，第 144 页。

[③] 周颖：《近代少年司法制度研究》，博士学位论文，华东政法大学 2015 年，第 46 页。

[④] 周颖：《近代少年司法制度研究》，博士学位论文，华东政法大学 2015 年，第 47 页。

出，刑事实证学派的刑罚个别化论、社会防卫论和教育刑论共同支撑起保安处分的理论基础①。保安处分是着眼于行为人的社会危险性，对行为人进行社会保安和对其进行改善和治疗的国家处分。它与刑罚最大的区别在于：保安处分不一定要与实施了应受处罚之行为联系在一起，因而超越刑罚概念。保安处分的目的是社会防卫，一是对于有社会危险性的人进行矫正，使其不会实施危害社会的行为；二是在矫正期间防止被矫正者危害社会。

保安处分理论通过国际刑法会议、学者的著译等渠道进入我国，迅速受到了刑法学界的热切关注。1935 年《中华民国刑法》吸纳了保安处分理论，专设第十二章为保安处分，并明确感化教育为保安处分的手段之一。

保安处分在民国时期对少年犯的作用主要体现在以下几点：

一是保护管束，类似现行的社区矫正。由警察官署、自治团体、慈善团体、本人最近亲属或其他适当之人对十八岁以下，罪行轻微不需要感化教育的未成年犯进行保护管束。管束人对于受保护管束人，除应负责管束外，并应按其情形分别承担感化、监护、禁戒、强制工作及其他职业上指导之义务。管束人应按时向检察官报告受保护管束人的情况。如果保护管束不能收效，则检察官有权随时撤销保护管束，执行原刑罚②。

二是感化学校。1935 年《中华民国刑法》第 86 条规定，14 岁以下免受处罚的，应纳入感化学校；18 岁以下受到减刑的，在刑罚执行完毕后，纳入感化学校；18 岁以下被宣判处三年以下有期徒刑、拘役或罚金的，不需执行刑罚，直接纳入感化学校。我国第一所感化学校是 1923 年熊希龄创办的北京感化学校。1935 年，全国 8 个省份少年

---

① ［德］李斯特：《德国刑法教科书》，徐久生译，法律出版社 2000 年版，第 403 页。

② 姚建龙：《近代中国少年司法改革的进展与高度》，《预防青少年犯罪研究》2014 年第 4 期。

感化院公私合计 44 所，其中公立 25 所，私立 19 所[①]，除了品德教育之外，往往开设与其年龄相应的基础教育、职业教育。从教育手段上看，感化学校通常采用品德教育和普通教育相结合的方式。由于当时有志青年大多学习理工科，以期强国富民，振兴中华；或是学习法政类，以期改革创新，救民于水火。以 1929—1933 年留学生数量为例，共计 4114 人，其中学习教育方向的仅为 261 人，而学习法政则有 1313 人[②]。这导致心理学、教育学、社会学人才的紧缺，再加上经费紧张，感化教育所需要的专业人才很难满足需要。因此，主要的矫正手段是：品德课、体罚和强迫学生劳作。此外，宗教教义也是民国时期感化教育的重要内容。部分私立的感化学校就是由宗教团体创办的。

三是少年监狱。少年监狱建立的目的在于防止少年犯受到成年犯污染和利于开展针对少年犯的教育。在民国时期，共存在四所独立的少年监狱，三所由民国政府建立，分别为山东少年监、湖北少年监和察哈尔少年监，一所为日本占领当局建立。日本占领台湾时期，占领当局在新竹设立新竹少年刑务所，用于关押少年犯。日本投降后，由民国政府接管并改名为台湾新竹少年监狱。其他地区由于战乱、资金和政府重视程度等问题，大多采取于普通监狱中单辟监区，用于关押少年犯的做法[③]。少年监狱的矫正工作以"阶级处遇、教育教诲"为中心开展。阶级处遇是指按少年犯的罪行分为三类，环境所迫或出于义愤犯罪为第一类，故意犯罪为第三类，在这二者间为第二类。每类中分为三个级别：一为强制级，二为训练级，三为自治级。每类犯人

[①]　《统计：各省保安处分执行处所之调查（附表）》，《现代司法》1935 年第 1 卷第 3 期。转引自周颖：《近代少年司法制度研究》，博士学位论文，华东政法大学 2015 年，第 52 页。

[②]　李新军：《申报视野下的民国留学生研究（1929—1933）》，《衡阳师范学院学报》2016 年第 1 期。

[③]　《监狱布道应特别注意少年》，《兴华》1936 年第 33 卷第 7 期。

必先入强制级，施行强制训诲；如表现良好，升为训练级，进行感化教育；感化教育成功后，进入自治级①。不同类别、不同级别之间牢房不同，享受的生活待遇也不同。教育教诲是指"与技能以正确其思想并养成其勤劳作业的习惯，使出监后能复归社会生活为宗旨"②。教育教诲的课程分为识字训练、公民训练和职业训练。根据少年犯的原有基础采取分班制教育，教材经过教育部审定或司法部指定，并将体育、音乐纳入学习的范围配合矫正。教育教诲的成绩作为少年犯处遇调整的重要指标。

从制度上看，民国时期少年司法体系是相对完善的，有实体法、程序法、少年法庭、感化学校、少年监狱。很多制度和法律法规至今仍有值得我们参考和借鉴的价值。但由于战争的持续、资金的缺乏和人才的不足，良好的少年司法体系并未发挥出其应有的作用。以《审理少年案件应行注意事项》为例，其中规定了社会调查制度，而中华人民共和国于 2012 年新修订《刑事诉讼法》时，才首次制定了社会调查制度，晚了 78 年。但是《审理少年案件应行注意事项》公布 12 年后，仍被指"徒具空文，未见切实施行"③。

3. 七十年从无到有的建设：新中国成立后至今

一是从无到有的摸索：新中国成立到 1978 年。

新中国成立后，出于对国民党政府的批判和以苏联为代表的社会主义制度的学习，加上大量法学专家的流失，民国时期的"六法全书"被全部废弃。因此，近代关于少年司法的研究成果和实践经验被

---

① 《山东少年监狱阶级处遇规程》，载山东省劳改局编：《民国监狱法规选编》，1990 年版，第 515 页。

② 《山东少年监狱阶级处遇规程》，载山东省劳改局编：《民国监狱法规选编》，1990 年版，第 514 页。

③ 《中国也有少年法庭》，《家》1947 年第 24 期。转引自周颖：《近代少年司法制度研究》，博士学位论文，华东政法大学 2015 年，第 62 页。

全盘否定。我国对于少年司法的认知回到了刑事责任年龄的认定这一原点①。

一方面，对于刑事责任年龄的认定。建国初期，由于民国时期少年司法成果被否定，我国刑事责任年龄的认定全面吸收了苏联的经验。苏联在二战期间为了平稳国内局势，增强对犯罪行为的威慑，降低敌对分子的蛊惑，将刑事责任年龄从 14 岁降低到 12 岁。对于未成年人的强制性教育被放弃，全面转为刑罚。这一方面是由于专业的教育矫正人员的短缺；另一方面是由于国家灭亡的压力导致苏联政府不得不放弃未成年人健康发展带来的远期利益，来谋求社会短时稳定以保证战时机制的顺利运行②。

1951 年，中央法制委员会在批复中指出，现行刑事责任年龄为 12 岁③。但随着学者的探讨以及转译的外国少年司法制度进展情况，刑事责任年龄的认定从 1954 年《刑法指导原则（初稿）》的 12—15 岁为限制刑事责任年龄、15 岁以上为完全刑事责任年龄，调整为 1957 年《刑法草案》的 13—15 岁为限制刑事责任年龄，最终 1963 年《刑法草案》（第 33 稿）确定为 14—16 岁为限制刑事责任年龄、16 岁以上为完全刑事责任年龄。1979 年《刑法》颁布实施，确定了我国现行的刑事责任年龄认定。

另一方面，未成年人矫正体系的建立。在矫正原则方面，1926 年《苏俄刑法典》规定，对于未成年犯应适用教育性质的社会保卫方法。虽然在二战期间，苏联最高苏维埃多次以主席令的形式对《苏俄刑法典》进行解释，降低了刑事责任年龄，减少了教育性质的社会保卫方法适用的人群，但对未成年犯应适用教育性质的社会保卫方法进行了矫正，即保安处分的原则还是保留了下来。我国在刑法体系建

① 姚建龙：《犯罪学与刑事司法的融合》，《社会科学》2008 年第 12 期。
② 党日红：《中俄未成年人刑事责任比较研究》，博士学位论文，中国政法大学 2008 年，第 25 页。
③ 党日红：《中俄未成年人刑事责任比较研究》，博士学位论文，中国政法大学 2008 年，第 14 页。

立前期吸收了保安处分的原则。1951 年，公安部在《关于处理女犯、少年犯及青年犯的指示》中明确规定：未成年人不适用死刑，应当采取劳动、教育等方式进行改造①。据康树华考证，1957 年我国最高法和司法部就提出了应对未成年犯实施"教育为主，惩罚为辅"的矫正原则②。

在矫正措施方面，1954 年的《劳动改造条例》规定，少年犯由少年犯管教所进行关押和矫正。1960 年的《关于对少年儿童一般犯罪不予逮捕判刑的联合通知》指出，对一般违法犯罪的少年儿童不予逮捕，采取收容教养的方式进行改造③。1955 年，北京市政府借鉴了前苏联教育家马卡连柯"高尔基工学团"的教育理念，并结合中国当时的实际需要，成立了北京市海淀工读学校，用于教育有严重不良行为，被普通学校认为不宜留校学习，但并未达到刑事处罚程度的少年。

至此，工读学校—收容教养—少年犯管教所的触法未成年人矫正体系建立完毕。它们将不良行为未成年人、一般违法未成年人和犯罪未成年人全部纳入了管辖范围。虽然这些保安处分的措施将触法未成年人与社会隔离开，有效地保证了社会的稳定，但它们并不是以未成年人权益最大化为目标，也没有将矫正结果的好坏作为未成年人能否离开矫正设施的标准，因此受到了很多指责。当未成年人权益最大化为目标的保护处分引入我国后，这一运行了半个世纪的中国特色触法未成年人矫正体系开始衰败。

二是少年司法制度的尝试。

1979 年《关于提请全党重视青少年违法犯罪问题的报告》的颁布，标志着青少年违法犯罪的问题严重性进引起了国家的重视。我国少年

---

① 康树华、向泽选：《青少年法学新论》，高等教育出版社 1996 年版，第 84 页。

② 康树华、刘灿璞等：《中外少年司法制度》，华东师范大学出版社 1991 年版，第 13 页。

③ 曹漫之：《中国青少年犯罪学》，群众出版社 1987 年版，第 533 页。

司法制度的研究也进入了发展的快车道。

一方面，理论研究的发展。首先是开始于 20 世纪 70 年代末到 80 年代末，少年司法研究的起步阶段。《关于提请全党重视青少年违法犯罪问题的报告》颁布后，学界开始关注青少年犯罪问题。由于早期积累不足，这一阶段的研究处于萌芽状态，主要是对国外的少年司法制度的介绍和大规模翻译国外理论。在此期间，上海市长宁区法院在和华东政法学院调研后，建立了我国第一个少年法院。

其次是 90 年代，少年司法研究的发展阶段。这一阶段少年司法实践发展迅速，但由于体制改革和相关法律依据的调整，少年法院的发展遇到了瓶颈[①]。但这一大起大落也为我国少年司法的研究提供了新的思路。这一阶段的少年司法研究偏重总结司法实践和与国外理论的对比研究。但是少年司法的研究依然是在青少年犯罪的框架下进行，没有脱离成年人法律的束缚，没有建立从未成年人特殊性出发的研究范式。

最后是 2000 年至今，少年司法成为独立的研究体系。由于青少年犯罪的概念抹杀了未成年人的特殊性，强行将成年人和未成年人混为一谈，越来越多的法学界专家抛弃了"青少年犯罪"这一定义，投入到少年司法的研究中。这使得少年司法成为包括基本原理、实体研究、程序研究等内容的独立体系。这一阶段的少年司法研究一方面侧重于国外成功经验的移植，比如社会调查制度、社区矫正等；另一方面侧重于基础理论的研究，将少年司法作为一个完整的司法理论体系进行研究，而不是普通刑法的组成部分。

另一方面，法律制度的发展。首先是单行少年法的发布。虽然从 1980 年开始，《青少年保护法》五易其稿，仍未进入立法程序，但地方青少年保护方面的立法工作蓬勃开展。截至 1991 年，以《上海市

---

① 姚建龙：《犯罪学和刑事司法的融合》，《社会科学》2008 年第 12 期。

青少年保护条例》为代表的地方性少年法规已有 17 部之多①。1991 年，受到地方立法工作的推动，我国第一部全国性少年法《未成年人保护法》诞生。它的目的是保护未成年人，预防未成年人犯罪，但效果并不明显。为了进一步预防未成年人犯罪的发生，1999 年，颁布了《预防未成年人犯罪法》。

虽然这两部法律中有类似国外少年法的痕迹，比如对不良行为和严重不良行为的界定，对于工读学校入学的规定。但是，这两部法律中并没有可操作性的程序法规或实施细则的配套，它们仅有对触法未成年人处置的指导，没有明确规定少年司法的裁判机关，更没有相关的程序。约束触法未成年人，特别是低龄触法未成年人的不是少年司法制度，而是行政类法律法规。

其次是刑法条文的修改。将 79 年刑法中关于未成年人刑事责任年龄进行细化，97 年刑法列举的八种罪名，充分体现了罪刑法定的原则。将 79 年刑法中的第 14 条第 4 款"不予处罚"进行细化，97 年刑法将其修改为"不予刑事处罚"，并规定了刑事处罚以外的处罚方式，如责令家长加以管教，必要的时候，可由政府收养。

最后是废除了劳动教养制度。劳动教养制度的建立是为了教育矫正处于治安处罚和刑事处罚之间的违法及轻微犯罪行为，并对违法者进行收容安置，防止其再次危害社会。但由于劳动教养制度缺乏实体公正和程序公正，被法学界诟病，被群众痛恨，被外部势力用来指责我国人权。2013 年，劳动教养制度被废止，部分职能被社区矫正制度代替，而作为"未成年人劳动教养"的收容教养制度也随之名存实亡。

目前，我国虽然存在独立的少年法，但没有独立的未成年人刑事法律，也没有配套的刑事诉讼法或实施细则，司法机关不能依据少年

---

① 徐建：《我国青少年法制建设发展中的一个里程碑》，《青少年犯罪问题》1998 年第 1 期。

法对触法未成年人进行裁判。刑事法规中零散的针对触法未成年人的规定无法达到全面管辖触法未成年人，特别是低龄触法未成年人的作用。未成年人刑事法律的落后，妨碍了未成年人刑事司法实践，限制了对触法未成年人教育矫正的开展。这标志着我国少年司法制度仍处于萌芽阶段。

（二）现阶段低龄触法未成年人教育矫正的困境

现阶段，我国对于未成年人犯罪，特别是不满 14 岁未成年人犯罪的矫正手段日益萎缩。我国触法未成年人主要干预形式为七种模式：（1）家庭教育模式；（2）学校教育模式；（3）工读学校模式；（4）检察机关矫正模式；（5）收容教养模式；（6）社区矫正模式；（7）监禁矫正模式。其中 4、6、7 项由于不满 14 岁未成年人犯罪不承担刑事责任，无法进入程序，余下的四种干预模式由于各种原因难以发挥作用。

1. 家庭教育的困境

低龄未成年人随着年龄的增长，自主意识开始萌发，不再满足于父母向他们描述的世界，试图用自己的方式去感知、探索、理解世界。他们是好奇的、无畏的、变化莫测的。对于新鲜的事物，他们是乐于尝试的，因为父母或老师的教导对于他们都仅仅是知识，而不是真实的经验。对于不良行为，甚至是触法行为，仍有人愿意去尝试，不是因为他们不知道这样做是错误的、不被允许的，而是他们不知道这样做的危害和后果（无论是对自己，还是对于受害者），或者他们知道后果，但是认为这后果和他们所享受到的刺激是不值一提的。家庭是未成年人的第一所学校，父母是子女憧憬的目标，也是人生的启蒙者。当子女犯了错误的时候，需要父母亲情呵护和有针对性的帮助。但在家庭教育模式中，家长往往难以胜任教育矫正的工作。

首先，家长对自身的认识不足。

家长对低龄未成年人触法行为的危害性认识不足。从内部原因来说，从十月怀胎到青葱少年，家长为了子女的成长投入了无法计算的金钱和心血。动物尚"舐犊情深"，更何况是人。几千年的儒家家族观念将"亲亲得相首匿"刻在我们的文化中，流淌在我们的血液里。对于自己子女的轻微触法行为，大多数的家长都会在潜意识中不自觉的为子女的行为也是为自己的教育辩护。但部分家长往往习惯性地忽视或放纵，不能预见子女的不良行为进一步发展的后果，并以子女年龄小、不懂事为理由自我安慰。从外部原因来说，对于这些低龄未成年人的触法行为，最为严重的处罚仅仅是公安机关的训诫。这种"毛毛雨"式的处罚很难让家长直观地认识到子女的触法行为继续发展的危险性以及自己教育方式的错误。作为教育者的家长都没有认识到问题的所在，作为被教育者的子女更不可能幡然醒悟。千里之堤，溃于蚁穴。2013年我国未成年犯抽样调查发现，未成年犯有过夜不归宿、与不良少年交往和逃学等不良行为的，分别占总数的79.9%、77.8%、76%①。不良行为是违法犯罪的前兆。家长认识不到子女触法行为的危害性，就不会调整自己的教育方式，也就不能帮助触法的子女回到正常的生活中。

家长对于低龄未成年人触法行为矫正责任认识不足。"养不教，父之过"。从情感上说，家长是子女最亲近的人，子女是家长在世界上的延续。家长不仅是子女物质生活的提供者，也是子女精神世界的领路人。家长既要帮助子女学习生存的技能，也要教会子女知道做人的道理。从法律上说，家长是子女的法定监护人。在子女成年或家长丧失监护权之前，家长应监管子女的行为，并为子女的行为承担责任。随着生活节奏的加快，部分高劳动强度下的父母没有精力对子女

---

① 路琦、董泽史、姚东等：《2013年我国未成年犯抽样调查分析报告（下）》，《青少年犯罪问题》2014年第4期。

进行教育，他们将自己定位为子女物质生活的提供者，将自己教育监管的责任推向了学校和社会，这种情况多发于单亲、低收入家庭和农村留守儿童家庭。对于子女的触法行为，他们只是寄希望于学校和社会，并没有思考过自己的言行、教育对子女的影响，更没有与子女进行过沟通和理解。

家长对低龄未成年人触法行为矫正难度认识不足。低龄未成年人触法行为的出现不是一个单因素发展的结果。它是家庭、学校、社会共同作用于个体的结果。低龄未成年人触法行为的矫正不同于普通的撒谎、不完成作业等小问题，简单的批评教育很难起到作用。家长在没有认识到低龄未成年人触法行为的危害性之前，一般不会调整自己的教养方式。既没有与子女敞开心灵的沟通，又没有矫正低龄未成年人触法行为的经验与知识，家长通常会选择批评、威吓甚至是殴打的方式来矫正低龄未成年人的触法行为。但在没有了解引发子女触法行为的前提下，仅仅是对触法行为进行惩罚，很难预防下一次触法行为的出现；即使是出于对体罚的恐惧，暂时没有进行触法行为，但诱发触法行为的原因不消除，子女迟早还会再次出现触法行为。2013年我国未成年犯抽样调查的数据证明了这点。

其次，家长对于低龄未成年人触法行为的矫正能力缺乏。

家长这个职业大概是唯一不需要培训就可以上岗的职业了 [1]。对于孩子的教育，绝大多数家长没有接受过系统化、规范化的培训。他们对教育的认知主要来源于自己父母的经验、零星关于子女教育的书籍和自己成长过程中的经历。当子女实施了触法行为时，就意味着家长的教育方式出现了问题。但是，没有矫正经验的家长很难认识到这一点，他们通常是沿用原有的教育方式，最多是加大惩罚的力度。这种不消除触法原因，仅仅进行惩罚的教育方式被证明无法有效地预防

---

① 傅国良：《"家长职业"更需要培训"上岗"》，《基础教育论坛》2016年第12期。

触法行为的再次发生。正是因为这个原因，刑事古典学派在少年犯罪领域被刑事实证学派推翻了①。

与此同时，社会并没有对苦恼的家长伸出援助之手。在大众媒介上，只是指责家长教育失败导致子女触法；在交际圈内，大家排斥有触法子女的家庭，禁止自己的子女和触法未成年人交往；在学术研究领域，大量的研究证明子女的触法行为和家长的教养方式直接相关，但是很少有人在指责家长的教养错误时，提出对家长的帮助。

矫正的方法是知识。对于知识的获得，成本最低、效率最高的做法就是学习。社会并未向有需求的父母提供资源和机会，仅仅依靠父母的自学，对于子女触法行为的矫正只能是杯水车薪。有时错误使用他人的经验，对矫正会起到反作用。

2.学校教育的困境

学校是低龄未成年人主要的活动场所、社交平台。他们在学校学习知识，也学习为人处世。学校的生活影响低龄未成年人未来的成长。对低龄触法未成年人的矫正，学校的教育也是必不可少的。但是，学校教育的现状并不乐观。

首先，教师矫正工作浮于表面。

教师是人类灵魂的工程师。他们有专业的知识、丰富的经验，应该是矫正低龄触法未成年人的重要力量，但在实际操作中并未如此。

一方面，教师精力有限。对低龄触法未成年人的矫正，学校一般不设立专职老师，通常是由班主任开展。这项工作需要教师投入较大的精力和细致的工作，同时也要有家长的配合。即使是这样，也不能保证对低龄触法未成年人的矫正一定会成功。作为一个自然人，教师的精力是有限的，将大量的精力投入到低龄触法未成年人的矫正上，必然会忽视班上的其他学生。作为义务教育的组成部分，公立初中班

---

① 沈银和：《中德少年刑法比较研究》，台湾五南图书出版公司 1988 年版，第 7 页。

级人数一般为 40—50 人。为了 1 个不一定能矫正成功的低龄触法未成年人，放弃 40 多个孩子的管理？还是为了 40 多个孩子的更上一层楼，放弃 1 个低龄触法未成年人的未来？这种道德上的两难选择不应该让教师来做决定。

另一方面，教师矫正低龄触法未成年人缺乏正面激励。我国社会主流观念中，对于未成年人的评价主要是以学习成绩为中心。在学校中，对教师教育能力的评价是以班上学生的学习水平为基础的。对学校而言，学生的学习成绩越好，就越容易吸引优质的生源入学；生源越优秀，同等的教育条件下，成绩必然越好，从而形成良性循环。对教师而言，学生的成绩越好，教师获得的评价越高，奖金也越多，名气将越高。但同样是消耗了大量的精力和时间，矫正低龄触法未成年人的工作不能给予教师正面的激励。这使得教师矫正低龄触法未成年人的动力并不足。

其次，触法未成年人的标签效应明显。

同学不愿接受低龄触法未成年人。据笔者 2015 年对烟台市三所初中的随机调查发现，如表 1–1 显示：普通学校中 68% 的学生不愿意和有触法经历的同龄未成年人交往，仅有 3% 的学生愿意主动和有触法经历的同龄未成年人做朋友。如果这些低龄触法未成年人在学校只能感到老师的冷漠和歧视、同学的畏惧和疏远，他们极有可能自暴自弃，在犯罪的道路上越走越远。

表 1–1　11—13 岁未成年人与有触法经历的同龄人交朋友意愿

意愿分类	次　数	百分比（%）	有效百分比（%）	累计百分比（%）
不愿意（家长不允许与有触法经历的同龄人交朋友）	28	28	29	29

续表

意愿分类	次　数	百分比（％）	有效百分比（％）	累计百分比（％）
不愿意（老师不允许与有触法经历的同龄人交朋友）	19	19	20	49
不愿意（自己不希望与有触法经历的同龄人交朋友）	18	18	19	68
愿意（如果有触法经历的同龄人主动与自己交朋友）	17	17	18	86
愿意（自己不在乎其触法经历，和认识普通朋友一样）	11	11	11	97
愿意（自己主动与有触法经历的同龄人交朋友）	3	3	3	100
合　计	96	96	100	
问卷无效或缺失	4	4		
总　计	100	100		

最后，学校教育配置上存在脱节。

在普通学校中，通常由班主任负责本班低龄触法未成年人的矫正工作。这种方法是存在缺陷的。一方面，普通教师在矫正方面知识储备不足。虽然师范类学校都已将心理学纳入必修课，但也仅仅是浅薄的理论教学，师范生并没有实践经验，也不具备对他人进行心理矫治的资格。同时，很少有普通学校的老师在毕业后，继续钻研低龄触法未成年人的心理矫正。另一方面，普通教师对于低龄触法未成年人的矫正一般是将自己的矫正知识与实践经验相结合，形成有自己风格的矫正方式。这种矫正方式适用于大多数常见的轻微触法行为，但是对于新出现的触法行为或较重的触法行为效果较差。比如老教师就比较难以理解暴力网络游戏对于低龄触法未成年人的影响。

针对这种情况，部分学校设置了心理教师的岗位，既可以开设心理方面的课程，帮助学生了解自身，又可以对有需要的学生进行心理疏导，配合家长减少他们的心理压力，防止触法行为的出现。但是在实际操作中，效果并不理想。这是由于一方面低龄触法未成年人在朋辈群体中获得了足够的激励和支持，他们不认为自己的触法行为是错误的，需要有心理压力。另一方面，在我国文化中歧视有精神方面缺陷的现象。低龄未成年人没有足够的知识区分精神疾病和有心理压力之间的区别，他们认为看心理医生就是有"神经病"。因此，即使低龄触法未成年人有心理压力需要心理医生的帮助，他们也不敢在学校内公开向心理老师求助，害怕被冠以"神经病"或"精神不正常"的污名。

3.社会教育的困境

社会对于低龄触法未成年人的帮助一般分为：公安机关的训诫、工读学校和收容教养三种。其中公安机关的训诫仅仅作为惩罚措施的一种，也没有后续的矫正工作相配合，因此不具备矫正的功能。我们关注的重点在于工读学校和收容教养。

工读学校的没落。工读学校是借鉴前苏联教育家马卡连柯"高尔基工学团"的教育理念，并结合了中国当时的实际需要创造出来的。工读学校通过半工半读的模式，对触法未成年人进行矫正。在1999年《预防未成年人犯罪法》取消了强制入学后，工读学校开始没落。一是因为工读学校污名化严重。在世人的眼里，工读学校就是"坏孩子"的监狱，工读生被认为是罪犯的预备役。很少有人关心工读生是否被矫正，只要进入了工读学校，就被打上了"坏孩子"的标签。因此，取消强制入学后，很多家长宁可孩子在社会上游荡，也不愿意将他们送入工读学校。二是工读教育惩罚性过强。工读生无论什么原因进入工读学校后，通常要初中毕业后在能离开工读学校。只要工读生按时缴纳学费，在工读学校熬满了时间，就可以离开。是否接受矫正、矫正结果如何都不是工读学校所关心的问题。工读学校已经脱离了教育矫正的轨道，成为对于未成年人惩罚的手段。而且这种惩罚手段也明显过重，例如一名初一学生因多次盗窃被送到工读学校矫正，他将有可能被限制自由三年。按治安处罚法规定，成年人盗窃数额较小的，最重也只不过是十五日拘留，罚款一千元。三是工读学校学制过长易形成"亚文化"。工读学校环境封闭，学生与外界交流极少；相对于普通学校的学生，工读学校学生间有更多的思想、习惯上的共同点，容易形成共鸣；工读学校学生年龄较小，没有形成自己的人生观，适应力强，容易融入"亚文化"中。一个新入学的工读生至少要在工读学校度过一年以上的时间，如果不想被排挤、孤立，或浅或深都要接受本校的"亚文化"。这会引起学员之间的"交叉感染"，使教育矫正工作事倍功半[①]。

收容教养的消失。收容教养被称为"未成年人的劳动教养"。虽然收容教养的法律依据是刑法和未成年人保护法，但是，它的具体实施细则都是参照劳动教养制度制定的。而且根据1996年司法部《关于将政府收容教养的犯罪少年移至劳动教养场所收容教养的通知》，收容教养的实施场所也是在劳教所。随着劳教制度的废除，劳教所也改为戒毒所。大多数省区市在实际操作中已基本上废止了收容教养的措施。

由于认识和能力上的不足，家长对低龄触法未成年人的教育矫正力不从心。未成年人原所在学校多数秉承"多一事不如少一事"的原则，只要其不回到学校扰乱教学秩序，就对其放任自流，任其在社会上自生自灭。家长无法信任工读学校，不愿意将子女送去矫正。司法部门对不足14岁违法犯罪的未成年人除了批评教育和责令其监护人

---

① 刘若谷、苏春景：《虞犯制度背景下工读学校改革走势的思考》，《中国特殊教育》2016年第8期。

严加管教外，没有别的合法矫正手段。单纯的批评教育无法使低龄触法未成年人认识到自己行为的严重性，只会让他们更加蔑视法律，自认为无论做什么都只不过被批评几句就结束了。如此低廉的犯罪成本，使他们更肆无忌惮。根据湖南杀师案的刘某、赵某、孙某交代，三人均不是第一次触犯法律。刘某曾多次参与盗窃并与同伙预谋过抢劫，赵某、孙某也有盗窃经历。但并没有人关心过他们，也没有人帮助过他们[①]。我国低龄触法未成年人就处于一种家长缺乏矫正能力，学校缺乏矫正动力，社会缺乏矫正依据的矫正空白状态。

---

① 张瑞：《杀师之后》，2016-02-1，见 http://www.weibo.com/p/1001643943993107959988。

第二章 低龄未成年人触法原因的相关理论解析

对于教育矫正制度上缺陷，我们应当认识到没有一种制度是十全十美的。但是对低龄触法未成年人的教育矫正，应针对诱发触法行为的原因开展。我们应当了解为什么低龄未成年人会出现触法行为？为什么低龄未成年人会无视家长的关爱、学校的教育、社会的谴责去进行触法行为？为什么低龄未成年人在受到批评、责打甚至是失去自由等惩罚后还会去实施触法行为？为什么家庭教育、学校教育、社会教育都被低龄触法未成年人知识化，而无法进入他们的内心、无法道德化？这一系列的问题不能不引起我们的深度思考。为深入探究低龄未成年人的触法的原因，本章主要通过讨论分析国外较成熟的未成年人触法原因理论，以分析这些理论所关注的基本问题以及相关思想与观点。

一、社会控制理论

可以说，社会控制理论（Social Control Theory）是与未成年人犯罪原因研究相伴而生的，是随着对未成年人犯罪原因研究的深入而逐渐展开、发展并逐步完善的。社会控制理论主要以特拉维斯·赫希（Travis Hirschi）的社会联系理论及华伦·C.雷克利斯（Walter C. Reckless）的遏制理论为代表，是解释人为什么不犯罪的一种理论。

本节主要就赫希的社会控制理论展开分析和探究。

(一) 特拉维斯·赫希的社会控制理论概述

赫希的社会控制理论是在其 1969 年出版的代表作《少年犯罪原因》(Cause of Delinquency) 中系统论述的关于少年犯罪的理论, 也被称为社会联系理论 (Social Bond Theory)。该理论不是从 "人为什么会犯罪", 而是从 "人为什么不会犯罪" 的思维视角, 着重从微观层面分析大多数人所以不犯罪的原因。这一理论的基本观点认为, 任何人都是潜在的犯罪人。而人所以不会犯罪, 是因为有外在的社会控制机制将其遏制了。如果一个社会中的这种社会控制机制受到削弱或消失, 犯罪就会不受约束地成为一种普遍现象。赫希认为, 个人会受其内在的动物本能驱使实施犯罪行为, 除非有其他因素的阻止。个体的犯罪行为取决于社会控制因素作用的强弱。这种社会控制就是社会联系 (Social Bond) (有研究者译为 "社会纽带"), 诸如个人与家庭、父母、学校、老师、同学等的关系。少年如果与社会建立了密切的社会联系便不会轻易犯罪, 反之, 如果少年与社会的联系微弱, 稍有犯罪动机便会导致犯罪发生。所以, "当个人与社会的联系薄弱或者破裂时, 就会产生少年犯罪行为"[1]。概言之, 赫希的社会控制理论认为, 少年犯罪其实是个人与传统社会的联系薄弱或破裂的结果。

社会联系是赫希关于少年犯罪社会控制理论的核心概念。他指出, 个人与社会所建立起的社会联系, 可以解释个人所以不犯罪的原因。他提出, 社会联系是一个人在社会化过程中形成的一种情感, 是人们正常人格的一部分。这种社会联系有防止少年犯罪的作用, 因为这种社会联系会使少年增强社会责任感, 顺从社会传统规范。当一个

---

[1] Travis Hirschi, *Causes of Delinquency*, Berkeley: University of California Press, 1969, p.16.

人认识到他的家庭或社会上多数人对他的期望值越大，社会道德和社会秩序对他越重要，就表明社会联系的作用越强烈，这个人就越不会犯罪。反之，如果一个人反对传统社会的价值观念和信仰，任由其本能做事，完全不在意别人对他的看法，这样的人就缺少了社会联系，这种人就容易实施犯罪。他认为社会联系是由依恋（Attachment）、奉献（Commitment）、投入（Involvement）和信仰（Belief）四个方面组成。

依恋（Attachment）是指个人对他人或群体的感情联系，是个人体验到的对其他人或者群体的心理和情绪方面的联系，是个人对他们的意见和感情的关注和考虑。一个人如与他人有亲密的感情，敬重并认同他人，就会极其在意他人的期待，当不认同他人时，则不会受彼此共有的规范所约束，就可能去破坏规范。所以，当少年对某人某物的依附程度较高，会受彼此共有的规范所约束，他们犯罪的机会便较少。

依恋有不同的类型，一般而言，主要是指对父母的依恋、对学校的依恋和对同辈朋友的依恋。首先，对父母的依恋，对未成年人来讲是最重要的依恋，即使一个家庭由于父母离婚或分居而破裂，未成年人也保持着对父母一方或双方的强烈依恋。可以说，没有对父母的依恋，未成年人就不可能养成积极的心理情感，个人感受不到或体验不到家庭的温暖，因而，他们与父母的依恋关系可能处于非常薄弱甚至中断的状态，家庭就失去了控制少年犯罪的能力。所以，在赫希的社会控制理论中，"不管父母的阶级地位或种族如何，少年与他们的关系越密切，实施少年犯罪的可能性就越小"[1]。这也明确地说明了未成年人对父母依恋的重要性。其次是对学校的依恋。赫希认为，学校与少年犯罪的关系并不取决于"社会阶级"，而主要取决于少年对学校

---

[1]　吴宗宪：《西方犯罪学史》，警官教育出版社1997年版，第708页。

的依恋程度，取决于学习能力（Academic Competence）和学习成绩。"缺乏学习能力的学生和学习成绩差的学生更有可能实施少年犯罪行为。"① 易言之，少年实施犯罪，一个重要的原因源于少年在学校中缺乏学习能力以及学习成绩差，他们不喜欢学校或不依恋学校，在少年心里没有建立起自身与学校之间可依恋的社会联系。少年犯罪是发泄由不愉快的学习经历导致的挫折的一种方式或手段。赫希在学校依恋与少年犯罪的关系上勾画出了一个原因锁链：缺乏学习能力→学习成绩差→不喜欢学校→抵制学校当局→实施少年犯罪。再次，对同辈朋友的依恋。赫希认为，对他人的依恋有助于遵从传统的行为规则；缺乏对他人的依恋，则会导致与少年犯罪人的交往。在赫希的少年犯罪社会控制理论中，他并不认为对同辈朋友的依恋是引起少年犯罪的重要因素。只是"实施少年犯罪行为的少年比没有实施少年犯罪行为的少年更有可能结交少年犯罪朋友"②，所以，如果少年缺少了同辈朋友的依恋，会导致少年犯罪。这是人们值得关注的观点。

奉献（Commitment）是指个体在日常生活中愿意对事情作出承担及努力。个人的奉献程度较高，他们犯罪的机会便较少。赫希认为，如果个人不希望其行为活动危及个人的传统目标和社会地位，他就会全身心地致力于传统的生活、教育等活动，那么也就较少实施越轨或犯罪行为，进而抑制犯罪活动的产生。相反，如果缺乏对传统价值观的奉献，则预示着个人具有从事犯罪等危险行为的可能，就会用犯罪等其他活动来代替传统活动，个人就会变成犯罪人。

在赫希看来，少年能够愿意作出承担及努力的传统活动主要包括相互联系的三个方面：接受教育、向成年人身份的转变和获得更高地

---

① Travis Hirschi, *Causes of Delinquency*, Berkeley: University of California Press, 1969, p.120.

② Travis Hirschi, *Causes of Delinquency*, Berkeley: University of California Press, 1969, p.135.

位职业。赫希认为，个人在接受教育方面的志向越高，实施少年犯罪的可能性就越小。因为志向越高，就会越希望自己获得学业的成功，就会在学习上花费更多的时间和精力，就越不希望用越轨或犯罪行为破坏自己追求教育成功的目标实现，也就没有时间和精力去越轨及实施犯罪行为。赫希认为，如果少年完成他的学业、开始了他的职业生涯并且获得成年人身份，就能减少或降低少年的犯罪行为。许多少年犯罪，多在完成学业后和开始职业生涯之前的一段空闲期。这个空闲期使得少年处于一个比较快乐和舒适的阶段，但这一时期，少年没有职业，他们所受的社会控制也相应薄弱或中断。处在这个时期的少年更倾向于享乐，而不愿把时间、精力付诸需要付出努力的传统活动中。因此，许多少年便在追求享乐中陷入犯罪活动，导致少年犯罪率上升。赫希基于调查后认为，读完中学后不能马上就业的少年更有可能在这个时期进行少年犯罪活动。因此，应重视完成学业后少年向成人身份转变时期，不要出现太多太久的空闲期。否则，会因社会联系的削弱或中断，导致少年犯罪问题。赫希认为获得更高的职业也是控制少年犯罪的一种必要条件。总之，不管期望如何，只要志向越高，个人越希望获得较高的职业，少年犯罪率就越低。

投入（Involvement，又译为参与、卷入），是指个人为满足自身需要而花费时间和精力参加传统的活动。也就是说，当个人投入于非违法行为的时间较多，个人便没有时间和精力感知诱惑，考虑和从事犯罪活动。赫希认为，较深入地投入传统活动的人，总是全力以赴地忙于各种传统事务中，就会缺少从事越轨活动的时间和精力。可以说，投入传统活动的人，总是与按时进行某种活动、限期完成一定任务、遵守工作时间、贯彻有关计划等联系在一起的，因而很难有实施越轨或犯罪行为的机会。因此说，投入传统活动，会将个人从犯罪行为的潜在诱惑中隔离开来，使个人没有时间和精力感知诱惑，考虑和从事犯罪活动。因为，犯罪活动总是与游手好闲密切联系在一起的。

"参与正统活动，这种变量是建立在作为常识的观察结论——游手好闲是罪恶的温床的基础之上的，工作繁忙限制了犯罪机会。"[①] 所以，安排好自己多投入到各种有益的传统活动，是控制、降低或减少少年犯罪的有效计划和手段。

信念（Belief）就是人们对传统的共同的价值体系和道德观念的赞同、承认和相信的态度和接受意愿。如果缺乏对传统的共同的价值体系和道德观念的这些态度和接受的意愿，也就意味着人们不愿不接受传统的共同的价值体系和道德观念的约束，就极易导致人们越轨和犯罪行为的发生。赫希认为，在社会或群体中存在着一种共同的价值体系和道德观念，生活在这种社会或群体中的人们通常都相信、遵循这些价值体系和道德观念。越轨及犯罪行为之所以会产生，就是因为这些信念或观念受到削弱或缺失。赫希指出，人们相信他们应当遵守社会规则的程度有所不同，个人相信应当遵守规则的程度越小，他越有可能违背这些规则。赫希进一步作出解释：其一，每个人对共同信念的内化程度不同。有些人对于共同信念的理解仅停留在表面，并没有将这些信念内化为指导个人行为的准则或规范，其结果就导致他们难以对越轨行为和正常行为做出准确的区分。所以，对共同信念的肤浅理解或认识，难以抑制个人实施的越轨或犯罪行为。其二，对越轨及犯罪行为的合理化。也就是说，虽然一部分人较好地接受了社会中存在的共同信念，而且对自己行为的性质能够准确地进行辨别，但仍然实施了犯罪行为或者知错不改，总是为自己的错误行为或犯罪寻找说服自己的理由，寻求越轨或犯罪行为的合理化。这就是犯罪合理化的机制。因此，强化少年对传统的共同价值体系和道德观念的认同和接受，是控制少年越轨或犯罪行为的有效途径和手段。

---

① ［美］乔治·B. 沃尔德等：《理论犯罪学》，方鹏译，中国政法大学出版社 2005 年版，第 213 页。

（二）对赫希社会控制理论的简要评析

赫希的社会控制理论作为当代犯罪社会学中最具影响力的理论之一，对世界各国思考和讨论如何预防和控制未成年人违法犯罪问题，都有着重要的指导和借鉴意义。赫希所提出的关于未成年人犯罪的产生是外在社会控制或社会联系的削弱或中断的结果的论点，引发了人们对未成年人犯罪与社会控制之间关系的全面讨论。不可否认，个人只有对家庭、学校、社会、同辈朋友等建立紧密的社会联系，即存在较高程度的依恋、奉献、投入和信念，个人才会积极投入到正当的、健康的传统活动中去，并形成正确的、为社会所认可并推崇的世界观、人生观和价值观，才能够积极地内化传统的社会规范和准则，进而抵制不良诱惑，远离越轨行为及违法犯罪活动。上述诸多观点，确实为本研究深入讨论低龄触法未成年人的教育矫正问题提供了认识论、价值论以及可资借鉴的思想观点等。但也不可否认，赫希的社会控制理论在对低龄触法未成年人的教育矫正方面也存在着不足以及可以进一步质疑和讨论的观点，主要体现在如下方面：

1. 理论假设的主观认定性

任何一种体系化的理论，都有支撑该理论建构的前提假设，也是该理论展开问题讨论的立足点。前提假设的合理性，为该理论的体系逻辑性奠定了认识论的基础。虽然赫希关于少年犯罪的社会控制理论有着里程碑式的学科意义，但其前提假设仍具有可质疑性。为什么有些人要实施犯罪？似乎是人们思考和探析未成年人犯罪问题首先要解决的问题，但赫希却从为什么大多数人不实施犯罪的视角来展开，确实有着不同于他人的研究思维和认识论视野。那么，究竟为什么大多数人不犯罪？赫希的社会控制理论认为，任何人都有犯罪的倾向，如果不进行社会约束和控制的话，任何人都会实施犯罪。也就是说，每个人都是潜在的犯罪人，每个人都可能实施犯罪。因此，大多数人为什么不犯罪的答案，其实就比较明确了：因为大多人都有认可并接受社会规范约束和控制的意愿。只有个体愿意认可并接受社会规范的约束和制约，个体才会选择不犯罪，也因此，讨论未成年人犯罪问题，或寻求解决未成年人犯罪问题，关键在于未成年人与社会规范之间约束和控制的意愿以及两者之间关系的程度。未成年人愿意认可并接受社会规范的约束和控制，就较少出现未成年人实施犯罪，反之，未成年人就容易实施犯罪。由此可见，理论的假设以及理论的逻辑，似乎没什么问题。只要加强社会规范与未成年人之间的约束和控制关系的亲疏程度，只要未成年人愿意接受社会规范的约束和控制，就能解决未成年人犯罪问题。但现实是否能像理论这样逻辑地解决低龄触法未成年人的触法犯罪问题？

其实，从人性观的层面就可以看出，赫希的社会控制理论的前提假设，是人性本恶的。因为，人都是潜在的犯罪人，或人在其本性里都有犯罪倾向。这种人性假设是主观认定的，也许符合一般的客观事实，但缺乏严谨的科学依据。试设想，为什么不设定人都是不犯罪的，或人本来就不是潜在的犯罪人或人在其本性里就没有犯罪的倾向？如果这样设定，那么，人在其本质上都是人性本善的。但是，即使人性本善，也不能确保人不犯罪。如果犯罪了，或者是主观认识问题，或者是社会环境问题抑或是家庭问题等。如此分析，也能逻辑地得出赫希社会控制理论的部分观点和建议。由此可见，无论是把人性假设为本恶还是本善，这种假设多是具有理论建设的意义和价值，虽也能揭示或解释现实中未成年人触法犯罪行为的一些缘由，但毕竟假设的主观性在一定意义上主导甚至主宰了理论研究的目标定位和价值定位，因而，在理论上也不可避免地出现以主观意愿替代客观事实或以主观意愿认定客观现实的弊端，人为地强调一个方面而忽视其他方面的问题。如果人都有犯罪的倾向，那么，在人的本性里潜在着犯罪的内驱力，只要具备了一定的外在条件，人就会自然而然地实施犯罪，也因此，只要控制住外在条件或不给予个体引发或触发个体犯罪的环境条件，人就不会实施犯罪。这样的逻辑无法解释个体的激情犯罪、故意犯罪等犯罪的缘由问题，或者说，有些低龄未成年人的触法犯罪，主要是因为主观认识上的错误而导致，并非天生就是犯罪人。如果调换另一种思路，低龄触法未成年人之所以实施触法犯罪，主要是因为幸福感以及幸福观的缺失而导致的，那么，应如何认识和理解低龄触法未成年人的触法犯罪行为？

2. 社会联系缺乏完整性问题

社会联系是赫希关于未成年人犯罪社会控制理论的核心概念，主要包括四个层面的社会联系：依恋、奉献、投入和信仰。从依恋的论述上看，社会联系是个体社会化过程中形成的一种情感，是人们正常人格中的一部分。这种社会联系所以具有防止未成年人犯罪的作用，其实在于是否存在社会规范以及未成年人个体是否具有接受社会规范约束和控制的意愿。这种观点虽有其合理性，但把未成年人是否接受社会规范的约束和控制建立在主观意愿的情感基础上，似乎过于简单，甚至说非常脆弱。如果低龄未成年人不愿意接受社会规范的约束和控制，就一定会犯罪？这种判断是否过于武断？可以说，10—13岁的低龄未成年人，正是青春期早期和少年早中期，这一年龄阶段的特征也客观地表明，这是从童年期向成人转化的过渡期，也是半幼稚半成熟时期，同时也是在心理和认知以及情感上逐渐独立的早期或朦胧时期，蕴含着与父母关系、学校关系的紧张、脱离而走向独立的特征和特性，也蕴含着与同辈朋友间关系的疏密与紧张等，所以，对低龄未成年人来讲，这是一个规范与自由的矛盾关系纠结的时期，而且，这一时期的低龄未成年人的认知能力逐步提高、语言表达能力逐步增强以及心理上的独立性要求强烈等，都直接影响这一年龄阶段的低龄未成年人的认知判断以及价值衡量与选择，而情感仅仅是一个方面。从这一层面上讲，赫希关于依恋关系的程度高就能有效防止未成年人犯罪的论述和判断，就存在一定程度的主观臆断，也放大了情感这一因素的功能作用。

如果再进一步细化解析社会联系的四个层面，其实都存在因素分析的缺乏完整性以及过于主观推测和臆断等诸多问题。如对父母的依恋问题。赫希认为，孩子与父母的关系的密切程度与他们对父母的依恋程度及他们进行少年犯罪的可能性大小呈正相关。也就是说，未成年人与父母关系密切程度高，则对父母依恋程度高，那么，未成年人犯罪的可能性就越小，反之则越高。不可否认，未成年人特别是 10—13 岁的低龄未成年人，对父母的依恋仍是最基本、最基础和最关键的，但对父母依恋程度高，是否就能防止或减少这一年龄阶段的低龄未成年人的触法犯罪？父母的溺爱，不能说与父母关系亲密度不高，但能否就因此说父母的溺爱就能有效防止未成年人犯罪？这种推理最起码违背了基本的生活逻辑。从大量的研究文献以及调研报告来看，父母的溺爱或者没有原则性的爱，是直接导致低龄未成年人触法犯罪的源头性根源[①]，这与赫希的观点几乎相反。这就说明，对父母的依恋是要有条件限定的，只有那些能够从父母依恋中获得正确价值观、道德观以及这些积极心理情感的高亲密度关系，才可以说对父母的依恋可以影响或防止他们触法犯罪的可能性较高，但也不能主观臆断地因此直接判断对父母依恋关系的亲密程度越高就越能防止他们触法犯罪。存在可能性与事实上如何，不是同一性质的问题。

再比如赫希对学校的依恋的观点。在他的逻辑推理中，缺乏学习能力→学习成绩差→不喜欢学校→抵制学校当局→实施少年犯罪。这一链式推论，表面上符合逻辑，但事实上是把未成年人触法犯罪问题

---

① 蒋索、何姗姗、邹泓：《家庭因素与青少年犯罪的关系研究述评》，《心理科学进展》2006 年第 3 期。

简单化、肤浅化了。在赫希的论述里，未成年人喜欢学校的原因或对学校依恋程度高的原因在于他们学习能力强和学习成绩好并因此能够在学校中表现好，喜欢学校的未成年人就不可能变成少年犯罪人。而不喜欢或不依恋学校的未成年人的学习能力和学习成绩较差，他们也就更容易实施少年犯罪。他认为，不愉快的学习经历会让少年心里产生一种压力，为了缓解这种压力，他们会将实施犯罪行为当作一种发泄的手段。简言之，未成年人产生触法犯罪行为的关键原因就在于他们不喜欢或不依恋学校。但一个不争的事实是，学习成绩差的学生，并不必然地走向或倾向于实施触法犯罪行为，也不能贸然地就推导出这些学业成绩差的学生就不喜欢学校。从学校教育的成绩分布来讲，尽管每一个学生都希望有好成绩，但成绩相对差的学生是一个不小的群体。这些学业成绩相对差的学生可能因为缺乏学习能力，却并不意味着什么都差，他们可能在师生交往上、在个性特色上、在兴趣爱好上等方面具有较强的能力，或者喜欢打篮球、喜欢下围棋、喜欢戏剧表演、喜欢小制作小发明等等。因此，学习成绩差并不一定意味着这些未成年人的学校生活就是阴暗的、情感失落的、心理有障碍的，甚至直接判断为不快乐、不幸福的。学习成绩差的学生出现不喜欢学校，甚至出现故意扰乱学校秩序、打骂欺凌同学等不良或严重不良行为，其原因并不一定是因为缺乏学习能力以至于学习成绩差的问题。这种归因，其实过于主观推测，或者以个别案例推演成普遍现象。所以，学校是一个关于探究如何有效防止或降低未成年人特别是低龄未成年人处罚犯罪问题的重要且关键的社会生活场域，但仅仅从学习能力低和学业成绩差的维度展开论述，就缺乏对学校教育全面影响学生发展问题的周全视野，内在地减弱了学校教育之于低龄未成年人成长成人的价值意义和功能作用。

对于同辈朋友依恋问题，赫希的观点更需要加以分析探究。赫希认为个人对他人的依恋越是强烈，他对传统社会规范的遵从程度也就越高；如果个人对他人缺乏依恋，忽视对传统社会价值观的遵循，这样就会导致他与少年犯罪人的交往，即与其他同样缺乏依恋和奉献精神的人在一起。赫希基于对犯罪未成年人的调查，提出了他的结论：与没有实施过少年犯罪行为的少年相比，实施过少年犯罪行为的少年更有可能结交少年犯罪朋友①。对于10—13岁的低龄未成年人来讲，对同辈朋友、甚至结交大于自己年龄的未成年人群体，可以说有着内在的需求。这种需求一方面反映出这一年龄阶段的低龄未成年人在情感依恋上的独立性，另一方面也反映出这一年龄阶段的低龄未成年人在社会交往中的群体性需要。他们在自主地寻找有共同兴趣和爱好、有相似或相近的行为方式以及价值观有共识性或可认可性的同辈朋友或同伴性群体；他们有着独立的渴望，拥有像成年人一样的生活方式，以显示出他们已经长大，能够像成年人一样的做自己喜欢的事情。那么，同辈朋友、同伴群体成为他们结伴而行的自主性选择。他们选择什么样的朋友、什么样的同伴，可能存在各种原因，有的因居住地是同一区域，有的因兴趣爱好，有的因价值观念一致，有的因情感状态相近或相似，有的则因受到几乎相似的惩戒、批评等等，他们可能结成具有社会规范意义和价值的同伴或朋友，也可能结成行为不良的群体同伴。由此可见，未成年人对朋友的依恋，有不同的原因以及不同类型和性质的关系。如果按照赫希的关于同辈朋友的依恋的观点，如果这个时期的低龄未成年人对那些行为不良甚至出现严重不良和触法犯罪的同辈朋友的依恋呈现出高亲密度，或者依恋强烈，那么他对传统社会规范的遵从程度也就越高？这肯定不符合基本的生活常理。因此，未成年人对他人的依恋强烈，对传统社会规范的遵从程度高低，关键在于依恋对象的性质。一个涉世不多的未成年人，也许因为一时的情绪盲动结交了一些行为不良的同辈朋友或同伴群体。如果

---

① Travis Hirschi, *Causes of delinquency*, Berkeley: University of California Press, 1969, p.135.

他跟随这些具有不良行为的同伴朋友一起实施不良行为，这个未成年人的触法犯罪可能不是主观的，但其不良行为所造成的结果，并不是不需要负责任的。即使是本性不坏，但他所参加的同辈朋友群体的不良行为以及内在的价值认知，直接影响着这个未成年人的认知判断和价值选择。从这一层面上讲，对他人依恋的强烈程度，并不一定能够让他产生对传统社会规范的高程度遵从。如果结成了严重不良和触法犯罪的同辈朋友或同伴群体，可能是严重违背传统社会规范的触法犯罪行为。因此说，对同辈朋友的依恋，必须关注同辈朋友的性质，否则，单纯根据对他人依恋的强烈程度来分析对社会规范的认同和遵从，就容易忽视同辈朋友内部的价值取向问题，仅仅强调情感关系的疏密而忽视价值方面的好坏因素。

已有许多实证研究资料表明，大多未成年人罪犯普遍对父母的"依恋"程度降低呈正相关关系。一些未成年人，特别是学习能力较差的未成年人由于受到社会消极文化的诱惑，或者在学校因成绩差没有得到自己期望得到的重视，对学校的依恋程度也大大降低，转而依恋同辈群体，产生"不良交往"（Bad Companions），与社会联系的亲疏程度呈现出弱化趋势，社会规范以及社会的主导价值观念等对未成年人的约束和控制力会逐步减弱，容易导致未成年人犯罪。特别是近些年来我国经济发展快速，城市流动人口增加同时农村留守儿童的群体也在扩大，进城务工子女接受教育的问题、就业问题、居住生存问题等，都对未成年人群体的生活稳定性以及生活方式等诸多方面产生冲击，许多失学、辍学、逃学的低龄未成年人的生活以及流浪未成年人成为社会规范影响或监管的盲区。他们对家庭和父母的依恋、对学校的依恋都在减弱甚至出现中断，而这一时期的低龄未成年人又缺乏必要的自我生存能力，就会出现较多的"空闲期"，正是这种"空闲期"的出现，就会直接导致低龄未成年人与社会的联系相对减少而出现各种触法犯罪的现象。许多研究表明，许多未成年人所以触法犯罪，是因为他们无事可做①。在他们的心理上，又都想过一种不劳而获的、安逸轻松的享乐生活，并不愿意主动投入到需要付出意志努力和身体劳作的传统活动中。但他们又没有相应的能力担当社会所期待于他们的社会角色。这种空闲期以及无事可做的状态，再加之他们好逸恶劳的生活态度以及他们涉世不深等诸多因素的裹挟挤压等，都是他们走向触法犯罪的缘由或推力。因此，对低龄未成年人来讲，防止他们最终走向触法犯罪，必须综合治理，单纯依靠社会规范来强化约束和控制力，不能贸然地说效果不大，但实效性确实存在可质疑性。

3. 缺乏对未成年人幸福感以及幸福观的关注

从赫希的社会控制理论来看，一个完整的理论体系，几乎没有提及未成年人的幸福感和幸福观问题。未成年人为什么会触法犯罪？为什么大多数未成年人没有发生触法犯罪的行为？仅仅是因为未成年人与社会规范之间建立起了高亲密关系，或高度依恋或强烈依恋？虽然赫希的社会控制理论的关注点可能不在未成年人的幸福感和幸福观上，但未成年人触法犯罪的原因或根源，仅仅从社会规范的约束和控制、从社会联系的疏密度等方面来展开，就在研究的思维视野上忽视了未成年人的内心世界。虽然对未成年人来讲，社会规范的约束和控制是不可或缺的，但社会规范的约束和控制毕竟是外在的因素，需要内化为每个个体内在的认知和行为规范标准。但即使如此，这种内化仍是外加性的、带有威权的强制性。未成年人之所以不敢触法犯罪，是基于"趋利避害"的心理防御机制，而不是基于未成年人内在心理的自然接受和认可，从这一层面上讲，虽然赫希也关注未成年人是否具有接受社会规范的约束和控制的主体意愿问题，但这种"主体意

---

① 参见邓俊：《近十年来我国青少年犯罪研究综述》，《河南科技大学学报（社会科学版）》2012年第1期。

愿"的发生，不是内在的、不加条件的心理认可和接受，而是基于外在环境对自己的评价和对自己行为的态度，具有明显的功利性、实用性。也可以说，未成年人之所以在高亲密度的社会联系中不发生触法犯罪的行为，主要是迫于外在环境对自己行为的评价，害怕外在环境对自己评价低或差引发对自己所要达到的目标的威胁，如未成年人想要得到父母肯定性的夸奖，就必须表现出对父母的遵从，否则，不仅可能失去父母对自己的关注，也可能面临着自己需求得不到父母满足的风险，因此，宁愿自己选择服从，也不愿意失去自己想要得到的目标。这种"表演性"的甚至可以说"功利性"的服从或遵从，达到了社会规范的约束和控制的效力和目标，或者起到了阻止未成年人触法犯罪行为发生的约束和控制作用，但他们的内心却是反抗的，或者说心存不甘的，长期的以及反复的这种"遵从"或"服从"，累积的效应很难说是积极的，最有可能的是心里积压着累积性的愤懑，一旦爆发，就可能是情绪失控的、难以挽回的后果。在日常生活中也可以听到或看到，一个平时很听话的、很温顺的未成年人，以残忍的手段弑杀母亲[1]或其他人。一个在学校老实甚至有点木讷的学生怒杀老师[2]。但这些案例以触目惊心的事实向人们展示着未成年人犯罪的恶果，究其原因，与"功利性"的遵从或服从而导致的内心不满和愤懑的累积效应有着直接的关系。由此可见，单纯的或单一的强调社会规范的约束和控制、表面化地看到未成年人的所谓接受社会规范约束和控制的"意愿"，可能只是一时地阻止未成年人触法犯罪行为的发生，但治标不治本，其根本的方法，还是应该从未成年人的幸福感以及幸福观问题，从人生哲学、人生价值、生命意义等层面关照未成年人的内心世

---

[1] 杨锋、程媛媛、林斐然：《北大学生吴谢宇涉嫌弑母背后》，2016 年 3 月 4 日，见 https://new.qq.com/cmsn/20160304/20160304077465。

[2] 《沅江杀师学生：觉得老师太严厉了》，《北京青年报》2017 年 11 月 15 日，见 http://epaper.ynet.com/html/2017-11/15/content_269365.htm?div=-1。

界、关照未成年人的精神世界。

当然，人们不应该苛求赫希的社会控制理论必须去关注未成年人的幸福感和幸福观的问题，但从思考和解决未成年人，特别是对10—13岁的低龄未成年人触法犯罪来讲，关注的焦点应该由服从或遵从社会规范的约束和控制的层面，转向对未成年人内心幸福感以及生活幸福观的层面，深层次地探究低龄未成年人触法犯罪问题，从规范与主体自由的视角揭示低龄触法未成年人的教育矫正问题，而不是单一地强调社会规范的约束和控制的强化。正如前文所言，对于低龄未成年人来讲，预防或阻止低龄未成年人触法犯罪行为的发生，强化社会规范的约束和控制是不可或缺的，但绝不是唯一的，必须思考这一年龄阶段的低龄未成年人的主体自由问题，必须关注和思考的这一年龄阶段的低龄未成年人的幸福成长问题。

二、差异交往理论

差异交往理论（Differential Association Theory）由美国犯罪学家埃德温·萨瑟兰(Edwin Sutherland)在其1939年出版的《犯罪学原理》（*Principles of Criminology*）中正式提出，而且一直被认为是美国犯罪学中最重要的三种理论之一。

（一）埃德温·萨瑟兰的差异交往理论概述

萨瑟兰的差异交往理论，是在充分吸取前人以及同期学者研究的经验基础上形成的，也可以说是美国犯罪社会学家群体多年展开犯罪学研究的结晶。在他形成差异交往理论的过程中，借鉴并应用了赫伯特·米德的符号互动论、塔尔德的模仿论以及塞林的文化冲突理论。

在萨瑟兰的差异交往理论中始终强调"定义"的形成对犯罪行为的影响，强调"定义"是在亲密人群的面对面的交往之中形成的，这一观点就深受米德的符号互动论的影响，并在此基础上提出了人的犯罪是得到了环境过多的赞同违法或犯罪"界定""定义"的结果的观点。萨瑟兰还强调犯罪是一种运用到了全部学习机制的习得行为，而模仿是其中一种重要的学习方式。这一观点其实就是对塔尔德模仿理论更为深刻的认识和解读。另外，文化冲突论可以说是萨瑟兰差异交往理论的中心主题，文化冲突的研究视角以及相关观点就吸纳了塞林的关于现代犯罪产生于文化冲突的观点。在借鉴和应用已有观点的基础上，他又指出，仅仅依靠模仿这种学习，并不足以解释犯罪这种特殊社会现象，因为解释犯罪只是一种学习或者模仿是不够的，还需要指出犯罪是如何学习或模仿的。差异交往理论的核心观点是，犯罪是在与他人交流或者交往（Association）过程中学习而来的。这一观点，解决了模仿论的不足，同时也内在地否定了犯罪是遗传或天生的观念。当他进一步地追溯犯罪的来源时，使用了"社会解组"（Social Disorganization）的概念。其实，这一概念的原型来自迪尔凯姆的"失范"概念，是指进入近代工业化社会以来，社会的迅速变迁造成了传统社会规范的解体，而新的规范还未来得及建立起来，人们失去了可以依赖的行为标准。萨瑟兰的差异交往理论有一个较为明显的特征，即从两个层面展开了论述：一是微观层面，论述的核心问题之一是犯罪行为是通过学习而非遗传获得的；二是在宏观层面，论述的核心问题之一是犯罪行为是因为社会解组所导致的文化冲突（后使用规范冲突）而非个体的心理结构所导致的。

萨瑟兰的差异交往理论，在其1939年出版的《犯罪学原理》中作了系统阐述，其观点概括为七个方面的原理。但这七个方面的原理提出后，受到人们的批评和质疑，萨瑟兰根据这些批评，将他的理论作了修订，并在1947年版的《犯罪学原理》中重新表述。萨瑟兰的差异交往理论，概要地讲，主要包括如下九个方面的观点①：

1. 犯罪行为是习得的。这意味着犯罪行为本身不是通过遗传获得的，也不是先天的或在人格中本来就存在的。

2. 犯罪行为是在交流过程中通过与他人的相互作用而习得的。这种交流既包括言语性的，也包括通过手势等身体语言的方式（Gesture）进行的交流。

3. 犯罪行为学习主要发生在亲密的人群中。那些间接的、非个人面对面的交流方式，如电影、报纸等，对犯罪只起到了一种相对次要的作用。

4. 在学习犯罪行为时，学习内容包括：学习实施犯罪的技术；学习特定的动机、驱动力、合理化的方式和态度等。

5. 犯罪的特定动机和内驱力，是从赞同或不赞同法律规范的解释中习得的。在一些情况下，个人也许会处于那种认为法律规范应当被遵守的环境中；另一种情况下，个人可能处于那种认为破坏法律规范才被赞许的环境中。

6. 一个人之所以会变成违法者，是因为赞同违法的解释超过了不赞同违法的解释。这就是差别交往原理。它既涉及犯罪的交往，也涉及反犯罪的交往。

7. 差别交往可能在出现频率、持续时间、优先性与强度方面有所不同。

8. 通过与犯罪榜样和反犯罪榜样的交往来学习犯罪行为的过程，涉及在任何其他学习中所包含的全部机制。这意味着对犯罪行为的学习并不限于模仿过程。

9. 尽管犯罪行为是一般需要和价值的表现，但是却不能用那些

---

① ［美］萨瑟兰、克雷西、卢肯比尔：《犯罪学原理》（第十一版），吴宗宪译，中国人民公安大学出版社 2009 年版，第 7—9 页。

一般需要和价值来解释，因为非犯罪行为也是同样的需要和价值的表现。

（二）对埃德温·萨瑟兰的差异交往理论的简要评析

萨瑟兰的差异交往理论，其目的是寻求一个能够解释"所有犯罪"的一般理论，但由于萨瑟兰并没有对他的理论的由来加以逻辑严密地推导和深入论证，所以这只是一个归纳得到的理论①。即便如此，萨瑟兰的差异交往理论提出的诸多观点，如在个体犯罪的微观层面提出的观点：犯罪行为是学习得到的，是在与其他人交流的互动过程中学会的；学习犯罪行为主要发生在亲密的人群中；在犯罪的学习过程中，既学习了从事犯罪的技能，也学习了犯罪的特定的动机、驱动力、合理化的方式和态度等，并进一步从宏观层面揭示这种动机和内驱力主要来自对犯罪行为的赞同与非赞同的"界定"或"定义"的结果。他还从宏观层面，根据社会解组的概念解释人们在文化冲突中的差异交往行为发生的机理，即当一个人成为罪犯时，并不仅仅是因为他与犯罪的榜样（Patterns）接触交往过多，也因为他缺乏与赞同守法的榜样接触的机会，或者说与赞同守法的榜样有隔离。任何人不可避免地模仿他所处社会文化要求的行为规范等。虽然这些观点看似简略，似乎缺乏理论逻辑体系的完整性，但具有较强的对一般犯罪问题的解释力，也可以说，萨瑟兰的差异交往理论，明显地体现出社会学研究的方法论以及社会学的犯罪理论研究模型。

虽然萨瑟兰的差异交往理论有着自身的理论特色和优势，在美国犯罪学研究中具有重要理论和思想价值，对后来人们研究犯罪问题产生了广泛而深刻的影响，但这一理论也存在一定的局限以及可以进一

---

① Edwin H. Sutherland & Donald R. Cressey, *Criminology*, Philadelphia: J.B. Lippincott Company, 1987, p.94.

步讨论的问题，主要体现在如下方面：

1.解释了不同个体为什么会犯罪的原因，但缺乏强有力的控制犯罪的方法举措。从萨瑟兰的差异交往理论的九个方面的观点来看，他关于犯罪是学习的结果这一观点，内在地反对犯罪遗传学或内在意志论的观点，人并不是先天地就具有犯罪的潜质或犯罪是人格中的先天存在，而是后天模仿和学习的结果，有着理论观点的合理性。不可否认，一个人之所以会犯罪，确实与其生存的社会环境有直接关系。但与社会环境的接触，或者说与不良的、社会解组中的文化冲突下的社会环境接触，并不一定导致个人的犯罪，萨瑟兰已经敏锐地发现了这个问题。另外，萨瑟兰还指出，即使个体与具有犯罪倾向或犯罪事实的同伴群体有着高亲密度的接触，也不是导致个体犯罪的直接动机和内驱力。这一观点是有道理的，也具有一定的客观现实性。正如他举出的一个具有说服力的例子，不同的人在同样的情境下，都发现了无人看管的财物，一个人偷盗而另一个人没有动手。萨瑟兰的解释是：这是因为他们在早先就通过不同交往得到了不同的赞同与不赞同犯罪的界定。那个早先常常受到赞同违法界定的人将会偷窃这个财物，而那个先前常常得到应当守法界定的人则不会。从这个例子中可以看出，单独个体为什么会犯罪，关键不在于这个个体接触了什么样的社会环境或什么样的同伴群体，关键是个体所在的社会环境或同伴群体对犯罪行为是否赞同的"界定"的结果。一个人处在对犯罪行为持有"赞同"的界定的社会环境中，他就会接受社会环境对犯罪行为持"赞同"的界定结果，这个个体学习犯罪的行为则同时发生。不仅学习犯罪的技术，同时也学习或模仿犯罪的动机、内驱力以及价值观念等。

遵循萨瑟兰的这一犯罪原因的解释和揭示，如何有效地防止和控制犯罪？如果说犯罪的直接原因来自个体对不良社会环境和具有犯罪群体的接触，那么有效地阻止和控制个体与这些外在环境的接触，虽不能完全杜绝犯罪问题，但最起码是一个有效途径。萨瑟兰关于犯罪的观点认为，个人犯罪并不是因为个体接触了不良的甚至具有犯罪事实的同伴群体，而是由于外在社会环境对犯罪行为所持的是否赞同的态度。简单阻隔个体与外在环境的接触，看来不是有效阻止和控制犯罪问题的解决办法，但在他的犯罪理论中，并没有提出相应的组织和控制犯罪的策略、方法或途径。可以设想，如果犯罪主要是基于外在环境对犯罪行为是否赞同的界定。那么可能的举措应是，首先要分辨出外在环境是否具有对犯罪行为持赞同的界定。如果个体所处的社会环境对犯罪行为持有赞同的界定，就采取阻止或控制？如果外在环境对犯罪行为持反对或不赞同的界定，就没有必要阻止和控制个体对外在环境的接触？这恐怕不是有效的方法和途径。由此可见，萨瑟兰的差异交往理论，重点揭示的是人为什么会犯罪的原因，虽然提出犯罪是一个学习的观点，但缺乏阻止和控制犯罪问题的深入探究。可以说，揭示原因虽然重要，但关键问题是必须从原因中寻找有效解决犯罪问题的办法。

2. 解释了犯罪是学习的结果，但忽视了对个体心理的关注。在萨瑟兰的差异交往理论中，最为值得称道的是否定了犯罪的遗传观点，并提出犯罪是一种学习的观点。从社会学的视野来看，一个人的发展，离不开他的各种社会交往活动，这本身就是一种学习。也可以说，每个个体虽各有不同的社会交往活动，但学习是最具共性的、最具一般性的。犯罪行为当然也是一种学习的结果，或者说犯罪行为在与其他人的交流互动中学会或习得的，包括犯罪的技术、犯罪的特定动机和内驱力以及态度等。在他们的学习过程中，犯罪行为的发生主要在与个体有亲密关系的人群中，因而那些间接的、非面对面的交流方式，如报刊、电影等媒介对个体学习犯罪行为的发生虽具有一定的影响力，但不是主要的，相较于面对面的交流属于次要作用。这些观点都具有较强的现实性、观察力和一定的解释力，但为什么学习犯罪的活动会主要发生在与个体关系亲密的人群中？如果不是情感上的依恋或依赖，不是心理上的认可和接受或者心理上的趋利避害等的防御机制，如何解释犯罪行为的学习活动主要发生于亲密关系的人群中？因为个体亲密关系中的学习对象是父母？是同辈朋友？如果再进一步追问，犯罪行为来自父母的亲密关系或与同辈朋友的亲密关系？如果父母对犯罪行为持有反对或不赞同的界定，犯罪行为的学习就不会发生？似乎不能这样简单推理和认知。

客观地讲，个体犯罪与向他的关系亲密的人群学习犯罪，有着直接的关系，但不能也不应排除个体的心理认知。虽然不能把个体在亲密关系的人群中学习犯罪行为的发生完全归结为内在心理机制，但人的学习行为的发生与个体的心理活动有着内在动力机制的功能关系。从一般学习理论上讲，任何学习行为都伴有心理的参与，学习行为的发生既有理性的智力因素，同时也有非智力的心理因素，两者是不可分割的。可以说，如果单独个体的学习活动仅仅受到个体的智力因素的作用，而与非智力因素无关，那么这种学习在现实中是不可能发生的，除非人完全处于非人的"机器"的状态。如果出于理论研究的方便或排除心理因素的复杂性，单纯地、理想化地研究智力因素，可以做出排除心理因素的结论，但这样的研究其价值更多是理论上的，缺乏实践或客观现实的支撑。如果用这种排除心理因素的理论来直接解释现实中的客观事实，就存在着理论与实践的内在脱离，随之就会出现以理论"裁剪"现实的弊端，难以揭示和解释客观现实的真实性。从这一层面上讲，萨瑟兰的差异交往理论对犯罪行为的解释和研究，仅限于社会学的合理性以及理论建设的需要，虽能够解释犯罪行为是个体学习的结果，但难以解释和揭示究竟其中的心理原因。

3. 重视学习结果的连续性、累积性以及频次性，忽视学习的价值选择和判断。在萨瑟兰的差异交往理论中，个体犯罪行为的学习，不仅是面对面的直接交流互动，而且其结果并不随时间的转换而降低，甚至消除了对个体发生犯罪行为的影响。外在环境对犯罪行为的赞同或非赞同的界定，时间越长、频次越高，对个体犯罪行为学习的发生越具有影响力。这一点是值得肯定的。个体较长时间处于对犯罪行为赞同的环境中，会强化犯罪行为学习的结果，萨瑟兰又认为，虽然犯罪是一种一般意义上的需求和价值的表达，但是不能通过这种表达来解释犯罪，因为合法行为也表达了这种正常的需求和价值。他举例说明了这一观点，认为盗贼是为了得到金钱而行窃，而诚实的工人也是为了金钱而工作。因此，根据一般的需求，通过对价值或利益的追求，如追求享乐，寻求社会地位，金钱，或受到挫折等来解释犯罪，必将是无效的，因为合法行为与犯罪行为都可能是这些动机所引起的。也就是说，在萨瑟兰的差异交往理论中，对犯罪行为的学习，只是学习了犯罪行为的技术以及动机和内驱力等，与学习过程中是否认可和接受犯罪行为的价值问题其实无关，或者说在一些社会行为中，犯罪行为与非犯罪行为在其价值选择和判断上并没有本质的差别，不犯罪的人参加工作是为了挣钱，犯罪的人而为了钱实施犯罪行为，在对待"钱"的价值选择上，二者没有本质的区分，所不同的是行为本身。这种观点值得进一步讨论和质疑。

从一般意义上讲，"钱"本身不具有犯罪与否的价值判断，但用什么样的途径和手段来获得，却有着价值选择和判断上的本质差异。以道德的、正当的手段和方式获得利益与以非道德、非正当的手段和途径获得利益，在其价值的选择和判断上有着是与非、对与错以及是否触法犯罪的区分，也内在地反映出个体的人生观、社会观和价值观等问题，不能因为理论建设的需要而简单排除价值选择与判断对个体犯罪行为的作用或原则性问题。错误的价值选择和判断，不仅直接影响和制约个体是否选择犯罪行为的学习问题，也直接影响个体为什么会选择学习犯罪的价值判断问题，从这一层面上讲，探究犯罪行为的学习，不能简单排除价值的选择和判断问题。否则即使揭示了个体为什么会犯罪的原因，也难以探究如何有效阻止和控制个体犯罪行为发生的有效策略和途径。

三、紧张理论

紧张理论是美国社会学家罗伯特·默顿（Robert Merton）在批判地继承了帕森斯的社会结构理论，并肯定和发展了迪尔凯姆的社会失范论的基础上，于 1938 年正式提出，其后由艾尔伯特·科恩（Albert Cohen）、理查德·克劳沃德（Richard Cloward）及劳埃德·奥林（Lloyd Ohlin）、艾格纽（Agnew）等人继续拓展和完善。

（一）罗伯特·默顿的紧张理论概述

紧张理论产生的社会背景正是 20 世纪初期美国的"镀金时代"。当时美国正处于经济社会转型期，绝大多数美国人向往富裕、个人财产、教育、权利、尊严和舒适的生活等等，可以说，以个人财产、体面的高薪职业、房子、车子等以追逐物质财富为代表的"美国梦"成为大多数美国人的梦想。但在追逐这些物质财富的过程中，处于不同经济地位的人实现这种梦想的社会目标所付出的努力不同。在中、高阶层，取得作为成功标志的教育、体面而高薪的职业、物质财富等手段是轻而易举的，但对处在下阶层的年轻人而言，由于在教育、家庭地位等方面的不足，即使付出了努力也难以获得期望的高收入的工作职位，因此他们感到愤怒、沮丧，不满于这种给他们带来不平等的社会，也因此，这些年轻人更容易选择抢劫、偷盗等犯罪行为来满足自己的物质需求。

默顿的紧张理论认为，当社会文化将物质财富水平当成衡量成功的标准，而个人又缺乏合法手段来取得物质上的成功时，就会产生紧张；人们在此情况下，可能为了达到获取物质财富的目标而选择不合法甚至违法犯罪的手段。易言之，犯罪或未成年人犯罪是由于个体不能通过合法手段取得社会地位和物质财富而产生的沮丧和气愤引发的。默顿运用迪尔凯姆的社会失范概念对美国社会中的犯罪、越轨现象进行了功能主义视角的分析，他认为越轨行为的产生乃是社会结构内在"紧张"的产物。按照默顿的分析，社会结构有两个最为重要的因素：即合法的文化目标和合法的制度手段。默顿认为，正是由于美国社会结构的目标和手段方面存在着不协调，构成了社会"失范"的源头，引起异常及越轨行为的倾向。这里的文化目标就是一个社会中由该社会的文化所确定的什么是有价值的目标，比如获得丰裕的物质财富。这里的制度化手段，默顿也称之为制度化规范，是指实现这些目标的正当的方式，比如付出艰辛的劳动。

默顿的紧张理论有一个假设，即越轨行为是由所处社会文化规定的目标与为实现这些目标所提供的途径之间相脱离的一种表现。易言之，凡是文化目标与达到这个目标的手段之间发生脱节的地方，社会结构就会瓦解，无规范状态就会存在，发生社会反常行为的可能性就最大。并进一步解释指出越轨行为的产生与手段—目标之间的断裂程度呈正相关关系，越是处于社会底层的人，其所承受的越轨压力越大，因此，其越轨行为出现的比例则越高。默顿强调，每个社会都是其独特的目标和方法的结合。美国社会强调获得财富、成功和力量的目标，达到这些目标的社会许可的方法就是努力工作、接受教育和勤俭节约等。尽管一个社会所提供的合法的文化目标对社会中的所有成员来讲具有"平等"的一致性，但社会所提供的实现这些目标的手段对全体社会成员来说并不都是平等的。正如前文所言，中高阶层特别是高阶层，因其社会结构所获得的经济地位可以轻松地获得高质量的教育和高薪报酬的职业，而身处下层的青年人即使付出艰辛的劳动也难以获得"平等"的物质财富的享有。这种落差以及矛盾，主要是由社会结构造成的。

默顿认为，每个人都有自己的社会目标和独特的实现这些目标的方法。根据个人的社会适应程度不同，默顿将人们各自实现的目标的方法的结合类型分为五种：遵从（Conformity）型模式、革新（Innovation）型模式、礼仪（Ritualism）型模式、颓废（Retreatism）型模式、反叛（Rebellion）型模式 [①]。如表 2–1 所示

表 2–1　默顿适应模式示意表

适应模式	内　　容	文化目标	制度性手段
遵从型模式	采用制度性手段实现文化目标	+	+
革新型模式	放弃文化目标，克制自己的欲望（紧张状态）以谨守合法手段	+	−
礼仪型模式	不采用合法的手段实现文化目标	−	+
颓废型模式	既放弃文化目标，也不遵从合法的手段，是两者同时放弃	−	−
反叛型模式	放弃文化目标与合法手段，但用新的目标代替旧的目标，并用新的方法实现新的目标	+/−	+/−

注：表中的"+"号表示接受；"−"号表示拒绝；"+/−"号表示拒绝现行的价值观而代之以新的价值观。

遵从型模式：这是文化目标与制度手段良好整合状态下的行为，即个人认同社会的目标，同时也拥有实现目标的恰当方法。在一个平衡的、稳定的社会，这是一种最为普遍的选择。假如一个社会的大多数成员均不采取遵从的模式，那么这个社会也就不存在了。

革新型模式：这是指个人认同社会的目标，但由于制度手段的缺乏，因而试图通过不合法的手段来实现这一目标。有些人想过奢侈的生活，但又缺乏财力，这种冲突促使他们采取所谓革新的方法，比如

---

① 本表格来自李媛媛：《浅析默顿紧张理论》，《新疆社科论坛》2008 年第 4 期。

去盗窃来解决问题等。在默顿列出的五种可供选择的社会适应模型中，革新型模式与犯罪行为的联系最为密切。美国文化特别强调成功的目标，这使得那些缺乏经济机会的社会成员背上了沉重的包袱，因而他们采取越轨的方法就不足为奇了。

礼仪型模式：是指拒绝社会的文化目标，但同时却坚持合法的制度手段。礼仪的选择者不会有未实现目标而出现的沮丧感，而是从既无现实追求也无意义目标的传统礼仪的实践中获得愉悦。按照莫顿的观点，礼仪的选择者抛弃了现实的目标，克制自己的欲望，并不期望获得大量财富，却辛勤工作、接受教育、诚实做人。这种情形经常出现于宗教领域、封建式团体、俱乐部、大学生联谊会以及其他的组织。

颓废型模式：既排斥社会目标，也否定合法方法。认同这种适应模式的人通常是由于个人接受了社会的可以接受的目标但是却被剥夺了实现这些目标的方法，又不能使用违法的方法去获取成功，于是疏远社会，退出正常的社会生活，采取颓废的态度，试图通过精神上、肉体上的消沉来逃避失败的现实。默顿指出，认同这种类型的人们，生活于社会但又脱离了社会。

反叛型模式：以另一套目标及手段的组合来替代可以接受的、可供选择的一系列社会目标和方法。采纳这一类型的社会成员希望推进现行社会结构的激烈改革，他们号召取舍生活方式、目标和信念。另一些人则倡导使用非暴力的、消极的抵制以改变社会。

从上述个人行为适应模式的介绍中可知，除遵从型模式之外的四种社会适应方式都构成"越轨"，但它们并非都必然引起犯罪。但采纳颓废、反叛和革新的方式容易导致犯罪行为。也可以说，如果社会存在着明显的不平等，或社会合法目标与达成这一目标的方法间缺乏必要的协调，就容易导致社会成员中的大部分处于社会反常状态。而作为对这种反常状态的反应，他们或者采取革新的方式实施盗窃、敲诈勒索，或者吸毒、酗酒而消沉，或者认同反叛以推进社会结构的激烈改革等。

（二）对默顿的紧张理论的简要评析

默顿的紧张理论，立足于美国社会的现实，从社会合法的文化目标与达成这一目标的合法手段之间的协调整合来讨论犯罪问题并解释产生越轨甚至违法犯罪行为的原因，具有一般现实性和较强的一般理论的解释力。在默顿的紧张理论的逻辑思维中，目标与手段之间的不一致，是导致越轨行为的直接因素，而之所以会出现两者的不一致，关键是社会结构所导致的社会失范状态的出现，所以，越轨可以被看作社会个体对社会层面失范的行为反应，或者说社会失范状态与越轨行为有着直接的关系。这种从目标—手段到失范—越轨的思维逻辑线路，其实也内在地建构着社会—心理过程之越轨行为的类型学和发生学的分析框架，即社会制定的合法文化目标如果难以通过合法的手段达成，就会导致社会成员的紧张，而人们处于压力和紧张状态，就会产生情绪反应：愤懑、颓废、反抗等，而这种情绪反应与社会失范状态的契合，使人们在行为上倾向于易于选择那些能达成目标的非合法性的方式，越轨行为就极易发生。因此，如果能够从宏观上整合社会合法的文化目标与达成目标的合法行为，就可以从宏观的层面阻止或降低社会成员的越轨行为甚至触法犯罪行为的发生，因此说，默顿的紧张理论，内在地蕴含着理论逻辑的合理性以及这一理论的解释力。

当然，默顿的紧张理论虽提出了对犯罪具有一定解释力的观点，但也同样受到持不同观点者的批评，由此也可以看出，紧张理论仍有自身的缺陷、不足以及进一步探索的问题。笔者拟从如下方面展开简要评析：

1. 从目标—手段的分析框架揭示越轨行为，但缺乏对家庭、教育等因素在人们发生越轨行为中的影响力分析。从默顿的紧张理论的主张及观点来看，主要着力于社会宏观层面制定的合法化的文化目标、社会结构以及社会失范等概念，即使涉及关于家庭的论述，也是在社会分层的意义上，如中高层家庭、底层家庭等，而且即使涉及教育，也只是谈及处于中高层的社会成员易于接受那些获得高薪报酬职业的教育，而处于底层的社会人员难以接受良好的、能够获得高薪报酬职业的教育等，其实仍是在社会分层的意义上讨论教育问题，而不是讨论家庭、学校本身对犯罪行为发生的影响力。

不可否认，由社会提供的合法化的文化目标与达成目标的合法化或制度性的手段之间的脱离，确实容易造成社会成员在选择社会适应的模式上有所不同，有些人既接受社会提供的合法化的文化目标，也遵从社会制度化的达成目标的方式，这种选择社会适应的人，较少发生越轨行为，但并不一定就能判断他不会发生越轨行为甚至处罚犯罪行为。一些激情犯罪、个性化的极端犯罪等，也并不一定都是"革新性""反叛性"很强的社会成员。因此，紧张理论其实并不能完全解释人们触法犯罪的真实动因。从这一层面上讲，紧张理论仍有扩大其理论研究的空间和基于个体犯罪的个体化研究。毕竟社会成员首先生活于家庭，家庭中的道德关系、血缘亲情以及父母间或亲人间的情感等，其实都影响社会成员特别是低龄未成年人对社会目标以及制度化方式之间的关系认知、价值选择与判断。因此说，即使社会成员接受了社会提供的合法化的文化目标，但在认可和选择制度化的方式时，家庭给予的关爱、学校给予的教育等，其实都内化于个体对制度化行为方式的判断与选择上。因此，讨论社会提供的合法化的文化目标，不能忽视家庭和学校的作用，否则，在揭示目标与手段的关系时，其实内在地否认了人的多层面关系存在的意义和价值，也内在地减弱了这一理论应有的、具有广泛意义的解释力和影响力。

2. 关注了社会成员达成文化目标的合法化或制度化的行为方式选择，但弱化了个体内在心理活动及机制的揭示。从紧张理论的五种社会适应模式来看，革新模式、颓废模式、反叛模式都具有越轨行为发生的高概率，但问题是，为什么人们会选具有高概率发生的越轨行为？仅仅是因为既不接受社会目标也不接受制度化行为方式？或者虽接受社会目标但不接受制度化的行为方式的约束？或者意图修订社会目标并重建行为方式？处在社会结构高层的社会成员就一定遵从社会提供的合法化的文化目标，以及制度化的达成目标的手段和方式？而处于底层社会的个体就必然地接受或不接受社会提供的合法化的文化目标，从而选择或反对制度化的达成目标的方式？这些问题的存在，就已经较明确地说明，默顿的紧张理论主要基于宏观社会以及分层中的社会成员，对不同的个体特别是低龄未成年人的越轨行为的发生，其实更是具有个别性和个性化心理活动的参与。另外，默顿的紧张理论其实也难以说明"紧张"发生的心理机制。个体，特别是低龄未成年人，当发现自己无论如何通过自身的努力也难以达到社会提供的合法化的文化目标时，就一定或必然地产生愤懑、低落或反抗的"紧张"情绪？他们就一定是高概率越轨行为发生者？这种判断是否过于简单或主观臆断？

正如紧张理论所提出的五种社会适应模式，每个人都可能处在目标与手段的不协调或脱离状态，但为什么会选择不同的社会适应模式？虽然这一理论具有犯罪类型化和发生学的合理性，但不应因此就弱化了个体选择行为方式的内在心理动机及心理机制，也不应忽视个体选择这种行为方式带来的价值冲突以及个体内心的愉悦性、幸福感等心理的情感反应。单独个体即使选择了社会允许的制度化行为方式，如果缺失了愉悦、幸福的内心体验，其实难以强化对制度化行为方式的遵从，相反会在较大程度上累积、强化内心的不满、愤懑以及反抗等容易导致越轨行为发生的非制度化的方式和手段，如以偷盗、抢劫等违反社会制度化的手段达到自己所认可的物质追求的目标。从这一层面上讲，紧张不仅是对难以达成社会目标的结果认知的反映，同时也是对内心是否获得愉悦感、幸福感的担忧性体现。因此，对越轨行为甚至触法犯罪行为的揭示，还应关注个体特别是那些低龄未成年人的内在心理感受，否则难以让人信服地揭示个体为什么选择违背甚至反叛社会制度化的行为方式的原因。

四、三种犯罪理论的借鉴与启示

从前文对社会控制理论、差异交往理论和紧张理论这三个典型犯罪理论所作出的简要概述和评析来看，三种理论对犯罪行为的研究及原因的揭示，为本研究全面深入地思考和探析低龄触法未成年人的教育矫正问题提供了分析和研究犯罪问题的认识论和方法论以及可资借鉴的思想观点。

（一）认识论的借鉴与启示

人们如何认识事物、持什么样的认知观点以及成为什么样的人等，就形成了分析和讨论问题的认识论。认识论不同，分析问题的逻辑起点、立足点以及分析问题的原则及逻辑线路等都存在不同和差异。三种不同且相关的关于犯罪问题的理论，为本研究全面深入地展开，在认识论的层面上提供了如下的启示和建议：

1. 社会控制理论的认识论启示与借鉴。赫希的社会控制理论，首先不是从为什么人会犯罪的视角来展开，而是从为什么大多数人不会犯罪的视角来展开研究。这一研究视角的转变，带来的是问题研究入口以及研究逻辑起点上的不同。如果单纯地从为什么人会犯罪来展开研究，问题的指向性虽然明确，但在认识的思维视野上较之于人为什么不会犯罪就相对狭窄。这一研究视角的转换，也蕴含着研究犯罪问题的另一个价值取向：研究犯罪问题是为了防止和控制没有犯罪或有犯罪倾向尚未实施犯罪的社会成员实施犯罪。这就在问题研究的价值论层面具有了宽广的社会意义和理论价值。其实，为什么要研究低龄触法未成年人的教育矫正问题？如果在认识论的视野上仅仅局限于已经触法犯罪的低龄未成年人而不是那些尚未发生触法行为的低龄未成年人，就在问题分析的立足点上内在地缩小了本研究的社会价值和理论意义。从这一点来讲，赫希分析研究的视角为本研究的展开提供了认识论基础和范式。其次，赫希社会控制理论的人性假设。虽然在前文的简要评析中，已经明确指出赫希展开研究的人性假设的主观认定性，但从人性本恶的层面来讨论未成年人犯罪问题，有着认识逻辑上的合理性。虽然无论是人性本恶还是人性本善，其实都属于主观主义的认识论，但从人性的层面展开论析，就在认识论的层面根植于人的本性讨论，把对未成年人犯罪问题与人性、人格等深层次的哲学思考引入问题的分析，为人们思考和探究未成年人犯罪问题构建了人性研究的认识论基础，不仅有利于问题研究的深入，更有利于理论体系建构的逻辑性要求。虽然对于低龄触法未成年人的教育矫正问题，本研究不会依循赫希的社会控制理论的人性假设，但确立人性论的认识论起点，仍是应该借鉴其认识论。再次，赫希的社会控制理论的认识路线。如何展开未成年人犯罪问题研究，赫希的社会控制理论有着自身的认识逻辑和框架。在认识上以人性观确立研究的理论假设：人都是潜在犯罪人，或人都有实施犯罪的倾向。那么，为什么有些人没有实施犯罪而有些人却实施了犯罪，是因为有外在的社会控制机制将其遏制了。未成年人之所以实施犯罪行为，是因为外在社会控制或社会联系的削弱或中断的结果。如此，赫希就把未成年人犯罪问题引向两个层面：个体层面和社会层面，并提出了社会联系的概念。那么，人与社会发生联系的表现，由依恋、奉献、投入和信仰四个方面组成，然后逐个解析而形成了具有体系结构的社会控制理论。这一分析问题的思维认识路线，在逻辑上是合理的。如果要逻辑地展开低龄触法未成年人教育矫正问题的研究，赫希的思维认识逻辑路线值得借鉴。

2.差异交往理论的认识论启示及借鉴。虽然萨瑟兰的差异交往理论借鉴并应用了赫伯特·米德的符号互动论、塔尔德的模仿论以及塞林的文化冲突理论，但其研究的认识论视野仍聚焦于学习，认为犯罪行为是一种学习的结果，是在交流过程中通过与他人的相互作用而习得的。首先，这一观点内在地否认了犯罪的遗传论或先天论的观点，把犯罪的原因置于个体的社会学习过程中，同时也把人性问题从思想观念拉入现实交往的社会生活中。这一认识上的切入点，内在地强化了对犯罪问题研究的社会性特征。本研究的对象是10—13岁的低龄触法未成年人的教育矫正问题，理应借鉴萨瑟兰的这种认识论视野，明确这一年龄阶段的低龄未成年人的年龄特征、认知特征以及社会生活现实：他们处于青春期早期、少年早中期和学龄中期阶段，他们的主要社会生活场景，其实主要在家庭和学校，与社会的接触面并不是那么广泛。这是事实，不应人为地、恐慌性地把这一年龄阶段的低龄未成年人的社会活动无限制地扩大。其次，萨瑟兰的差异交往理论中的人性观。在萨瑟兰的差异交往理论中，并没有明确地说明这一理论的人性假设，但从他的整个理论来看，其实都明显地体现出他的人性论假设。人的生存离不开各种类型和性质的社会交往，也正是在多类型和多性质的社会交往过程中成长发展的，或者说学习了犯罪行为。这一人性观对本研究是值得借鉴的。对于低龄触法未成年人的教育矫正问题的讨论，不应离开这一年龄阶段的低龄未成年人的社会活动，特别是在家庭和学校这两个主要社会活动的场域中的生活学习行为的发生问题，讨论这一年龄阶段的低龄未成年人的生活方式以及学习内容问题；再次，萨瑟兰的差异交往理论的思维认识路线。在认识上首先确立人的犯罪是一种学习的结果，把人的犯罪问题直接引入社会交往活动过程中，同时解决了如何学习的问题。那么，为什么会发生学习行为以及学习什么，原因在于外在环境对犯罪行为所持的赞同与非赞同的界定。可以说，"界定"对犯罪行为的赞同与非赞同，至关重要，直接影响和制约犯罪行为的选择与实施。在这一个认识下，萨瑟兰提出了"社会解组"这一概念，为外在环境对犯罪行为的赞同与非赞同的"界定"提供原因性和标准性的内涵。在学习的内容上，萨瑟兰也明确指出两个方面：一是犯罪技术；二是犯罪的动机、内驱力以及态度等。依循认识的逻辑，萨瑟兰在个体层面和社会层面分别论析了犯罪学习的机理并在宏观层面上提出了九个方面的原理性观点。这一思维认识路线，对本研究同样具有借鉴和启示的价值，即展开低龄触法未成年人的教育矫正研究，应首先确立低龄未成年人触法犯罪的根源性认识：学习，然后把学习置于这一年龄阶段的低龄未成年人的社会交往过程中，讨论学习的方式、内容，以寻求教育矫正的策略和路径。

3.默顿紧张理论的借鉴及启示。社会成员为什么会发生越轨行为甚至触法犯罪行为？首先，源自社会成员难以用合法化或制度化的行为方式达成社会制定的或提供的合法化的文化目标而导致的压力和"紧张"。这样，默顿在认识论的层面上就把社会成员的越轨行为发生的源头引向社会领域，从目标—手段的社会学视角展开越轨行为甚至触法犯罪性的原因探究。美国社会的现实，并不能让所有的社会成员以制度化的行为方式达成社会制定的合法化的文化目标，因为社会结构处于分层以及社会失范的状态。底层的社会人员即使付出巨大努力也难以获得中上层特别是上层社会轻而易举地获得的社会目标，这种落差导致底层社会人员的"紧张"：愤懑、不满、反抗等情绪或不良行为。这种直入越轨行为发生的原因探究的认识论，把犯罪问题的研究带入社会现实，而不是在理论上的抽象。基于这种认识论起点，本研究对低龄触法未成年人的教育矫正问题，也应借鉴这样的认识论视野，直接面对低龄触法未成年人为什么会发生触法犯罪行为，从社会学的视野对低龄触法未成年人的触法犯罪行为展开原因探析。其次，默顿紧张理论的人性假设。与萨瑟兰的差异交往理论相似，在默顿的紧张理论中，也没有明确提出该理论的人性假设，但从默顿的理论观点中可以看出，他的理论假设打破了单一的人性论，既是成人认识社会的，也在一定程度上倡导人的选择的自主性，亦即人是自由的。正是因为人是社会的，人才能够生活于社会，并能够在社会生活的现实中讨论社会成员的越轨行为。正是因为人是有自由的，才能够揭示社会成员所以产生"紧张"并采取越轨甚至触法犯罪的行为。由此可见，对人性问题的假设，还不应单一地假设为人性本恶或本善，应从社会成员的生活现实揭示人的人性多样化和多样性问题。这种人性假设的认识论，有利于从多个层面探究社会成员与社会的关系建立。本研究的对象是10—13岁的低龄触法未成年人，对这一年龄阶段的低龄未成年人来讲，虽然其人性问题较之于成年人来讲并不复杂，但不应单纯地从人性本善或本恶的任性假设来讨论，还是应该从这一年龄阶段的低龄未成年人的社会生活现实，从多样性的认识论视角讨论这一年龄阶段的低龄未成年人的人性问题。再次，默顿紧张理论的思维认知线路。一些人为什么会犯罪而其他人为什么不会犯罪？以此为问题展开的认识逻辑起点，揭示一些人为什么会犯罪以及其他人为什么不会犯罪的原因：社会结构的分层以及社会失范状态和社会价值冲突等，都在较大程度上局限甚至阻止了低层社会成员达成社会制定的合法化的文化目标，社会成员在"紧张"的状态下就容易发生越轨甚至触法犯罪行为。社会失范、文化冲突或价值冲突、制度化行为方式等概念，都成为揭示社会成员所以发生越轨甚至触法犯罪行为的原因。但社会成员选择什么样的社会行为，是选择制度性的行为方式做出反应，还是选择非制度性的、个性的、反叛性的行为方式，对个体来讲，有着自主选择的机制空间。默顿基于这样的认识思考，逐步构建这五种类型的社会适应模式，反映出人们对社会适应行为的选择方式。低龄触法未成年人为什么会发生触法犯罪行为？究竟是什么原因？这是本研究首先思考的认识论前提，必须通过原因的解释和揭示，才能够从认识论的层面逻辑地展开，这也是默顿紧张理论对本研究的认识论启示，因此，借鉴默顿的这种认识论起点以及由此而形成的思维认识逻辑，有助于本研究的深入展开。

（二）方法论的借鉴及启示

所谓方法论，简要地讲是指展开研究所使用的方式方法、途径手段以及技术。可以说，不同研究或不同学科，都有着与其相适应或相契合的方法论。方法论的使用是否恰切、是否科学合理，直接关系着问题研究的质量、效率和效能，也直接关系着研究过程能否顺利展开以及研究结果是否可信等问题。因此，通过对社会控制理论、差异交往理论以紧张理论的简要分析，指出不同理论的方法论对于本研究的全面深入展开具有重要的借鉴和启示价值。

1.社会学的研究方法论的借鉴及启示。从三种理论的学科性质来讲，都属于社会学的范畴，或者说从社会学的方法论视野展开犯罪问题的研究。无论是赫希的社会控制理论、萨瑟兰的差异交往理论还是默顿的紧张理论，都重视调查、实证、案例、数据统计等研究方法的运用，获得了大量的调查数据和多样化的案例，以数据、事实为依据，展开分析讨论。这种体现科学研究的方法论，弱化了对人性、良心、道德、心理等难以取证和实证的问题的纠缠，直面问题，体现了方法论使用的效率性、简洁性。面对低龄触法未成年人的教育矫正问题，不应单一地从理论抽象的层面来讨论探究，必须借鉴社会学研究的方法论，展开调查、访谈，获得大量的实证性资料和案例，以数据统计技术获得量化的数据，以数据和案例为依据，展开本研究的深入探究。本研究也认为，单纯依据社会学的研究方法论，虽然效率高、科学逻辑性强，但必要的人性观、世界观、社会观、人生观以及价值观的分析和探究，仍然是必要的，否则，就可能导致本研究陷入单纯"社会学"的方法论中，忽视人性论、忽视心理学等不同领域的方法论研究。人是社会的，也是道德的、审美的、心理的，人的生命存在及生命成长，不能脱离人的终极关怀——幸福成长。也正基于上述认识，本研究既借鉴社会学的研究方法论，同样也不排斥其他学科的研究方法论，把有利于本研究全面深入展开的不同方法论进行合理化整合。

2.理论借鉴与创新的方法论借鉴及启示。从上述对社会控制理论、差异交往理论和紧张理论的概述及简要评析来看，这三种理论都体现出一个显著的特征和特点：借鉴他人的研究成果，并创新概念，形成自身的理论体系。

从赫希的社会控制理论来看，其受霍布斯人性本恶思想和迪尔凯姆失范理论的影响特别明显。可以说，霍布斯人性本恶思想是赫希社会控制理论产生的理论前提，迪尔凯姆失范理论对其理论的发展有着重要的指导和借鉴意义。但赫希的社会控制理论并不是霍布斯和迪尔凯姆理论的简单应用，而是在借鉴的基础上，提出了他的核心概念——社会联系，然后把青少年的社会联系分解为四个方面：依恋、奉献、投入和信仰，进而构建了具有自身特征和特色的社会控制理论体系。萨瑟兰的差异交往理论，也是借鉴并应用了赫伯特·米德的符号互动论、塔尔德的模仿论以及塞林的文化冲突理论。同样，也不是简单地移植和应用，而是在借鉴的意义上，提出"社会解组"这一核心概念，在此基础上从微观层面和宏观层面提出了九个方面的原理性观点，形成了具有自身特色和特点的差异交往理论。默顿的紧张理论，也是在批判地继承了帕森斯的社会结构理论，并肯定和发展了迪尔凯姆的社会失范论的基础上而提出的，也不是简单地移植、套用或应用。在借鉴前人理论的基础上，以合法化文化目标、制度性行为方式、社会失范、紧张等概念，解析越轨行为发生的原因，并提出思考和解决越轨行为发生的类型学和发生学的五种社会适应模式，进而构建了紧张理论体系。

由此可见，对犯罪问题的研究，借鉴前人或他人的研究成果，而不是简单套用、移植别人的理论，并在借鉴的层面上创新理论概念，是研究犯罪问题值得借鉴的研究方法论。本研究也是在借鉴前人或他人的研究成果的基础上，以低龄未成年人的幸福成长为核心概念，从个体幸福感、幸福观以及家庭、学校、社会等不同层面，来讨论低龄触法未成年人的教育矫正的价值定位以及策略和路径选择问题，也可以说，这是本研究所采用的方法论。

（三）思想观点的借鉴及启示

从前文的概述及简要评析可见，无论是社会控制理论、差异交往理论还是紧张理论，都提出了诸多可以借鉴的思想观点。

1. 赫希社会控制论思想观点的借鉴及启示。首先，赫希在其社会控制理论中提出的认识论起点：任何人都是潜在的犯罪人，而人所以不会犯罪，是因为有外在的社会控制机制将其遏制了。可以说这是赫希社会控制理论的基本观点。且不论这一观点的先验论，人所以不会犯罪，社会控制机制确实在较大程度上起到组织和控制或遏制的作用，这一点是不可否认的。也因此，讨论分析低龄触法未成年人的教育矫正问题，必须关注社会控制机制的强弱问题，否则，单纯地从这一年龄阶段的低龄未成年人的思想观念教育来展开教育矫正，其效果并不会太理想。其次，社会控制就是社会联系的观点。赫希指出"当个人与社会的联系薄弱或者破裂时，就会产生少年犯罪行为"。提到社会控制，给人的第一感觉是威权化、强制性的认识，但从赫希的社会联系这一概念上来看，社会控制的其实就是建立社会联系，这就内在地把威权化、强制性的认识转化为相对温和的层面，从社会联系——家庭、学校、社区、单位以及其他社会组织等建立不同层面的关系。客观地讲，无论是成年人还是未成年人，与社会建立联系是个体社会化的基本途径。每个人的发展，其实都是在与社会建立不同的联系中。因此，思考和探究低龄触法未成年人的教育矫正问题，也理应把低龄触法未成年人置于不同的社会联系中来分析讨论。当然，赫希的社会联系的思想观点，主要是从关系的亲密度来分析，内在地缩减了社会联系的意义内涵和价值论空间。也因此，本研究要对社会联系这一思想观点进行扩展性创新，把社会联系作为对低龄触法未成年人社会关系的认知，在多类型的社会关系中讨论这一年龄阶段的低龄未成年人在社会联系中扩展关系认知和关系建构，进而讨论在社会关系的认知和建构中分析幸福感、幸福观等问题；再次，社会联系的四个方面的思想观点。依恋、奉献、投入以及信仰的四个方面，即本研究讨论低龄触法未成年人的家庭依恋、学校依恋、同辈朋友依恋；主体是否愿意对做某事做出承担和努力；是否愿意把时间和精力投入到参加社会活动，特别是接受学校教育；主体是否对社会共享的价值观体系和道德观念体系持有赞同和接受的主体意愿等，都对我们思考和探论低龄触法未成年人的教育矫正问题，具有可资借鉴的意义和价值。当然，赫希的社会控制理论，确实对未成年人犯罪的心理问题、价值问题，特别是主观幸福感和幸福观的问题缺乏必要的关注。在前文的评析中已经做出了讨论。本研究既要借鉴赫希社会控制理论的基本思想观点，同时也在观念上把研究中心置于对个体幸福感和幸福观的讨论和建构上，这也是本研究的基本思想。

2. 萨瑟兰差异交往理论思想观点的借鉴及启示。首先，萨瑟兰的差异交往理论明确提出，人的犯罪行为是一种学习，是一种在与他人的交往过程中的习得。这一犯罪行为的学习论观点，确实值得吸收和借鉴。学习，无论是社会性学习还是学校的制度化学习，可以说，是每个个体社会化的最基本的途径。当然，在萨瑟兰的差异交往理论中，这种学习主要是指对犯罪行为的学习，但我们可以把学习这一社会行为转换到社会关系的建立，学习的本质在于个体获得并建构各种社会关系，如此，本研究就可以把低龄触法未成年人的教育矫正问题，从学习论的层面丰富学习内涵、学习方式以及学习内容，把人性向善的文化涵养、生命审美的道德情趣、人格完善的生命价值等都植入到学习中，体验学习之于生命成长的意义和价值、体验成人成长过程中的幸福感和幸福观等；其次，社会解组的思想观点。可以说，社会解组是萨瑟兰差异交往理论中的一个核心概念，是对迪尔凯姆失范概念的修正、完善和创新。当一个社会处于社会解组的状态，社会难以给予人们符合社会制度要求或合法化的行为标准，那么，哪些是社会赞同的、哪些是非道德的等都缺失了基本的标准，未成年人在社会交往中的学习就难以控制在符合社会制度要求的或道德观念要求的行为方式。这就给予我们很重要的启发，即低龄触法未成年人所以会触法犯罪，一个很重要的原因就在于在他们的社会交往过程中，他们既学习了如何犯罪的技术，也学习了犯罪行为的内在动机、内驱力以及相关态度。因此，既要强化低龄未成年人社会交流的道德约束和法制观念，也要加强学生合法化、道德化和法制化的教育，构建低龄未成年人的积极心理和具有正能量的精神世界。再次，同辈群体的思想观点。同伴群体影响未成年人对犯罪行为的认识，但他也同时强调，并不是未成年人接触不良同辈群体就一定会走向违法犯罪，关键是这一群体对待犯罪行为所持的观念。这一点确实值得关注。在很多人的认知思维里，未成年人之所以发生触法犯罪行为，与他所接触的不良群体甚至严重不良群体直接相关，所以在举措上，严防未成年人与不良同伴群体接触，在"好意""善意"之下盲目地阻隔未成年人建立社会关系，其结果往往使得其反。这一思想观给予我们的启示是：堵不如疏。与其盲目地阻止，不如以解释、意义获得、价值判断、幸福生活等方式了解个体与同伴群体的关系，让未成年人特别是处于青春期早期、少年早中期和学龄中期阶段的低龄未成年人，理解社会关系建立的意义和价值，明确不同社会关系之于个体成长发展的作用，建立社会关系建立与个体幸福感和幸福观以及幸福成长的生命关系和价值。

3. 默顿紧张理论思想观点的借鉴及启示。首先，默顿的紧张理论认为，"紧张"是人们以愤懑、不满、反抗等越轨行为对社会结构的反应，而紧张的造成则源于人们难以用符合制度化的行为方式达成社会的合法化文化目标。这一观点表明，虽然犯罪行为的发生有多种原因，但社会提供的合法化的文化目标与达成这一目标的制度化手段之间，并不是恰切的，这就为人们分析越轨行为发生的机制提供了分析的框架：目标—手段，由此推出失范—越轨以及社会—心理的研究思路。从这一层面上讲，从犯罪行为发生的源头寻找研究的思路和观点，具有认识上和方法上的合理性，也有理论观点的逻辑性。由此，探究低龄触法未成年人的教育矫正问题，还是可以借鉴这一思想观点的。所以，本研究在第三部分的问卷调查中，就从主观幸福感这一直接关涉个体幸福感和幸福观的维度展开问卷调查和数据分析，揭示生活满意度、情感幸福度强与弱所关涉的问题，为本研究的展开奠定思想观念的基础；其次，选择社会适应方式的主体自由。虽然紧张理论从社会学的层面解析了目标与手段、紧张产生的根源等，但从莫顿提出的五种社会适应模式来看，这一适应模式具有类型化，在选择社会适应的行为方式上，提供了自主选择的空间，蕴含着社会行为选择的自由性以及人性向善的理论期待。这样的思想观点，也是本研究应该吸纳和借鉴的。对于10—13岁的低龄触法未成年人的教育矫正问题，虽然这一年龄阶段的低龄未成年人不能像成年人那样获得制度和法制层面上的行为自由，但也不应对这一年龄阶段的低龄未成年人的行为横加阻止和控制，对他们的行为自主和自由的权利，理应认可并加以尊重，对他们的教育矫正，不能采取过于威权化和强制性，理应在探究教育矫正的策略及路径选择上，本着以人为本、以人性向善的文化涵养为指导，以幸福成长为终极关怀，在对他们实施教育矫正的过程中，体验幸福、享受幸福成长的快乐，构建具有个性化的主观幸福感和幸福观。

　　当然，上述三个理论中还有诸多的思想观点值得借鉴，在此不再一一细述，在接下来的不同章节中，会对所涉及的思想观点作出相应的分析。

第三章　低龄未成年人触法原因的定量分析

赫希的社会控制理论、萨瑟兰的差异交往理论以及默顿的紧张理论对犯罪行为的深入分析及原因探究，具有较强的一般现实性和一般理论性的解释力，为我们研究低龄触法未成年人的教育矫正问题提供了认识论、方法论与思想观点的重要启示。另外，赫希的社会控制理论作为一个完整的理论体系，对青少年犯罪的外在社会控制或社会联系的探究，在研究的思维视野上忽视了青少年的内心世界；萨瑟兰的差异交往理论强调"定义"的形成对于犯罪行为的影响，解释了犯罪是学习的结果，却忽视了对个体心理的关注，忽略了学习的价值选择和判断；默顿的紧张理论从社会合法的文化目标与达成目标的手段之间的协调整合，解释产生越轨甚至违法犯罪行为的原因，却弱化了个体选择行为方式的内在心理动机，忽视了行为方式选择带来的个体内心的愉悦性、幸福感等心理的情感反应。鉴于此，我们在本章将使用定量分析的方法探讨低龄未成年人触法越轨行为与主观幸福感之间的关联。

一、主观幸福感的研究与测量方式

幸福是个古老的话题，也是人类追求的终极目标。但幸福是什么？这既是幸福感的本源性问题，也是进一步研究的起点，它决定了建构什么样的理论，以及采用什么样的方法来研究幸福感。

主观幸福感（Subjective Well-being，SWB）指个体依据自己设定的标准对其生活质量所做的整体评价。主观幸福感包括生活满意度和情感体验两个基本成分，前者是个体从认知层面基于自身主观标准对其生活质量所做出的评价，是衡量一个人生活质量的综合性心理指标；后者是指个体生活中的情感体验，包括积极情感（愉快、轻松等）和消极情感（抑郁、焦虑、紧张等）两方面。主观幸福感由对生活的满意、积极情感的体验和消极情感的缺乏所构成，对整体生活的满意程度愈高，体验到的积极情感愈多消极情感愈少，则个体的幸福感体验愈强，它是衡量个体生活质量的重要的综合性心理指标[1]。

迪纳（E. Diener）认为主观幸福感具有主观性、稳定性和整体性的特点。主观性是指个体按照自己的认定标准对自己进行评价，因为每个人对于同一客观事实生活满意度是不同的。比如，同一件事情，有的人认为是无所谓的，也有人会认为是巨大的挫折。稳定性是指在没有外界强烈刺激的情况下，个体对于自己的主观幸福感评价将长期保持，不会轻易发生变化。整体性是指个体对于主观幸福感的理解是基于自身整体生活的评价。

对于未成年人生活满意度的测量，由 Huebenr et al.（1994）所编制的青少年多维生活满意度量表（MSLSS）是得到最多运用的、具有良好的心理测验特征的量表，且在美国本土以外（西班牙和韩国）得到广泛运用。MSLSS 总量表由五个因子即家庭、友谊、环境、自我和学校构成[2]。但由于该量表是基于个人文化下的美国青少年生活满意情况制作的，部分条目（环境和自我）不适用于集体文化下成长的我国青少年。因此，张兴贵、何立国在 MSLSS 的基础上进行了

---

① E. Diener, "Subjective Well-Being", *Psychology Bulletin*, 1984, 95（3）, pp. 542-575.

② 张兴贵：《青少年学生人格与主观幸福感的关系》，博士学位论文，华南师范大学 2003 年，第 27 页。

改进，编制了中国青少年学生生活满意度量表（CASLSS）。该量表包含家庭、学校、学业、友谊、自由、环境六个维度。CASLSS 的各分量表和总量表的信度较高，它既可作为一个总量表以了解被试者的总体生活满意度水平，也能以各分量表为基线以了解被试者在不同生活领域的满意度水平①。

对于未成年人情感体验的测量，多数是运用 Waston 在以往研究的基础上发展的简式积极情感和消极情感量表（Positive Affect and Negative Affect Scale，PANAS）。该量表共 20 个项目，积极情感和消极情感各有 10 个项目，对采取频率和程度两种不同作答形式的量表进行信效度检验，结果表明两者的信度效度指标较好②。典型情感体验在内容上是存在文化差异的。例如，个人主义文化更看重自我中心的情感体验（如自豪），而集体主义文化更重视他人中心的情感体验（如羞愧）的表达。邱林对 PANAS 量表进行了修订，编制了 PANAS-R 量表。该量表包括 18 个情感描述词，积极情感描述词 9 个，消极情感描述词 9 个，该量表的信度和效度均得到了全面地考察和验证③。

二、主观幸福感与触法行为的关系

（一）四因说与主观幸福感

我国青少年犯罪原因早期研究有内因—外因说，这种学说认为未

---

① 何立国、周爱保：《"青少年学生生活满意度量表"的概化理论研究》，《心理科学》2006 年第 5 期。

② 丁新华、王极盛：《青少年主观幸福感研究述评》，《心理科学进展》2004 年第 1 期。

③ 邱林、郑雪、王燕飞：《积极情感消极情感量表（PANAS）的修订》，《应用心理学》2008 年第 3 期。

成年人犯罪分为内因和外因，得到了广泛的认同。在其后的发展中，出现的新犯罪原因理论大都运用了内外因说的分析模式。在内因—外因说的基础上，康树华提出了四因说，认为未成年人触法最主要的原因包括：个人因素、家庭因素、学校因素、社会因素[①]。目前较多的研究探索了四因说中单因素或多因素分别对于未成年人触法的影响。吴晶分析了南京流动未成年人对于父母物质层面的需求和精神层面的疏离之间的矛盾[②]。赵利云、程灶火、刘新民提出不适当的教养方式会使未成年人容易犯罪[③]。赵军、祝平燕从以旷课、逃学、辍学为指标衡量学校联系紧密度与未成年人犯罪之间的关系[④]。关颖依托2010年全国未成年犯抽样调查的资料分别分析了家庭[⑤]、社会交往[⑥]、大众传媒[⑦]对于未成年人犯罪的影响。路琦等人在2013年全国未成年犯抽样调查的基础上，将影响未成年人犯罪的因素全部罗列了出来并进行分析[⑧]。

四因论中个人因素属于内因，家庭、学校、社会因素属于外因。内因是事物发展变化的根本，外因是事物发展的必要条件。外因是通过内因发挥作用，也就是说外因要内化，才能影响主体的行为和判断。生活满意度作为个体对于外部因素的评价，CASLSS 的六维涵盖

[①] 康树华：《当代中国犯罪主体》，群众出版社 2004 年版，第 30—34 页。

[②] 吴晶：《南京市流动未成年人犯罪成因探讨及对策分析》，硕士学位论文，南京理工大学 2006 年，第 15—16 页。

[③] 赵利云、程灶火、刘新民：《儿童行为问题与父母教养方式的关系》，《中国健康心理学杂志》2011 年第 4 期。

[④] 赵军、祝平燕：《学校联系紧密度与未成年人犯罪因果性经验研究》，《教育研究与实验》2012 年第 1 期。

[⑤] 关颖：《家庭对未成年人犯罪的影响因素分析》，《预防青少年犯罪研究》2012 年第 2 期。

[⑥] 关颖：《社会交往对未成年人犯罪的影响分析》，《预防青少年犯罪研究》2012 年第 6 期。

[⑦] 关颖：《大众传媒对未成年人犯罪影响因素分析》，《预防青少年犯罪研究》2012 年第 4 期。

[⑧] 路琦、董泽史、姚东、胡发清：《2013 我国未成年犯抽样调查分析报告》（下），《青少年犯罪问题》2014 年第 4 期。

了家庭、学校、社会因素，可以较好地表现出个体对于家庭、学校、社会因素的评价。从而观察到家庭、学校、社会因素对于触法未成年人的影响及各因素之间的交互作用。情绪体验则显示了个人内在的评价。CASLSS 和 PANAS-R 综合得分将揭示主观幸福感与低龄未成年人触法之间的关系。

（二）一般紧张理论和主观幸福感

阿格纽（Robert Agnew）的一般紧张理论是默顿的社会失范理论在青少年犯罪方面最有影响力的扩展。阿格纽认为青少年除了最终的社会成功目标外，还有近期目标，如在同伴中处于领导地位、受到异性的欢迎、在学校或者比赛中表现良好等。青少年经常认为近期目标比最终的社会目标更为重要，他们可能更少的思考他们不会实现社会成功目标的可能性。因此，阿格纽认为青少年的紧张不仅来自未能实现的经济目标，也来自未能实现的非经济目标，积极刺激的消失（失恋、转学）和消极刺激的导入（与父母争吵、老师的侮辱）。简单描述一般紧张理论是指某些人被糟糕地对待或自认被糟糕地对待后，他们可能会生气并实施犯罪[1]。霍夫曼等人研究证明，经历了各种紧张生活事件的青少年更容易走向犯罪，例如家庭成员的死亡、父母离异以及学校或居住地的改变等[2]。

一般紧张理论证实，实现正向价值目标受阻是产生紧张、诱发触法行为的因素之一[3]。主观幸福感的目的理论证实，当个人实现被其

---

[1]　Robert Agnew, "Sources of Criminality: Strain and Subcultural Theories", in *Criminology: A Contemporary Handbook*, edited by Joseph F. Sheley. Belmont, CA: Wadsworth, 2000, pp.349-371.

[2]　Hoffman, John P. and F. Cerbone, "Stressful Life Events and Delinquency Escalation in Early Adolescence", *Criminology*, 1999 (37), pp. 343-373.

[3]　Robert Agnew, "Foundation for General Strain Theory of Crime and Delinquency", *Criminology*, 1992 (30), pp.47-87.

文化或亚文化高度评价的目标时，主观幸福感会上升。当其明确知道自己无法实现该目标时，会对其现有的生活产生不满，导致主观幸福感下降①。这两种理论中的目标是相同的，均是主流文化或亚文化中认可的目标。当个体无法实现正向价值目标，出现紧张时，他的主观幸福感也应该出现变化。

在一般紧张理论中，紧张的出现会导致强烈的负面情绪，诱发触法行为。Bao 等人以来自广州和石家庄多所中学的初、高中学生作为样本，证实了一般紧张理论在我国的适用，且负面情绪是重要的变量②。负面情绪是主观幸福感组成部分，当个体的紧张出现时，会引发焦虑、压力、愤怒等负面情绪，也会导致其情绪体验出现变化，从而影响主观幸福感。

（三）生活满意度和问题行为

Shek 和 Sun 对香港青少年的研究发现，青少年的积极发展与其自身的生活满意度呈一定的正相关，生活满意度、积极发展与青少年的问题行为均呈负相关③。

综上所述，主观幸福感可能与触法行为的出现存在关联性，我们将在下面的问卷调查中探讨主观幸福感与触法行为之间是否存在关系。

---

① 严标宾、郑雪、邱林：《主观幸福感研究综述》，《自然辩证法通讯》2004 年第 2 期。

② Bao W., Haas A., Pi Y, "Life Strain, Negative Emotions, and Delinquency: An Empirical Test of General Strain Theory in the People's Republic of China", *International Journal of Offender Therapy and Comparative Criminology*, 2004（48），pp.67-76.

③ Daniel T. L., Shek Rachel, C.F. Sun, "Positive Youth Development Programs for Adolescents with Greater Psychosocial Needs: Subjective Outcome Evaluation over 3 Years", *Journal of Pediatric and Adolescent Gynecology*, 2014（6）:17-25.

三、主观幸福感与触法行为原因的定量分析

（一）研究目的

Logistic 回归模型适用于反应变量（因变量）为分类变量的回归分析，本文将是否发生触法行为定义为因变量，发生触法行为赋值为 1，未发生触法行为赋值为 0。

多元线性回归模型的公式为：$logist\ (P) = \alpha + \beta_1\chi_1 + \beta_2\chi_2 + ... + \beta_n\chi_n = \alpha + \beta'X$ 其中，α 是截距，β' 是参数向量，X 是自变量向量。表示 n 个自变量 χ 与因变量间的关系，P 为事件发生的概率。OR（odds ratio）值表示触法行为出现的危险性，当 OR 值＞1，说明该因素与触法行为之间为正相关；当 OR 值＜1，说明该因素与触法行为之间为负相关；当 OR 值 =1，说明该因素与触法行为之间无关联。

（二）研究方法

1. 调查对象。在山东济南市、泰安市、烟台市，用方便取样法，选取 11—13 岁男性触法者 150 人组成触法组（由于 10 岁触法者数量太少，无法调查）。在山东烟台市三所中学，用方便取样法，选取 11—13 岁男性学生 450 人组成对照组。对选中的观察对象由经统一培训的调查员进行面对面问卷调查。

2. 调查表。一般人口学特征包括：年龄、家庭来源、是否独生子女、家庭经济情况、是否单亲家庭、家庭结构、父亲母亲学历和职业等。触法未成年人还包括：初次触法的年龄、时间，触法的罪名、类型，触法灵感来源，是否知法违法。

生活满意度采用《常用心理评估量表手册》中张兴贵和何立国编制的《未成年人学生生活满意度量表》测量。量表是一个自评量表，包括友谊、家庭、学业、自由、学校、环境 6 个维度，共 36 个条目：

友谊满意度 7 个条目，反映观察对象对朋友和同学关系的满意度；家庭满意度 7 个条目，反映观察对象对家庭关系和家庭生活氛围的满意度；学业满意度 6 个条目，反映观察对象对学业成就的满意度；自由满意度 5 个条目，反映观察对象对个人行为自由的满意度；学校满意度 6 个条目，反映观察对象对学校活动和氛围的满意度；环境满意度 5 个条目，反映观察对象对社会环境的满意度。36 个条目得分之和反映观察对象对生活的满意度水平，总分越高说明观察对象对生活的满意度越高。

未成年人生活满意度量表是一个自评量表，包括 6 个维度，共 36 个条目。采用 7 点评分方法：选择"完全符合"记 7 分，以此类推，选择"完全不符合"记 1 分，计算各维度总得分和 6 个维度总得分进行分析，分数越高说明满意度越高。对该量表进行结构效度评价，将样本按不同年龄用计算机随机选择的方法分为两半，首先采用主成分分析方法对第 1 个样本进行探索性因素分析，随后对第 2 个样本进行验证性因素分析。对量表进行效标效度分析，未成年人学生生活满意度量表与一般生活满意度量表相关性分析的结果显示为中度正相关。结果表明该量表效度较高，是测量未成年人生活满意度的较好工具。信度指标用分半信度和内部一致性信度 Cronbach's α 系数衡量，6 个维度之间的 α 系数范围在 0.50—0.97 之间，所有维度的系数均 > 0.8，表明量表的内部一致性良好。

情感幸福感测量使用在邱林（2008）在积极情感消极情感量表（PANAS）基础上修订的 PANAS-R 量表。该量表包括 18 个情感描述词，积极情感描述词 9 个，消极情感描述词 9 个，该量表的信度和效度均得到了全面的考察和验证。量表要求受试者回答关于过去一周的情感体验，分为 5 个评价等级：1= 没有或非常轻微；2= 有一点；3= 中等程度；4= 很强烈；5= 非常强烈。积极情感和消极情感的得分为 9 个项目得分的平均数，得分范围 1—5 之间。

3.统计分析。数据经 Excel 录入，内容缺失的维度不纳入统计分析。按照各量表运算法则计算，用均数、标准差进行统计描述。信度指标用内部一致性信度 Cronbach's α 系数。用 SPSS16.0 软件进行分析，两组或多组的差异用 t 检验和方差分析，满意度内 6 个维度与触法行为之间的关系用 Logistic 回归分析，各维度之间及自尊和自我评价与触法行为之间的相关性用 Pearson 相关系数。

（三）结果

1.一般人口学特征

（1）一般人口学特征均衡性检验。用卡方检验分析一般人口学特征在两组观察对象中分布的均衡性。调查的触法组 150 人，11 岁 55 人（36.7%），12 岁 61 人（40.7%），13 岁 34 人（22.6%）；对照组 450 人，11 岁 176 人（39.1%），12 岁 140 人（31.1%），13 岁 134 人（29.8%）。两组调查对象多数来自农村，触法组中来自农村的比例高于对照组（$p < 0.05$）。触法组中观察对象独生子女仅占 37.2%，而对照组中为 66.0%（$p < 0.001$）。对照组中观察对象的家庭人均月收入主要集中在 1500—3000 元（64.9%），而触法组的家庭人均月收入低于 1500 的为 48.0%，1500—3000 的为 40.0%，明显低于对照组（$p < 0.001$）。两组观察对象大多数为非单亲，触法组的父母离异或父/母亡导致的单亲比例高于对照组。触法组观察对象与父母同住的比例（71.3%）低于对照组（86.9%）（$p < 0.001$）。两组观察对象父亲和母亲的学历均集中在高中或中专以下，触法组父母亲的学历水平明显偏低（$p < 0.001$）。两组观察对象父亲和母亲的职业包括：工人、农民、知识分子、干部和商业人员，主要集中在工人和农民，其中触法组中农民的比例更高（$p < 0.001$）。两组观察对象的年龄分布均衡，说明两组的可比性较好。其他特征的分布均呈不均衡性，差异有统计学意义，提示这些因素可能与触法行为的发生有关联，见表 3–1。

表 3-1　两组调查对象人口学特征的分析

人口学特征		对照组（n=450）人数（构成比%）	触法组（n=150）人数（构成比%）	X^2	p 值
年　龄	11	176（39.1%）	55（36.7%）	5.273	0.072
	12	140（31.1%）	61（40.7%）		
	13	134（29.8%）	34（22.6%）		
家庭来源	城镇	138（30.7%）	33（22.0%）	4.147	0.042
	农村	312（69.3%）	117（78.0%）		
是否是独生子女	是	297（66.0%）	56（37.2%）	38.171	< 0.001
	否	153（34.0%）	94（62.8%）		
家庭经济情况（人均月收入）	< 1500	81（18%）	72（48.0%）	53.441	< 0.001
	1500—3000	292（64.9%）	60（40.0%）		
	> 3000	77（17.1%）	18（12.0%）		
是否与父母同住	是	391（86.9%）	107（71.3%）	77.965	< 0.001
	否	59（13.1%）	43（28.7%）		
父亲学历	初中及以下	175（38.9%）	111（74.0%）	56.867	< 0.001
	高中或中专	171（38.0%）	29（19.3%）		
	大学及以上	104（23.1%）	10（6.7%）		
母亲学历	初中及以下	180（40.0%）	133（88.7%）	100.68	< 0.001
	高中或中专	180（40.0%）	12（8.0%）		
	大学及以上	90（20.0%）	5（3.3%）		

续表

人口学特征		对照组（n=450）	触法组（n=150）	X^2	p 值
		人数（构成比%）	人数（构成比%）		
父亲的职业	工人	157 （34.9%）	55 （36.7%）	55.292	＜0.001
	农民	108 （24.0%）	76 （50.7%）		
	知识分子	50 （11.1%）	4 （2.7%）		
	干部	23 （5.1%）	6 （4.0%）		
	商业人员	112 （24.9%）	9 （6.0%）		
母亲的职业	工人	122 （27.1%）	38 （25.3%）	61.004	＜0.001
	农民	153 （34.0%）	98 （65.3%）		
	知识分子	45 （10.0%）	2 （1.3%）		
	干部	50 （11.1%）	0		
	商业人员	80 （17.8%）	12 （8.0%）		

（2）一般人口学特征与触法行为的关联性分析。为了进一步分析人口学特征对未成年人触法行为的影响，将年龄、是否是独生子女、家庭经济收入、是否单亲、是否与父母同住、父母亲学历和父母亲职业等因素作为自变量，触法行为是否发生作为因变量，进行单因素非条件 Logistic 回归分析，观察各因素与触法行为之间的关系。将年龄、家庭经济收入、父母亲学历和父母亲职业设置哑变量进行回归分析。哑变量（Dummy Variable），也叫虚拟变量，引入哑变量的目的是将不能定量处理的变量进行量化。哑变量的取值为 0 或 1，用三个哑变量取代变量年龄：A1（1=11 岁 /0= 非 11 岁），A2（1=12 岁 /0= 非 12 岁），A3（1=13 岁 /0= 非 13 岁）。以此类推，家庭经济收入设为 B1（人均月收入＜1500），B2（人均月收入 1500—3000），B3（人均月收入＞3000）；父亲学历设为 C1（初中以下）C2（高中或中专）C3（本科及

以上）；母亲学历设为 D1（初中及以下）、D2（高中或中专）、D3（本科及以上）；父亲职业设为 E1（农民）、E2（工人）、E3（知识分子）、E4（干部）、E5（商业人员）；母亲职业设为 F1（工人）、F2（农民）、F3（知识分子）、F4（干部）、F5（商业人员）。OR 值表示相对于哑变量中最低水平，该变量水平人群发生触法行为的危险性大小。结果显示，与未成年人触法行为有关联的因素包括：家庭来源、是否为独生子女、是否与父母同住、家庭经济情况、是否单亲、父母亲学历和父母亲职业，如表 3–2 所示。

表 3–2 　一般人口学特征单因素非条件 Logistic 回归

特　征	β	p 值	OR
11 岁		0.300	1
12 岁	0.187	0.580	1.205
13 岁	0.517	0.132	1.677
家庭来源	1.363	< 0.001	3.908
是否为独生子女	1.187	< 0.001	3.276
是否与父母同住	1.403	< 0.001	4.066
经济情况			
人均月收入 < 1500		< 0.001	1
人均月收入 1500—3000	−1.297	0.003	0.66
人均月收入 > 3000	−0.182	0.045	0.834
是否单亲	0.651	0.001	1.917
父亲学历			
初中及以下		0.021	1
高中或中专	−0.927	0.057	0.526

续表

特　征	β	*p* 值	OR
本科及以上	−0.190	0.017	0.210
母亲学历			
初中及以下		＜0.001	1
高中或中专	−1.646	0.007	0.814
本科及以上	−0.018	0.079	0.982
父亲职业			
农　民		0.001	1
工　人	−0.748	0.017	0.714
知识分子	−1.920	＜0.001	0.821
干　部	−0.125	0.056	0.633
商业人员	−0.859	0.081	0.529
母亲职业			
农　民		0.001	1
工　人	−0.440	0.089	0.616
知识分子	−1.682	0.035	0.691
干　部	−0.470	0.001	0.193
商业人员	−0.733	0.063	0.961

（3）多因素非条件 Logistic 回归分析。为了进一步分析上述因素对未成年人触法行为的综合影响，以及影响作用的大小，将年龄、是否是独生子女、家庭经济收入、是否单亲、是否与父母同住、父母亲学历和父母亲职业等因素作为自变量，触法行为是否发生作为因变量，进行多因素 Logistic 回归分析。多因素分析结果显示，与触法行

为的发生有关的因素包括：年龄、家庭来源、是否为独生子女、家庭经济情况、是否单亲、父亲学历、母亲学历和父亲职业。其中，年龄越大，发生触法行为的危险性越高，12岁和13岁未成年人发生触法行为的危险性是11岁的1.004和2.196倍。农村来源的未成年人发生触法行为的危险性是城镇来源的1.237倍。独生子女发生触法行为的危险性是非独生子女的4.206倍。不与父母同住的未成年人发生触法行为的危险性是与父母同住者的6.240倍。家庭经济情况越好，发生触法行为的危险性降低，人均月收入1500—3000和＞3000的未成年人发生触法行为的危险性比人均月收入＜1500者的降低50.2%和60.7%。父母学历水平越高，未成年人发生触法行为的危险性越低，相对于父母初中及以下学历水平的未成年人，父亲学历为高中和大学水平未成年人触法的危险性分别降低87.5%和87.7%；母亲学历为高中和大学水平未成年人触法的危险性分别降低到13.1%和2.6%。父母从事其他职业的未成年人触法的危险性均明显低于父母为农民者，相对于父母为农民的未成年人，父母其他职业的未成年人发生触法行为的危险度分别降低：父亲（工人，52.9%；知识分子65.0%；干部，65.3%；商业人员，79.4%），母亲（工人，77.0%；知识分子83.7%；干部,58.1%；商业人员,97.3%），如表3-3所示。

表3-3　一般人口学特征多因素非条件 logistic 回归

特　征	β	p 值	OR
11 岁			1
12 岁	0.004	0.093	1.004
13 岁	0.787	0.012	2.196
家庭来源	0.213	0.045	1.237

续表

特　征	β	p 值	OR
是否为独生子女	1.437	0.001	4.206
是否与父母同住	1.831	0.005	6.240
经济情况			
人均月收入＜1500			1
人均月收入 1500—3000	−0.404	0.049	0.498
人均月收入＞3000	−0.935	0.017	0.393
是否单亲	0.967	0.013	2.629
父亲学历			
初中及以下			1
高中或中专	−2.078	0.046	0.125
本科及以上	−2.093	0.034	0.123
母亲学历			
初中及以下			1
高中或中专	−0.928	0.022	0.869
本科及以上	−0.026	0.028	0.974
父亲职业			
农　民			1
工　人	−0.501	0.015	0.529
知识分子	−0.756	0.044	0.650
干　部	−0.426	0.081	0.653
商业人员	−1.497	0.056	0.794
母亲职业			
农　民			1
工　人	−0.262	0.080	0.770

续表

特　征	β	p 值	OR
知识分子	−0.178	0.071	0.837
干　部	−0.615	0.037	0.581
商业人员	−0.198	0.092	0.973

2. 低龄未成年人主观幸福感对触法行为的关联性分析

（1）低龄未成年人情感幸福感对低龄未成年人触法行为的影响。PANAS-R 量表评价低龄未成年人情感幸福感水平，5 分制评分以 3 分为中点，分别对触法组和对照组的积极情感评分和消极情感评分进行比较。结果显示，触法组积极情感得分低于中点，而消极情感得分高于中点；对照组积极情感得分略高于中点，而消极情感略低于中点。两组比较发现，触法组积极情感得分明显低于对照组，而消极情感得分高于对照组（$p < 0.001$），差异具有统计学意义，见表3–4。

表 3–4　情感幸福感对未成年人触法行为的影响

	对照组	触法组	t 值	p 值
积极情感	3.26±0.74	2.51±0.40	11.82	< 0.001
消极情感	2.72±0.21	3.74±0.45	−32.27	< 0.001

（2）未成年人生活满意度总评分对触法行为的影响。未成年人生活满意度总评分与未成年人触法行为存在负关联性，即生活满意度越高触法行为发生的危险性越低，生活满意度每增加一个单位，未成年人触法的危险性降低 16.3%，见表 3–5，图 3–1。

表 3–5　未成年人生活满意度总评分与触法行为的关系

	均　数	标准差	β	p 值	OR
触法组	130.61	20.67			
对照组	186.67	20.51	−0.67	< 0.001	0.839

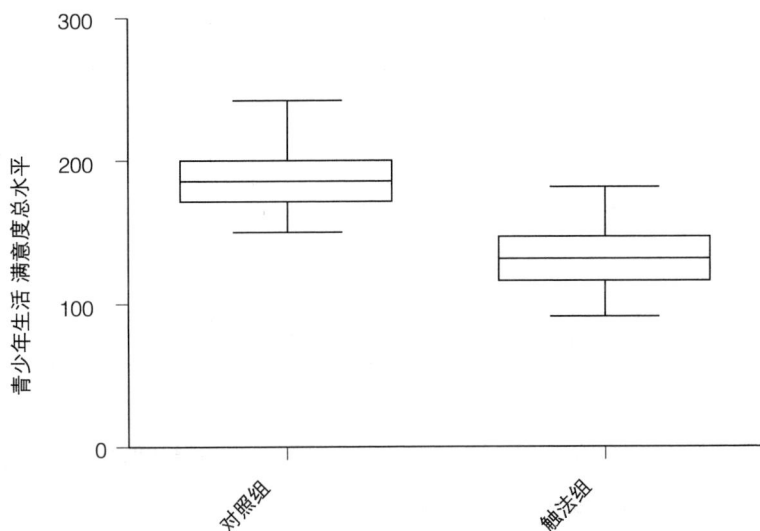

图 3–1　未成年人生活满意度总评分与触法行为的关系体

（3）单因素 Logistic 回归分析生活满意度的六个维度与触法行为的关系。以是否发生触法行为作为因变量（触法 =1，非触法 =0），生活满意度量表中 6 个维度：友谊、家庭、学业、自由、学校、环境满意为自变量，分别分析 6 个维度的满意度与触法行为之间的关联性，并用 OR 值表示 6 个维度对未成年人触法的影响大小。单因素分析的结果显示，友谊满意度与未成年人触法表现为正相关，友谊满意度每增加一个单位，未成年人发生触法行为的危险性增加 0.139 倍（p < 0.001）。其他 5 个维度的满意度与未成年人触法行为表现为正相关，家庭、学业、自由、学校、环境满意每增加一个单位，未成年人发生触法行为的危险性分别降低 33.7%、22.8%、1.8%、

27.4%、25.5%（$p < 0.001$），见表 3–6。

表 3–6　生活满意度各维度与触法行为的关联性的单因素 Logistic 回归分析

维　度	β	p 值	OR
友谊满意度	0.13	< 0.001	1.139
家庭满意度	−0.271	< 0.001	0.763
学业满意度	−0.259	< 0.001	0.772
自由满意度	−0.18	0.049	0.982
学校满意度	−0.320	< 0.001	0.726
环境满意度	−0.295	< 0.001	0.745

（4）多因素非条件 Logistic 回归分析生活满意度的 6 个维度与触法行为的关系。考虑 6 个维度满意度之间可能存在交互作用，为了综合分析 6 个维度共同作用时对未成年人触法行为的影响，运用多因素非条件 Logistic 回归分析法综合分析生活满意度量表中 6 个维度：友谊、家庭、学业、自由、学校、环境满意与触法行为之间的关联性，以及关联性大小。结果显示与单因素分析时发生改变：友谊和自由满意度每增加一个单位，未成年人触法的危险性分别增加 0.601（$p < 0.001$）和 0.292（$p=0.006$）倍，家庭、学业、学校、环境满意度每增加一个单位，未成年人触法的危险性降低 35.7%（$p < 0.001$）、31.2%（$p < 0.001$）、25.1%（$p=0.002$）、23.3%（$p=0.036$），见表 3–7。

Logistic 回归模型：$logist(P)=13.025+0.471×$ 友谊满意度 $-0.441×$ 家庭满意度 $-0.374×$ 学业满意度 $+0.256×$ 自由满意度 $-0.290×$ 学校满意度 $-0.265×$ 环境满意度。

表3-7　生活满意度各维度与触法行为的关联性的多因素 Logistic 回归分析

维　度	β	p 值	OR
友谊满意度	0.471	< 0.001	1.601
家庭满意度	−0.441	< 0.001	0.643
学业满意度	−0.374	< 0.001	0.688
自由满意度	0.256	0.006	1.292
学校满意度	−0.290	0.002	0.749
环境满意度	−0.265	0.036	0.767

3. 触法未成年人基本特征与生活满意度的关系分析

（1）不同触法类型未成年人的生活满意度差异检验。按未成年人触法类型分为激情触法组和预谋触法组，比较两组满意度各维度的差异，结果显示，6 个维度的满意度在两组间的差异均有统计学意义。预谋触法的未成年人的友谊满意度评分高于激情触法者，而激情触法的未成年人的家庭、学业、学校、自由、环境满意度评分均高于预谋触法者，见表3-8。

表3-8　触法类型与生活满意度差异检验

维　度	激情触法（n=85）	预谋触法（n=65）	t 值	p 值
友谊满意度	32.8 ± 6.3	35.2 ± 6.6*	−2.27	0.025
家庭满意度	25.5 ± 4.6	21.9 ± 4.7*	4.71	< 0.001
学业满意度	19.5 ± 5.8	16.9 ± 4.3*	2.99	0.003
自由满意度	23.7 ± 5.4	22.4 ± 4.7*	2.0	0.047
学校满意度	21.6 ± 5.2	19.8 ± 4.8*	2.18	0.03
环境满意度	19.7 ± 4.0	17.9 ± 3.8*	2.62	0.01

续表

维　度	激情触法（n=85）	预谋触法（n=65）	t 值	p 值
满意度总评分	148.0±20.0	136.3±20.3*	3.82	< 0.001

* 与激情触法组相比，差异具有统计学意义，$p < 0.05$。

（2）触法灵感来源与生活满意度的回归分析。将犯罪灵感设为因变量（关系亲密者 =0，大众媒介 =1），6 个维度的满意度设为自变量，结果显示，友谊和自由的满意度 OR 值 < 1，友谊和家庭满意度每增加一个单位，未成年人从大众媒介获得犯罪灵感的危险性分别比从关系亲密者获得降低 12.8% 和 11.3%。学校满意度 OR > 1，学校满意度每增加一个单位，未成年人从大众媒介获得犯罪灵感可能性分别比从关系亲密者获得增加 0.213 倍，见表 3–9。

表 3–9　单因素分析触法灵感来源与生活满意度的单因素 Logistic 回归

触法类型	β	p 值	OR 值
生活满意度总评分	−0.022	0.137	0.979
友谊满意度	−0.137	0.004	0.872
家庭满意度	−0.120	0.033	0.887
学业满意度	−0.051	0.031	0.950
自由满意度	−0.006	0.063	0.994
学校满意度	0.083	0.113	1.087
环境满意度	−0.058	0.573	0.943

考虑到生活满意度 6 个维度之间可能存在交互作用，将犯罪灵感来源设为因变量（关系亲密者 =0，大众媒介 =1），6 个维度满意度设为自变量，多因素非条件 Logistic 回归法综合分析各维度满意度与犯罪灵感来源的关联性以及关联性大小。学校和环境满意度 OR 值 > 1，

即学校和环境满意度每增加一个单位，未成年人从大众媒介获得犯罪灵感的危险性比从关系亲密者获得分别增加 0.213 和 0.118 倍。友谊和家庭满意度 OR 值＜1，即友谊和家庭满意度每增加一个单位，未成年人从大众媒介获得犯罪灵感的危险性比从关系亲密者获得分别降低 12.8% 和 21.2%，见表 3–10。

表 3–10　多因素分析触法灵感来源与生活满意度的多因素 Logistic 回归

触法类型	β	p 值	OR 值
友谊满意度总评分	−0.137	0.004	0.872
家庭满意度	−0.238	0.018	0.788
学业满意度	0.005	0.135	1.005
自由满意度	−0.024	0.778	0.997
学校满意度	0.193	0.045	1.213
环境满意度	−0.058	0.046	1.118

4. 触法未成年人一般人口学特征对生活满意度的影响

（1）低龄触法未成年人年龄对于生活满意度的影响。将触法未成年人按照年龄分为三组：11 岁、12 岁和 13 岁，方差分析的方法分析不同年龄的触法未成年人的生活满意度的差异，对有统计学差异的维度，进一步用 LSD-t 多重比较法分析各年龄组之间的差异。结果显示，年龄 12 岁和 13 岁的未成年人生活满意度总评分和各维度均高于 11 岁组，年龄与生活满意度水平呈正相关，见表 3–11。

表 3–11　触法未成年人年龄对生活满意度的影响

维　度	11 岁（n=55）	12 岁（n=61）	13 岁（n=34）	F 值	p 值
友谊满意度	32.3±6.9	35.5±6.3*	34.8±6.6*	3.61	0.03

续表

维　度	11 岁（n=55）	12 岁（n=61）	13 岁（n=34）	F 值	p 值
家庭满意度	22.9±5.7	25.7±4.5	25.7±4.8*	6.88	0.001
学业满意度	17.5±5.3	21.3±5.6*	20.4±5.1*	5.29	0.006
自由满意度	21.4±5.0	25.2±5.2*	24.8±4.6*	8.70	< 0.001
学校满意度	19.6±5.1	22.4±4.3*	20.2±5.3	6.47	0.002
环境满意度	18.2±3.9	19.9±3.8*	20.7±3.7*	3.10	0.048
满意度总评分	136.9±21.1	152.0±19.4*	149.7±18.3*	9.92	< 0.001

* 与 11 岁组相比，差异有统计学意义，$p < 0.05$。

（2）触法未成年人家庭经济情况对于生活满意度的影响。将触法未成年人按家庭人均月收入水平分为 3 个组：人均月收入 < 1500 组、人均月收入 1500—3000 组、人均月收入 > 3000 组。方差分析法分析家庭经济情况与生活满意度关联性的分析。结果显示，触法未成年人生活满意度与家庭经济情况成反比，人均月收入 1500—3000 组未成年人在 6 个维度的满意度均高于 < 1500 组（$p < 0.05$）。人均月收入 > 3000 组的生活满意度，除了自由满意度水平明显高于 < 1500 组外，其他维度未观察统计学差异，可能与这组样本量较少有关，见表 3-12。

表 3-12　触法未成年人家庭经济情况对生活满意度的影响

维　度	人均月收入 < 1500（n=72）	人均月收入 1500—3000（n=60）	人均月收入 > 3000（n=18）	F 值	p 值
友谊满意度	30.1±10.1	36.8±8.2*	36.8±8.2	3.548	0.01
家庭满意度	24.4±8.3	30.1±8.4*	28.8±8.5	6.154	< 0.001
学业满意度	17.1±5.2	21.1±6.5*	20.9±7.6	6.032	< 0.001

维　度	人均月收入 <1500 （n=72）	人均月收入 1500— 3000（n=60）	人均月收入 > 3000（n=18）	F 值	p 值
自由满意度	21.4±4.5	25.8±4.6	22.5±6.7	2.064	0.092
学校满意度	20.2±6.4	24.6±7.4*	23.3±7.5	6.974	<0.001
环境满意度	17.9±3.6	19.9±4.0*	20.6±4.1	5.379	<0.001
满意度总评分	131.1±27.5	158.4±28.4*	148.6±33.9	7.381	<0.001

* 与人均月收入 <1500 组相比，差异有统计学意义，$p < 0.05$。

（3）低龄触法未成年人家庭来源与生活满意度的显著性分析。将触法未成年人按家庭来源分为两组，城镇组和农村组，比较两组触法未成年人生活满意度总评分和 6 个维度满意度评分。结果显示，来自农村的触法未成年人自由和环境满意度明显高于来自城镇的，此外，满意度总评分和友谊、家庭、学业、学校满意度在两组间无统计学差异，见表 3–13。

表 3–13　低龄触法未成年人家庭来源与生活满意度的显著性分析

维　度	城镇（n=33）	农村（n=117）	t 值	p 值
友谊满意度	32.7±9.6	33.1±9.7	0.13	0.718
家庭满意度	26.1±7.2	27.6±8.7	2.758	0.098
学业满意度	19.2±6.2	19.2±6.5	0.034	0.853
自由满意度	22.8±5.8	23.5±4.9*	3.99	0.047
学校满意度	22.0±6.4	22.6±7.4	2.195	0.14
环境满意度	18.6±3.3	19.2±4.1*	4.648	0.032
满意度总评分	141.4±27.3	145.2±32.2	3.053	0.082

* 与来自城镇组相比，差异有统计学意义，$p < 0.05$。

多因素非条件 Logistic 回归分析触法未成年人家庭来源与生活满意度的关联性。将触法未成年人的家庭来源设为因变量（城镇 =0，农村 =1），生活满意度的 6 个维度设为自变量，运用 Logistic 非条件回归法分析家庭来源与生活满意度的关联性及关联性大小。结果显示，生活满意度总评分和 6 个维度满意度评分与家庭来源均无关联性（$p > 0.05$），见表 3–14。

表 3–14　家庭来源与触法未成年人的生活满意度的多因素 Logistic 分析

触法类型	β	p 值	OR 值（95% CI）
满意度总评分	0.006	0.386	1.006（0.992,1.020）
友谊满意度	0.008	0.707	1.008（0.966,1.053）
家庭满意度	0.041	0.145	1.042（0.986,1.101）
学业满意度	0.009	0.792	1.009（0.944,1.079）
自由满意度	0.021	0.605	1.021（0.942,1.107）
学校满意度	0.020	0.524	1.020（0.960,1.084）
环境满意度	0.031	0.589	1.031（0.922,1.153）

（4）是否为独生子女与触法未成年人生活满意度差异性分析。将触法未成年人按是否为独生子女分为两组，独生子女组和非独生子女组，比较两组触法未成年人生活满意度总评分和 6 个维度满意度评分。结果显示，满意度总评分和 6 个维度满意度在两组间无统计学差异，在触法未成年人中生活满意度与是否为独生子女无相关性，见表 3–15。

表 3–15　是否独生子女对触法未成年人的生活满意度的差异检验

维　度	独生子女（n=56）	非独生子女（n=94）	t 值	p 值
友谊满意度	32.8±9.5	33.1±9.9	0.295	0.588

续表

维　度	独生子女（n=56）	非独生子女（n=94）	t 值	p 值
家庭满意度	32.26±9.45	25.2±6.5	0.052	0.82
学业满意度	26.7±7.9	27.5±8.5	0.10	0.921
自由满意度	19.3±6.5	19.1±6.4	0.151	0.698
学校满意度	22.8±5.4	23.6±5.1	0.121	0.729
环境满意度	18.5±3.4	19.3±4.1	2.501	0.116
满意度总评分	142.4±29.1	145.1±32.1	0.846	0.359

（5）是否与父母同住与触法未成年人生活满意度差异性分析。将触法未成年人按是否与父母同住分为两组，与父母同住组和未与父母同住组，比较两组触法未成年人生活满意度总评分和 6 个维度满意度评分。结果显示，与父母同住的触法未成年人生活满意度总评分明显高于未与父母同住者，并且与父母同住的触法未成年人家庭、友谊、学业和学校 4 个维度的满意度也明显高于未与父母同住组。此外，与父母同住的触法未成年人的自由和环境满意度虽然高于未与父母同住者，但两组间无统计学差异，见表 3–16。

表 3–16　是否与父母同住对触法未成年人生活满意度的差异检验

维　度	与父母同住（n=107）	未与父母同住（n=43）	t 值	p 值
友谊满意度	34.8±9.5	26.5±8.5*	4.73	0.041
家庭满意度	28.4±8.3	23.8±8.0*	9.16	0.034
学业满意度	20.2±6.5	16.4±5.7*	4.29	0.04
自由满意度	23.8±5.6	21.8±3.7	0.512	0.476
学校满意度	23.3±7.1	19.6±6.9*	14.28	< 0.001

续表

维　度	与父母同住（n=107）	未与父母同住（n=43）	t 值	p 值
环境满意度	19.5±3.7	17.3±4.1	0.278	0.599
满意度总评分	149.9±29.2	125.5±31.0*	5.17	0.047

* 和与父母同住组相比，差异有统计学意义，p < 0.05。

（6）不同家庭结构与低龄触法未成年人生活满意度差异性分析。将触法未成年人按家庭结构分为三组，双亲组、父母离异组和父／母亡组，比较三组触法未成年人生活满意度总评分和 6 个维度满意度评分。见表 3–17。

表 3–17　不同家庭结构与低龄触法未成年人的生活满意度的差异检验

维　度	双亲（n=91）	父母离异（n=40）	父／母亡（n=19）	F 值	p 值
友谊满意度	34.4±10.1	30.8±8.6	29.0±8.9*	4.415	0.014
家庭满意度	28.4±8.1	24.0±7.4*	26.9±9.4	3.583	0.030
学业满意度	19.4±6.4	17.8±5.7	20.3±7.6	1.384	0.254
自由满意度	24.3±5.6	21.7±4.2*	20.7±4.1*	7.418	0.001
学校满意度	23.1±7.9	20.7±6.8	22.4±7.0	1.368	0.258
环境满意度	19.5±3.7	17.8±3.1	18.6±5.2	2.365	0.098
满意度总评分	148.9±30.8	132.8±24.8*	138.6±39.4*	3.638	0.029

* 与双亲组相比，差异有统计学意义，p < 0.05。

（7）低龄触法未成年人的学历水平与生活满意度的差异性分析。将触法未成年人按触法时学历分为两组：小学及以下组和初中组，比较两组未成年人生活满意度总评分及 6 个维度满意度的差异。结果显示，除友谊满意度外，其他 5 个维度的满意度评分和生活满意度总评分在两组中的差异均有统计学意义，即触法未成年人学历水平与生活满意度呈正比，学历高的未成年人，家庭、学业、自由、学校、环境满意度和生活满意度总评分均高于学历水平低者。见表 3-18。

表 3-18 学历水平对低龄触法未成年人生活满意度的差异检验

维　度	小学及以下（n=69）	初中（n=81）	t 值	p 值
友谊满意度	37.4±7.4	38.3±5.9	0.73	0.469
家庭满意度	22.5±4.8	25.3±5.3*	3.09	0.002
学业满意度	17.0±4.6	19.9±5.8*	3.12	0.002
自由满意度	21.8±4.9	24.5±5.2*	3.04	0.003
学校满意度	19.9±4.4	21.8±5.3*	2.15	0.033
环境满意度	17.7±2.8	20.1±4.3*	3.71	< 0.001
满意度总评分	136.3±19.2	149.8±20.3*	3.87	< 0.001

* 与小学及以下组相比，差异有统计学意义，$p < 0.05$。

5. 触法组未成年人 6 维度满意度之间的相关性分析

为了进一步分析生活满意度 6 个维度对低龄未成年人触法行为的影响，对 6 个维度之间的关联性进行统计分析。Pearson 相关系数的绝对值越大，相关性越强，即相关系数越接近于 1 或 −1，相关度越强；相关系数越接近于 0，相关度越弱。相关系数 0.8—1.0 表示极强相关，0.6—0.8 表示强相关，0.4—0.6 表示中等程度相关，0.2—0.4 表示弱相关，0—0.2 表示极弱相关或无相关。相关系数 > 1 表示正相关，相关系数 < 1 表示负相关。结果显示，低龄触法未成年人的学业满意度和学校满意度评分呈强正相关。低龄触法未成年人的环境满意度和自由满意度评分呈中等程度正相关。低龄触法未成年人的自由满意度和学校满意度评分呈弱正相关，而自由满意度和友谊满意度评分呈中等程度正相关。友谊满意度和学校满意度评分呈弱负相关。低龄

触法未成年人的家庭满意度和友谊满意度评分呈中等程度负相关。家庭满意度与学校满意度呈中等程度正相关。家庭满意度与学业满意度呈强正相关。见表3-19。

表3-19　触法未成年人6维度满意度之间的关联性分析

	均　数	标准差	pearson 系数	p 值
学业	19.2	6.4	0.809	< 0.001
学校	22.4	7.1		
环境	18.9	3.9	0.429	< 0.001
自由	23.3	5.2		
自由	23.3	5.2	0.215	0.014
学校	22.4	7.1		
自由	23.3	5.2	0.375	< 0.001
友谊	34.6	8.9		
学校	22.4	7.1	−0.260	0.003
友谊	34.6	8.9		
友谊	34.6	8.9	−0.534	< 0.001
家庭	25.9	7.6		
家庭	25.9	7.6	0.412	< 0.001
学校	22.4	7.1		
家庭	25.9	7.6	0.595	< 0.001
环境	19.5	6.3		

（四）讨论

1. 社会人口学变量与触法行为的差异性分析

本文以11—13岁正常少年作为对照组，考察了两组在社会人口学变量上的差异，结果显示对照组和触法组在家庭来源、独生子女、家庭收入情况、家庭结构完整度、是否与父母同住、父母学历、父母职业方面的差异存在统计学意义。为进一步分析社会人口学变量对低龄触法未成年人影响，对于触法组进行多因素非条件 Logistic 回归分析。多因素分析结果显示，与触法行为的发生有关的因素包括：年龄、家庭来源、是否为独生子女、家庭经济情况、家庭结构完整、是否与父母同住、父亲学历、母亲学历和父亲、母亲职业。

　　年龄越大，发生触法行为的危险性越高，12 岁和 13 岁低龄未成年人发生触法行为的危险性是 11 岁的 1.004 和 2.196 倍。这与张远煌的研究是相一致的[①]。一方面是由于未成年人的身体发育，为实施触法行为创造物质条件；另一方面是随着年龄的成长，未成年人逐步疏离父母，开始社会化，从结交的朋友和大众媒介学得了以触法方式疏解压力的手段和动机。

　　农村来源的低龄未成年人发生触法行为的危险性是城镇来源的 1.237 倍，父母从事其他职业的低龄未成年人触法的危险性均明显低于父母为农民者。这是一方面是由于父母为农民者有很大比例外出打工，作为留守儿童的子女得不到良好的教育和管理，作为监护人的长辈或亲戚往往是养而不教，将教育的责任推给学校；老师不可能对每个孩子既关心学习，又关心心理健康。"被抛弃的孩子"只能向同伴寻求温暖，容易在交往中学习触法行为[②]。另一方面是由于父母文化水平不够，手段简单粗暴，导致未成年人心理不健康，容易使用触法行为疏导压力或负面情绪[③]。这同样解释了父母学历越高，未成年人越不容易犯罪的现象。

---

① 张远煌、姚兵：《中国现阶段未成年人犯罪的新趋势》，《法学论坛》2010 年第 1 期。

② 王道春：《农村"留守儿童"犯罪原因及预防对策刍议》，《北京青年政治学院学报》2006 年第 3 期。

③ 金凤仙、程灶火：《家庭教养方式与青少年犯罪研究进展》，《中国健康心理学杂志》2015 年第 3 期。

独生子女触法的危险性要高于非独生子女，这是因为父母对独生子女的溺爱比例高于非独生子女，放纵、不稳定的教养方式易培养出触法的未成年人①。家庭结构的完整和是否与父母同住影响父母与子女的关系亲密度，当子女对父母的依恋越少，他们就越不在乎父母的意见，越容易触法②。家庭经济情况越差，未成年人越容易犯罪，是因为低收入家庭父母关心的重点是子女的物质要求满足情况，忽视子女的心理和教育情况，使子女形成了偏差的唯金钱论或唯物质论观点③。

从有统计学意义的人口学变量分析上，我们可以看出大多数因素指出触法行为和家庭有关系，即包括家庭教育，也包括家庭关系。低龄未成年人正处于从家庭走向社会的初期，他们既渴望父母的理解，又感觉到朋辈群体可以给予他们精神上激励。低龄未成年人对于家庭满意度的评价将会影响其他维度的满意度，最终影响自己是否更容易触法。

2. 主观幸福感与触法行为的关系分析

研究发现，触法组未成年人积极情感得分明显低于对照组，而消极情感得分高于对照组。

研究发现，低龄未成年人生活满意度总评分与低龄未成年人触法行为存在负关联性，即生活满意度越高触法行为发生的危险性越低，生活满意度每增加一个单位，低龄未成年人触法的危险性降低 16.3%（$p < 0.001$）。

---

① 赵利云、程灶火、刘新民：《儿童行为问题与父母教养方式的关系》，《中国健康心理学杂志》2011 年第 4 期。

② 谷彩肖：《问题青少年家庭功能、情绪调节与依恋的关系研究》，硕士学位论文，江西师范大学 2012 年，第 44—45 页。

③ 蒋索、何姗姗、邹泓：《家庭因素与青少年犯罪的关系研究评述》，《心理科学进展》2006 年第 3 期。

对于生活满意度各维度进行多因素非条件 Logistic 回归分析发现：友谊和自由满意度每增加一个单位，低龄未成年人触法的危险性分别增加 0.601（$p < 0.001$）和 0.292（$p=0.006$）倍，家庭、学业、学校、环境满意度每增加一个单位，青少年触法的危险性降低 35.7%（$p < 0.001$）、31.2%（$p < 0.001$）、25.1%（$p=0.002$）、23.3%（$p=0.036$）。这和社会纽带理论是相对应的。依恋是我们在意父母、老师和同伴等正常人意见的程度。因为我们爱他们、尊重他们或者感觉到与他们的其他纽带，所以我们会考虑他们的意见或感情。我们越在意他们，他们犯罪的可能性就越少。我们不想破坏与他们之间的纽带。反之亦然，如果我们越在意有犯罪倾向的同伴，将越容易去犯罪[1]。

生活满意度对于触法行为有预测作用，构建 Logistic 回归模型：logist（P）=13.025+0.471× 友谊满意度 −0.441× 家庭满意度 −0.374× 学业满意度 +0.256× 自由满意度 −0.290× 学校满意度 −0.265× 环境满意度。

3. 触法未成年人基本因素与生活满意度关系分析

（1）不同触法类型的未成年人生活满意度回归分析

将触法类型分为激情触法组和预谋触法组，6 个维度的满意度在两组间的差异均有统计学意义。进一步进行多因素 Logistic 回归分析发现，友谊和自由满意度的 OR 值＞1，友谊和自由满意度与预谋触法成正比，友谊和自由满意度每增加一个单位，青少年发生预谋触法的危险性比激情触法增加 0.126 和 0.136 倍。家庭、学业、学校和环境满意度 OR 值＜1，每增加一个单位，青少年发生预谋触法的危险性分别比激情触法降低 19.3%、16.4%、8.2%、10.9%。

（2）触法灵感来源和未成年人生活满意度回归分析

按触法灵感来源将触法未成年人分为关系亲密者组和大众媒介

---

① 吴宗宪：《西方犯罪学》，法律出版社 2006 年版，第 390 页。

组，6 个维度的满意度在两组间的差异均有统计学意义。进一步进行多因素 Logistic 回归分析发现，学校和环境满意度 OR 值＞1，即学校和环境满意度每增加一个单位，青少年从大众媒介获得犯罪灵感的危险性比从关系亲密者获得分别增加 0.213 和 0.118 倍。友谊和学业满意度 OR 值＜1，即友谊和家庭满意度每增加一个单位，青少年从大众媒介获得犯罪灵感的危险性比从关系亲密者获得分别降低 12.8% 和 21.2%。友谊和家庭满意度越高，就意味着个体对于朋友和家人的依恋越高，选择触法行为和动机的学习对象时，越容易选择朋友和家人。

4.触法组人口学变量与生活满意度关联性分析

（1）年龄与生活满意度的差异性分析

研究发现，12 岁（初中一年级）生活满意度水平最高。这和宋灵青等人的研究是相符的[①]。初中一年级相对于小升初(五年级,11 岁)和中考（初中二年级，13 岁），学习压力最小，因此 12 岁生活满意度水平高可能和学习压力增长、家长学校管教严格有关。

（2）家庭收入和生活满意的差异性分析

研究发现，家庭收入和生活满意度呈正相关。这是因为一方面，收入较高的家庭能满足子女对于物质上的需求；另一方面，收入较高的家庭比收入低的家庭更注重子女的沟通以及教育培养，且家庭收入在低收入家庭对于生活满意度的影响更大[②]。

（3）家庭结构和生活满意度差异性分析

研究发现，不同家庭来源和是否为独生子女对触法未成年人生活满意度的影响没有统计学差异。

① 宋灵青、刘儒德、李玉环等：《社会支持、学习观和自我效能感对学习主观幸福感的影响》，《心理发展与教育》2010 年第 3 期。

② 李艳玲：《城市居民主观幸福感特点及影响因素研究》，硕士学位论文，曲阜师范大学 2006 年，第 39—41 页。

与父母同住与否和生活满意度有统计学意义，与父母同住的触法未成年人生活满意度总评分明显高于未与父母同住者，并且与父母同住的触法未成年人家庭、友谊、学业和学校 4 个维度的满意度也明显高于未与父母同住者。这说明家庭对于未成年人的重要性。家庭作为个体的第一个社会化场所，承担着个体习得最初的社会规则与社会生存能力的功能。当个体与父母的联系不足时，将无法受到适当的教育，树立正确的人生观，保持健康的心理状态，从而影响到他对于其他生活满意度维度的评价；也不能正确的评价自我、控制自我[①]。

家庭结构的完整与否和生活满意度有统计学意义。父母离异的子女明显生活满意度最低。这应该是由于父母在离异前的争吵、互不理睬或暴力行为对于低龄未成年人的心灵造成了伤害[②]。当子女不能从父母身上感受到爱，必然会导致生活满意度的下降。

（4）学历水平和生活满意度的差异性分析

研究发现，学历水平和生活满意度呈正相关。目前，我国对未成年人主流的评价标准仍是学习。学习好的个体受老师重视、家长喜爱、社会羡慕。学习差的个人不受重视或受人羞辱。这和屈奇的文化价值观排斥理论是相同的[③]。这证明家长的认可，对于低龄触法未成年人生活满意度有影响。

5.对于触法组生活满意度 6 个维度之间的相关性分析

触法未成年人的学业满意度和学校满意度评分呈强正相关，家庭满意度与学业满意度呈强正相关，而家庭满意度与学校满意度呈中等程度正相关。这是因为我国主流文化对于未成年人的评价标准是学习好坏。学习好可以遮掩其他的短处，受到老师的关注和家长的表扬。学习不好就会受到来自学校、家长和自身的压力，体验到更多的负面

---

① 徐淑慧：《法律意识植根于自我的教育研究》，博士学位论文，鲁东大学 2016 年，第 96—100 页。

② 王极盛、丁新华：《初中生主观幸福感与应对方式的关系研究》，《中国公共卫生》2003 年第 10 期。

③ 屈奇：《社会排斥与闲散青少年违法犯罪》，《理论导刊》2010 年第 9 期。

情绪，国内数个涉及学业和主观幸福感或生活满意度的研究均支持这一论点[①]。超过个体调节能力的负面情绪，更容易导致个体进行触法行为。但美国的研究表明美国学生的学业和生活满意度之间没有统计学意义[②]。这可能是文化不同，导致生活满意度的评价不同。

触法未成年人的家庭满意度和友谊满意度评分呈中等程度负相关，友谊满意度和学校满意度评分呈弱负相关，而自由满意度和友谊满意度评分呈中等程度正相关。这可能是由于这个年龄段未成年人对于家庭和友谊矛盾的心理造成的。一方面，未成年人需要家庭的物质支持，同时他们也能感受到父母的关心，对于家庭，他们有依恋感；另一方面，未成年人在父母的交流中难以产生共鸣，父母很难掌握他们内心的想法。而在朋辈群体中，他们往往获得比在家庭中更多精神上的理解和支持。这与吴晶的研究是相一致的[③]。当家庭满意度下降，为了寻求支持与安慰，未成年人会更紧密的和朋辈群体相结合，更容易接受他们的理念。自由满意度表述的是个体认为家庭和学校对于自己的控制情况。当家庭和学校对于个体均不能产生有效控制时，即自由满意度提高时，个体更倾向于朋辈群体交往。2010 年全国未成年犯抽样调查发现，未成年犯"结交过有违法犯罪行为的人"达到 77.1%，而没结交过的只有 22.9%；在经常离家出走的未成年犯中"结交过有违法犯罪行为的人"高达 81.1%。"逃学和旷课"经历的未成年犯中，"结交过有违法犯罪行为的人"达到 65.8%，没有的占 34.2%[④]。这表明当家庭和学校失去对个人的控制时，个体更容易从朋

---

① 张若男：《初中生主观幸福感现状及影响因素研究》，硕士学位论文，皖南医学院 2015 年，第 40 页。

② 邢占军：《主观幸福感测量研究综述》，《心理科学》2002 年第 3 期。

③ 吴晶：《南京市流动未成年人犯罪成因探讨及对策分析》，硕士学位论文，南京理工大学 2006 年，第 41—44 页。

④ 关颖：《社会交往对未成年人犯罪的影响分析》，《预防青少年犯罪研究》2012 年第 5 期。

辈群体中习得触法行为和动机。

（五）结论

1.主观幸福感与低龄未成年人触法行为呈负相关。其中，情绪体验中，积极情感与低龄未成年人触法行为的发生概率呈负相关，而消极情感与低龄未成年人触法行为的发生概率呈正相关。与生活满意度总评分与低龄未成年人触法行为的发生呈负相关。生活满意度的6个维度中，友谊和自由满意度与低龄未成年人触法行为的发生呈正相关；家庭、学校、学习和环境满意度低龄未成年人触法行为的发生呈负相关。

2.生活满意度对触法行为有预测作用，构建 Logistic 回归模型：Logist（P）=13.025+0.47× 友谊满意度 −0.44× 家庭满意度 −0.374× 学业满意度 +0.256× 自由满意度 −0.290× 学校满意度 −0.265× 环境满意度。

3.家庭对于低龄触法未成年人是重要的影响因素，能否与父母建立紧密的关系，能否感受到父母的爱，能否获得父母的认可显著影响低龄触法未成年人的生活满意度。

4.学习满意度并不直接与触法行为的出现相联系，它通过影响学校满意度和家庭满意度间接影响触法行为的出现。这是由我国主流文化造成的。

5.当低龄未成年人对家庭不满意，且家庭和学校失去对他的控制时，低龄未成年人可能向朋辈群体学习触法行为和动机。

第四章　低龄触法未成年人教育矫正的理论基础

本章所要思考的问题是，10—13 岁这一年龄阶段的低龄触法未成年人为什么会出现"触法"行为？相比较而言，绝大多数这一年龄阶段的低龄未成年人为什么没有发生"触法"行为？在上一章的定量分析中，我们发现主观幸福感与低龄未成年人触法行为呈负相关。在本章中，尝试从学理上讨论幸福对于低龄触法未成年人的影响，既是揭示低龄未成年人触法行为原因的认识论前提，也是进一步思考和探寻对低龄触法未成年人教育矫正策略及路径的理论基础。

一、低龄触法未成年人教育矫正的学理分析

从 10—13 岁的低龄未成年人的社会生活来看，这个年龄段的低龄未成年人的社会生活并不丰富，或者说他们接触社会的机会并不像完成九年义务教育后而进入社会的青少年那样，可能因工作、生活以及接触较多的不良群体而走向违法，这一年龄阶段的低龄未成年人的社会交往，其实并不那么复杂，也不是想象的那样能与社会有较多的多边交集。可以说，家庭—学校是这一年龄阶段低龄未成年人的主要社会活动场域。但为什么会出现低龄触法未成年人这一群体和现象，而且在未成年人违法犯罪的群体中，这一年龄阶段的低龄未成年人违法犯罪的比例越来越大。很多研究者从社会环境、家庭环境、学校环

境以及个体因素等方面展开因果关系式、相关性等方面的研究，虽然获得较多的研究成果并揭示出诸多原因而且也提出了解决这一问题的诸多方法，但其整体效果并不尽如人意。

（一）低龄触法未成年人的活动场所特征

从低龄未成年人的触法原因来看，肯定不是单因素而导致，一定是多因素，但究竟有多少因素影响并导致这一年龄阶段的低龄未成年人走向违法犯罪？本研究决不否定原因解释的多因素论，也坚持多因素的原因探析，但毕竟需要寻找到触发低龄未成年人"触法"的关键要素。罗列因素或罗列原因，其实难以找到探寻低龄未成年人为什么会"触法"或为什么没有"触法"的关键要素。那么，究竟有哪些关键要素？本节拟从10—13岁这一低龄未成年人的年龄阶段的社会生活场景来分析。

从10—13岁的未成年人年龄来看，虽属于青春期早期和少年期早中期，但从学龄的层面上看，却属于学龄中期阶段。这一低龄未成年人的社会活动场景，从物质层面上看主要在家庭—学校这两大社会场景中，但从精神领域来看，这一低龄未成年人的社会活动场景则主要是在"规则与主体自由"的文化精神场景中。从这一年龄阶段的低龄未成年人的生命状态或生命存在状态来看，应是阳光、健康、快乐、幸福的生活状态和生命成长的状态。

1. 家庭生活

首先，家庭是这一年龄阶段低龄未成年人离不开的生活场景。生活的来源依靠家庭，那么，对物的依赖、对父母的依赖可以说是家庭给予这一年龄阶段的低龄未成年人的最为现实的需要。也正是这种最为现实的需要，把这一年龄阶段的低龄未成年人维系于家庭的生活场景中。那么，家庭的经济条件、父母的关系、亲子关系、父母的生活态度以及价值观念等都在浸入式地影响这一年龄阶段的低龄未成年人对于家庭的意义认知、社会认知、人际关系认知、生活态度认知、道德情感和道德行为认知以及广泛意义上的价值认知等，可以说，父母处理相互关系的方式、父母处理社会关系的方式、父母的社会价值观、父母的人生观、父母日常行为方式以及评价他人的表达方式及态度等，实质上都是在为这一年龄阶段的低龄未成年人确立对与错、好与坏、美与丑等两极化判断的标准。从这一意义上讲，父母不仅是低龄未成年人的生活启蒙者和第一任教育者，也是他们未来成长成人的引路人、陪伴者、参与者以及共享者，而家庭不仅是他们成长成人的重要场域，也是展开生活教育、情感教育、道德教育、做人做事的养成教育等的原初课堂！这就现实地超越了物质层面上的依赖，上升到人性的、道德的、审美的和精神的层面。

可以说，无论家庭结构、经济状况还是父母关系以及亲子关系怎样，对与错、好与坏、美与丑等两极化的判断，最早来自家庭，来自父母。也可以说，家庭不仅为这一年龄阶段的低龄未成年人提供物质保障，也在提供着各种性质和类型的观念性、价值性或导向性的教育。这一年龄阶段的低龄未成年人受到的社会影响，较多来自家庭的社会生活，或者说家庭也是社会的缩影。家庭这一生活化的"舞台"其实每时每刻都在上演社会生活的"话剧"，而这一年龄阶段的低龄未成年人决非仅仅是"旁观者"，而是重要的或明或潜的"参演者"，他们在家庭的生活场景中效仿父母的社会观念、生存方式、社会关系处理方式等间接地接触社会生活的广泛领域。因此说，这一年龄阶段的低龄未成年人的社会生活观念、对社会生活现实认知以及价值选择和判断等，其实较早源于家庭的生活场景中。也许在家庭的社会生活中，这一年龄阶段的低龄未成年人并不是主角，但他们却是排斥不掉的受影响者。从前文研究的调查数据来看，家庭对低龄未成年人"触法"的影响呈高度负相关。这一年龄阶段的未成年人对家庭的满意度高，"触法"行为不易出现，而满意度低，则"触法"行为容易出现。

这就明显说明，家庭及其家庭生活中的教育直接影响这一年龄阶段的低龄未成年人的"触法"行为发生的可能及概率。

其次，家庭应该是这一年龄阶段的低龄未成年人最温馨的心理依恋地。培植人性向善、润育生活和人生审美情趣、让他们拥有幸福快乐并培植爱心等，应该是家庭的职责和义务。可以说，家庭是这一年龄阶段的低龄未成年人的情感和心理建设的关键场域和关键契机。父母的亲情是天然的存在。每个个体都无法选择父母，父母给予生命并养育成人，天然地构筑着每个人的内在依恋所在——血缘亲情。家庭所以有爱，每个孩子之所以能在家庭里快乐、健康、幸福地生活并成长成人，也是源于这一血缘亲情所在。但在家庭里，每个孩子都不是被动地接受爱者，都在这样的血缘亲情中产生对父母的依恋并同时构建着内心的情感结构和情感世界。这对于每个低龄未成年人来讲，是自主展开积极心理建设的内在驱动力，也是自主展开积极心理建设的起点和关键契机。如果在家庭生活中，父母不能给予低龄未成年人这种基于血缘亲情的爱，或者父母关系处理不当或者父母与子女之间缺乏最基本的亲子关系等，那么，对于这一年龄阶段的低龄未成年人的积极心理建设来讲，则非常不利，甚至会产生与父母的远离或排斥，家庭关系不良、亲子关系不良、心理建设不良等情形就会渐次发生，或者像多米诺骨牌效应那样，链式相依的、因素相关的各种情感关系会受到损伤。

从低龄触法未成年人与家庭生活满意度的数据分析来看，父母关系、亲子关系、父母的生活态度、人生观和价值观等方面，都直接影响这一年龄阶段的低龄未成年人的人际关系认知、生活意义认知、个体角色认知等。这一年龄阶段正是人生的重要过渡期和起承转合的关键环节，家庭的影响因血缘亲情而产生，以心理依恋为纽带，既直接又影响深远。因此，对于这一年龄阶段的低龄未成年人来讲，物质依赖、关系依赖以及血缘亲情依恋等都同等重要，但更为根本的是，培植这一年龄阶段的低龄未成年人的积极心理建设，给予他们阳光而不是昏暗、给予他们尊重而不是厌弃、给予他们关爱而不是放纵或溺爱、给予他们自由而不是放任等，这才是家庭的生活环境，才是有爱、有人性、有善良、有美德的家庭生活，也才能使这一年龄阶段的低龄未成年人在家庭生活中建构对家的积极的心理依恋，培养他们对家的情感、对家人的关怀与尊重，涵养他们的人性之美，否则，可能是相反的心理状态或不良的、不健康的甚至扭曲的心理建设，如此，就为这一年龄阶段的低龄未成年人的"触法"行为的高频性发生埋下具有爆发的"种子"。

再次，家庭是一个以文化涵养人格的关键场域。文化是什么？其实并不复杂，简要地讲是指人们的生活方式及其价值观念体系。所谓人格则主要指人所具有的与他人相区别的独特而稳定的思维方式和行为风格，是一个人的整体的精神面貌，是具有一定倾向性和比较稳定的心理特征的总和。人格具有独特性、稳定性、统合性、功能性等特性，是在遗传、环境、教育等因素的交互作用下形成的。不同的遗传、生存及教育环境，形成了每个个体各自独特的、稳定的心理结构和特点。可以说，每个个体都有自身的人格特点，所谓"人心不同，各有其面"。不同的家庭，其实营造着不同的家庭生活文化，如民主型家庭、专制型家庭、离散型家庭等，这些不同的家庭类型其实是不同的家庭文化的体现或表征，也塑造着生活于其中的每个个体的人格特征和特点。对于低龄未成年人来讲，家庭文化是他们关键的文化场域，也是人格形成的关键契机和关键要素，因为他们生活于其中。

那么，家庭文化在塑造什么，或者说家庭文化对低龄未成年人有什么样的人格塑造？

一是价值观的影响。家庭的生活方式，首先是价值呈现。可以说，家庭生活处处都呈现着价值问题，如父母的处事方式是以利益为准则还是以人际关系的和谐为准则？价值观是人生的导向和原则，一且价值观出现问题，不仅直接影响人们对人生、对社会、对人际关系等方面的认知，也直接影响人们对道德、伦理以及其他社会规范的认识和理解，同时也内在地影响人们的生活审美情趣和审美取向。可以说，价值观是一个人做人做事的根基性观念和导向，价值观出现偏颇、不良甚至错误，就不是简单的认知问题，而是一个人做人做事的原则问题、道德问题，直接影响人们的规范选择、道德价值选择、行为审美选择，更深层次的是影响人的道德情感以及基于情感的人性认知和判断。可以这样讲，人生观是观人生的基本哲学、社会观是观社会的基本标准和观念，而价值观则是"观"价值—分析、衡量、选择和定位价值的观念性前提和方向性原则。它是影响一个人的整体的关键因素。从前文的调查分析可以发现，低龄未成年人之所以出现"触法"的行为，在很大程度上是价值观的模糊或错误。

二是人格熏染。父母喜欢什么样的人、赞誉什么样的人，或讨厌贬斥什么样的人，其实呈现的是父母的人格特征以及人格选择与判断，同时也在不自觉中为这一年龄阶段的低龄未成年人来定位人格范型。父母的人格特征与人格范型的同一性，会直接影响这一年龄阶段的低龄未成年人对人格范型的认知、理解及选择。如果父母的人格特征与人格范型缺乏同一性，就会在人格定位上使这一年龄阶段的低龄未成年人产生模糊。这是这一年龄阶段的低龄未成年人在家庭文化中面临的一个内在纠结的矛盾问题。这种内在矛盾纠结，直接引发这一年龄阶段的低龄未成年人对人格范型的价值认知以及选择的模糊或两难。如果父母呈现出人格偏失甚至严重不良，或者偏执于不良的人格范型，都直接影响这一年龄阶段的低龄未成年人的人格形成能否健康的问题。

三是道德观念的暗示与引领。人格与道德可以说是一个人的整体品性的直接展现。家庭生活文化中的道德观念，是直接影响和制约这一年龄阶段的低龄未成年人人格形成的关键切入口，也是关键阶段。

目前，随着社会经济发展的转型，家庭中的利益观、个人观、社会观以及人生观等，都以生活综合化的形态以暗示或显性引领的方式，熏染并嵌入着这一年龄阶段的低龄未成年人的道德认知、道德情感以及道德品性等诸多方面，也直接影响和制约这一年龄阶段的低龄未成年人的责任心、人际关系处理、道德义务以及公平、正义、公理等方面的态度和认知。如对待教育问题，如果家庭中一直形成着"分数至上"或者"好大学就是好职业、高收入、高地位"等文化价值取向，给予这一年龄阶段的低龄未成年人的观念是：只要学习好，其他都不重要。这种"唯分数"的工具性、实利性的道德价值观，其实走向了道德观念以及道德审美的偏失甚至扭曲，致使家庭生活中缺失了道德的积极正向的能量，缺失了积极健康的道德观念的引领。可见，家庭的文化氛围以及文化中的道德观念，直接影响和制约这一年龄阶段的低龄未成年人的道德认知、道德情感的培育，影响和制约这一年龄阶段的低龄未成年人的人格心理建设。

2. 学校社会生活

可以说，学校也是这一年龄阶段的低龄未成年人的关键生活场域，是他们社会化过程中不可或缺的人生经历。在这一社会生活场域，他们接受正规的学校教育，不仅要学习未来"如何而生"的知识和技能，更要学习和理解"为何而生"的意义和价值，因此，学校其实应是这一年龄阶段的低龄未成年人的"第二故乡"，甚至可以说是不可或缺的"第二家庭"，他们在这里学习知识、学习做人、编织属于他们这一年龄阶段的理想、梦想；他们在这里认知和学习人际关系、学会关心、学会学习、学会爱的表达、学会审美、学会行为的道德意义、学会认识和理解他人对自己的意义和价值等。因此，对于这一年龄阶段的低龄未成年人来讲，学校给予他们以家庭不能取代的成长与发展，同时也给予了他们脱离家庭、走向独立的契机和相关意识及能力。但同样不能忽视的问题是：

一是他们的智力水平是不同的。我们的学校教育，其前提是基于人人平等的理念，但要让每个孩子都能受到平等的对待，还存在每个个体的智力差异问题。也正是不同个体的智力差异，让他们内心体验着接受同样教育却结果不同的现实，特别是学业成绩的差异让这一年龄阶段的低龄未成年人真实地体验着你与我、我与他之间因智力差异而导致的不平等。或自认失败或不如别人等的不良体验，或为尊严而竞争，或为证明自己而奋力学习。但智力差异有时是很难以自身努力而弥补的，对于那些本来智力一般或低于一般的低龄未成年人来讲，付出努力却难以拉平因智力差异而造成的成绩差距，仍需要意志力的高度付出才能达到别人轻易就可获得的学业成绩，总是在内心认知上"谴责"自己的"无能"或"天生"不如别人等。也正是这种心理认知和心理体验，致使这一年龄阶段的低龄未成年人一直生活在自我失败的心理阴影中，内心一直都纠结于自尊与自谴、努力与放弃、理想与现实等的矛盾中。而这种内心的矛盾纠结，现实地呈现出这样的镜像：表面上与同学打打闹闹、关系密切，而内心里却各不相服。这种内在的、并不显现的状况，既能向有利的方面转化，同时也内含着多种危机：极易形成他们的双重人格、极易让他们学会"假装"——掩饰内心的真实、极易造成他们之间的人际分割等。而恰恰是这些不外显的内在心理的纠结和矛盾，给这一年龄阶段的低龄未成年人滋生心理不良、自我认知偏失甚至扭曲提供了认知和心理上的"土壤"或"温床"。可以说，这一年龄阶段的未成年人形成不良习惯，甚至发生严重不良行为并成为"触法"高危群体，与这种认知因素和心理因素直接相关，甚至可以说是爆发点。在本研究的问卷调查中发现，学习满意度与触法行为呈负相关，即对自己的学习成绩越满意就越不容易实施触法行为。我们的学校教育其实早已意识到却又"假装"性地不知不明，把这一年龄阶段的未成年人的不良行为归结于家庭教育之失、个体人格之失、社会不良环境或个体受制于不良社会群体等，唯独不把责任归于这种"应试教育"观念下的学校教育现实。可以说，这一年龄阶段的未成年人对自尊、对他人的比较优势以及高焦虑下的自我防御等，都有较强的敏感性反应，有时表现为委屈、情绪不稳定或无缘由地指责他人或远离同辈人群等。而学校教育的所谓"平等"，实质是指向对分数的平等，即每个孩子都是一样的，接受同样的教育，就应该有同样的分数。这种"平等"的教育观或学习观，表面上的合理性掩盖了内在的、因个体智力不同而导致的不平等的个性化体验，他们的不良心理、不良情绪的爆发，被认为是暂时的、不懂事的个别化行为而被忽视。也因此在这一年龄阶段的低龄未成年人的不良心理认知和不良道德行为缺乏及早地关注和消解，放任自己、我行我素、自由散漫、缺乏进取甚至玩世不恭的不良行为开始滋生，并强化和构建着心理扭曲的不良灵魂。由此，这一年龄阶段的未成年人在学校的生活是昏暗的、缺乏积极人生目标的，更为关键的是缺失了内在的快乐，更谈不上幸福成长。那么，转而寻找属于自己的理想"乐途"或"乐土"，就成为这一年龄阶段未成年人的内在驱动力。哪里有这样的可以不受规范、不再纠结于成绩、可以自由自主自愿的快乐？网络、社会不良群体或同辈同趣的群体成为他们向往的选择，也因此，"触法"成为随时可发生的事情。从这一层面上讲，低龄未成年人"触法"行为的发生，谁之过？谁之失？值得学校展开自身责任的检视与反思。

二是男生女生的自然分群。这一年龄阶段的低龄未成年人的一个明显的社会生活特征是，男生和女生之间的自然分群。虽然年龄低龄，但毕竟第二性征逐步明显，男生和女生之间的生理差异逐渐成为男女之间分群的显性原因。虽然这是自然的性别分群，但现实地形成了同辈间的不同群体以及相应的亚文化，一方面自然地打破了学校中的人际关系的整体性，另一方面也内在地造成性别间的神秘。但从目前的学校教育内容来看，缺乏与这一年龄阶段的低龄未成年人相适应的性别教育内容。他们有了属于自己的内心世界，虽然可能不复杂，但性别间的小群体真实地形成着不同的人际认知和关系处理方式，而小群体内部的共同观念以及步调一致的行为方式，其实都在私密化同时又在公开化，这可能是这一年龄阶段的低龄未成年人的学校社会生活的显性特征和特点。这种性别小群体化，最大的危险是同辈攀比、群体间猜疑、同辈不良行为的协同支持以及同辈欺凌等问题的潜在性爆发。在本研究的问卷调查中，我们发现友谊满意度和触法行为呈正相关。但从现实的学校教育现实来看，青春期早期以及少年期早中期的生理教育、心理健康与咨询以及心理疏导与帮扶等，虽然也引起重视，但相关课程或相关教育内容及活动开展等相对缺乏。这种情形说明，目前学校教育在内容上以及相关活动的组织安排上，都是不完整的，缺乏对低龄未成年人教育的全面性。也可以说，在这一年龄阶段的低龄未成年人接受学校教育的阶段，教育内容以及相关活动缺失或薄弱，直接导致这一年龄阶段的低龄未成年人在积极心理建设方面明显缺乏，特别是青春期性教育，似乎是一个不敢触碰的教育话题。虽然人们都意识到这一年龄阶段的低龄未成年人开始了"早恋"的萌动，但却大多抵制甚至反对向这一年龄阶段的低龄未成年人进行青春期生理教育，而健康科学的性教育更是难以突破的"禁区"。可一旦发生"早恋"或异性间的不良行为发生，如临大敌的却是家长、媒体以及所谓关心下一代成长的"热心人"，长枪短炮的指责学校教育之失。究竟谁之过？谁之责？

三是重智轻德的功利实利的教育价值取向。除了让学生读书获取高分，似乎学校教育就不用关注其他。或者说，学生在学校的任务就是学习，就是获得高分，这是学校、家庭以及社会共谋性的认可。某个学校教育质量高，高就高在学生的分数高。这种重智轻德的教育价值取向，不是学校单独的价值认可，而是与家庭、社会三者的"共议共谋"。没有学校、家庭和社会在教育功利实利的价值上的认知一致，也不会有如此坚固、即使开展多年的纠"应试教育"之偏的素质教育、又开展创新教育都难以被攻克的"分数至上"的教育价值之"堡垒"。在上一章的调查中，我们发现学习满意度高的低龄未成年人，在家庭满意度和学校满意度上均比学习满意度低的低龄未成年人要高。在这种根深蒂固的教育价值观的牵制下，这一年龄阶段的低龄未成年人的学校生活，唯一剩下的就是"学习学习再学习、努力努力再努力"，并以"羔羊式"的服从被安置在"分数"的"九宫格"中。"只要分数高，一切都不是问题""知识改变命运""吃得苦中苦、方为人上人""少小不努力、老大徒伤悲"等等。这些励志性的话语，内在地表达着功利实利的教育哲学观和教育价值观。智力的差别被励志的话语所掩埋，人们相信"铁杵磨成针"的意志付出，却恰恰忘了这一年龄阶段的低龄未成年人的内心感受。分数是父母的期盼，分数是成功的标杆，分数是好职业、高地位和高收入的成功人士的"标配"。这种"虚假"的成功，这种负债式的"报恩"，这种扭曲的"幸福快乐"，让这一年龄阶段的未成年人负担着难以承载之重。在这种高压之下，他们失去了属于这一年龄阶段低龄未成年人的梦想编织，失去了属于他们的情感世界，失去了属于他们这一年龄阶段的阳光少年的天真，知道的就只有书本上的需要千遍万遍记住的知识要点。快乐不属于他们，更何谈幸福成长？下课放学，走进网吧，与同辈游戏，把自己融入自由的虚拟世界，放飞被禁锢的心灵。只要自由，不要规范。这就为不良认知、不良行为甚至严重不良行为的发生形成了土壤。这不是学习问题，而是严重的价值认知和心理问题。

（二）低龄触法未成年人的认知特征

低龄未成年人所以"触法"，虽然原因是多样的，但一个重要且关键的原因在于，这一年龄阶段的低龄未成年人的认知不成熟或认知上出现偏差甚至错误。因此，要揭示低龄未成年人所以"触法"的原因，就必须在认识论的层面上清晰这一年龄阶段的低龄未成年人的认知特点及特征。

由于这一年龄阶段的低龄未成年人主要处于学龄中期阶段，他们的认知思维尚处于从表象思维向概念抽象思维转向的前期，感性认知向理性认知能力提升的起始阶段，但语言的表达已基本流畅，观察、模仿能力大幅度提升，他们的情感世界也逐步个性化、开放化，接受外界信息的能力以及感受外部刺激的敏感性等都有很大提升，可以说，既体现出认知的独立性，又明显地呈现出单纯和幼稚并存。本研究拟从理性认知、情感认知、需求认知等方面来展开解析和探究。

1. 理性认知能力低和认知结构缺乏完整性

所谓理性认知能力，简要地讲是指人脑加工、储存和提取信息的能力，或者说是人们对事物的构成、性能、与他物的关系、发展的动力、发展方向以及基本规律的把握能力。它是人们成功地完成活动最重要的理性条件和心理条件。知觉、记忆、注意、思维和想象的能力都被认为是认知能力。认知结构是指个人在感知及理解客观现实的基础上所形成的一种认识上的知识结构和心理结构。这一年龄阶段的低龄未成年人的认知能力偏低以及认知结构上的不完整和不成熟，主要表现在认知事物往往孤立片面，容易"只见树木不见森林"，盲目以为了解且相信自己的认知，缺乏对知识、事物或事件的全面思考和判断，也可以说，这一年龄阶段的低龄未成年人的认知缺乏理性逻辑的支持，只求表面"了解"或"知道"，难以深入地理解，如什么是爱或爱是什么？在他们的认知视野里，"爱就是喜欢，不爱就是不喜欢"，爱与责任、关心、宽容、理解、无私地付出等，似乎不存在任何关系。这种感性化、情绪化、浅层化和简单化的认知判断，缩小了"爱"的内涵空间。再如，对父母的爱的理解。这一年龄阶段的低龄未成年人往往是按照利益性标准作出判断，"要什么给什么就是父母的爱，否则就是不爱"，如果要什么不给还要讲一些不愿意听的"大道理"，不仅是不爱，而且还令人讨厌。这种简单的、肤浅的甚至带有赌气的理解，直接造成这一年龄阶段的低龄未成年人对父母爱的误解、曲解甚至反感。其实许多父母也不理解，为什么尽力设法满足孩子对物质的需求，可孩子还是不满足？这就现实地说明，不单单是孩子不懂得父母的爱，其实父母也不懂得如何"爱"和怎样是"爱"。正是在认识和理解上的偏失或误解，最终的结果是双方其实都不满意。另外，这一年龄阶段的低龄未成年人的认知结构不完整，还体现在缺乏主体性自觉和独立判断以及难以用理性来控制情绪等。他们对某一事件的认知和判断，容易受环境信息或他人观点的牵制，如本来是同学间的小摩擦，如果周围的同学起哄或用偏激的语言刺激，可能就会发展为打架斗殴，甚至伤害他人的违法事件。许多低龄未成年人"触法"行为的发生，很多都是在这种情形下，他们的认知和判断不是自己的，而是周围环境或其他人的。这种倾向也进一步说明，这一年龄阶段的低龄未成年人的认知能力偏低和认知结构的不完整、不成熟，可能直接导致认知判断上的错误进而引发"触法"行为的发生。

这一年龄阶段的低龄未成年人的理性认识能力低以及认知结构缺乏完整性还体现在知识结构的不完整性上。毕竟这一年龄阶段的低龄未成年人还处在小学高年级和中学低年级这两个学段的学龄中期阶段，他们对人生、社会、生命、终极关怀等相对宏大的论题缺乏必要的系统化的知识体系，即使是对快乐、成功、失败、痛苦和幸福等概念，也缺乏丰富的感性体验和领悟，也难以从概念抽象的层面深入地解析这些词汇之于个体存在的生命价值。也正是他们知识上的缺乏以及知识上的不完整，直接影响了他们对自身行为的理解和控制，特别是他们对法律知识的缺乏，使他们在决策自己的行为时，几乎不顾忌"触法"行为的后果；也正是他们的知识缺乏以及知识体系缺乏完整性，他们容易盲目、冲动，容易受不良意识、不良观念、不良行为等方面的侵扰、牵引；正是他们的知识缺乏以及知识体系的不完整，对"触法"行为缺乏必要的辨识和警觉，容易模仿那些释放个体情绪的不良行为甚至犯法行为；正是他们的知识缺乏以及知识体系的不完整，他们看不清不良群体的本质，分辨不清朋友的善与恶、辨识不清不良行为的内在丑恶；正是他们的知识缺乏以及知识体系的不完整，直接导致他们形成不正确的世界观、人生观、价值观，进而不同程度地存在崇尚吃喝玩乐的物质享乐主义、亡命称霸的所谓英雄主义、放荡不羁的所谓自由主义、人生如梦的悲观主义、有钱有势的拜金主义以及人不为己天诛地灭的利己主义观念等，这些不良的、丑陋的、与社会规范相对立的、无视法律底线的诸多观念和行为，都会直接导致这一年龄阶段的低龄未成年人的"触法"行为的随时发生。

2.情感认知能力增强但理性控制力相对较弱

从已有的研究资料来看，这一年龄阶段的低龄未成年人"触法"行为的发生，具有很强的盲动性，情绪化倾向明显，心理素质较差，一点小事就能引起打架斗殴等恶性事件。这一年龄阶段的低龄未成年人的身心正处于发育阶段，社会经验少，心理和情绪变化简单冲动，理性意志薄弱，逞强好胜心切，缺乏对复杂事物的辨别能力和控制能力，稍有诱因，则一触即发。所以，这一年龄阶段的低龄触法未成年人的行为违法，一般随意性较强，多属一时感情冲动，有些低龄触法未成年人所以行为违法，有的仅仅是出于个性好奇、自我表现和寻求刺激等。

不可否认，随着低龄未成年人的知识以及心理能力的发展、生活经验的逐步丰富，他们的情感感受方式和表达方式都逐步多样而且易感性、敏感性都较之于童年有较大的提升。可以说，这一年龄阶段的低龄未成年人的情感感受力从简单的、物质的、感性的、感知逐步提升到语言的、想象的甚至抽象的感知，他们的情绪已经具有了观念性、表达性等功能，可以在现有知识和能力的情况下，依靠语言和想象编织自己的愉悦对象，可以脱离开现实走进自己编织的梦想里并尽自己的可能愉悦自己或取悦他人，或者说可以凭借自己的想象力和一定的言语表达力，编织使自己都相信的"真实"。也正是具有了这样的情感认知能力，他们很容易移情于想象，移情于不受约束的自由中，所谓"翩翩少年爱想象"，可以说是一种较为真实的写照。但这种情感能力的发展，一方面表征着这一年龄阶段的低龄未成年人在情感上具有了主体性和能动性，另一方面也内潜着一定的危机：虚假和说谎。这种危机一旦成为现实，一个具体的表现是双重人格或多重人格：在学校是听话的好学生，在同辈间是"大话王"，出了校门是"小玩主"。如果对这一年龄阶段的低龄未成年人的这种情感认知能力不加以积极引领，"虚假和说谎"会逐渐成为他们人格建构的构成部分，不良语言、不良意识、不良观念、不良行为等都可能随时发生。因为他们的想象性移情能把他们迅速地从"不自由"的现实转向"自由"的天空，特别是在他们情绪不佳、情感受阻或情感失落时，想象性移情会把他们带入到远离现实的"自由乐土"中，如此，不受规范约束、可以为所欲为和我行我素的"任我行"的网络、自由发泄情感的游戏、互为同盟的同趣同伴的情感信任和理解等，都成为可以选择的通往"自由乐土"的"快车"。虽然这些行为不违法，但这些不良行为甚至严重不良行为是他们走向"触法"的基本环节和步骤，也可以说他们"触法"行为的发生只是时间或契机问题。不良行为的累积，随时都极易转化成"触法"行为。

由此可见，这一年龄阶段的低龄未成年人的情感认知能力虽然在逐步提高，但必须引起充分关注，必须加以积极正向地引领并加以人性审美地涵养，否则一旦放任，后果还是难以把控的。因为，这一年龄阶段的低龄未成年人在情感发展上还有一个显著的特性和特点：理性自我控制力并没有被充分完善和自主，也就是说，情绪还难以自我控制。情绪化的多动、情绪化的好奇、情绪化的自信或偏执等，可以说都是这一年龄阶段低龄未成年人的特征和特点。也正是这些特征和特点，彰显出这一年龄阶段的低龄未成年人的天真和可爱，也内在地强化了人们对他们加以规范和引领的必要性。他们的情绪化多动、好奇以及自信等，不时地对成年人的社会生活领域形成现实的威胁和挑战，因为他们自以为长大了，可以模仿成年人的社会行为，如抽烟、交友、言情等，但他们却又不能全面理解，所以都想亲自试试，不仅出于好奇，更是出于标榜自己已成为"大人"。更为严重的是，成人不敢做的事情或害怕担责的事情，他们可以毫无顾忌地去做，不顾及后果怎样。可以说这是低龄未成年"触法"行为的特点。媒体报刊上经常报道的未成年犯罪的许多案例或刑事案件，都难以让人相信是那些低龄的未成年人所为！因为不计后果，所以胆大妄为；因为不计后果，所以什么都敢做；因为不计后果，他们拒斥规劝、无意于他人的批评，逞强好胜、哥们义气，情绪化地走向"触法"之路。更有甚者，以自身试法标榜自己的能力和胆量，无视道德和法律。所以，针对这一年龄阶段的低龄未成年人的情感认知的特点，必须强化情感教育，强化道德情感和道德审美，让他们学会情绪情感的自我控制，决不能自由放任。

3. 需求认知能力偏低，缺乏合理需求的价值判断和选择

可以说，物质消费性的、不切实际的过度需求，是这一年龄阶段的低龄未成年人"触法"行为发生的重要内部原因。随着这一年龄阶段的低龄未成年人年龄的增长和活动内容的逐渐丰富，个性化的各种欲求特别是对物质的、经济消费性的需求也在增加。但哪些需求是合理的，或者说应该满足的，哪些需求是不应该的或过分的，其实对这一年龄阶段的低龄未成年人来讲，并不是太理性，或者说他们在对自己的需求认知上，其实缺乏合理需求的价值判断和选择。随着社会经济的发展，每个家庭的经济收入都有一定的增长，或者说每个家庭满足基本生活需要并不是太困难的事情，但在整体上的经济差距特别是不同家庭间的经济状况还是存在较大的不同。也可以说，一方面每个

家庭都可以满足这一年龄阶段低龄未成年人的基本上或需求，另一方面，不同家庭间经济收入的差距也在拉大。不同家庭间的低龄未成年人处在不同的家庭经济条件，却同处于同一个学校环境中，"富二代""富三代"的低龄未成年人的消费水平，体现在吃穿、消费方式以及豪车接送等，都在同辈间显耀着自己身份的"高贵"，而出身于一般收入家庭甚至经济拮据家庭的同辈低龄未成年人，在这种身份的差异上总是处于劣势。这种缺乏可比性的差别所造成的心理落差，一方面可以靠努力学习以取得高成绩来弥补，另一方面就可能寻求不良甚至违法的行为来慰藉已扭曲的内心。讨厌家庭、埋怨父母、厌恶自己的身份、依靠自己打拼天下却又没有应有的能力等等。这些扭曲的认识，内在地激发着好高骛远、眼高手低却又想不劳而获的低龄未成年人采取过激的"触法"行为的发生。为什么要比较？每个人无法选择家庭和父母，更难以选择家庭的经济状况，这本来就没有可比性，但这一年龄阶段的低龄未成年人缺乏对自身状况的理性认知，总认为都是平等的，同辈间就应该是你有的我也应该有，这种缺乏理性认知的比较，忽视了对自身需求的理性认知或合理性的价值选择，他们愤懑、他们内心的不满、他们急切地想拉平甚至高于别人的渴望等扭曲的心理认知和情感偏执等，内在地驱使他们不顾现实、不择手段地寻求物质上的、心理上的满足，那么，"触法"就是极易随时发生的行为。已有的相关调查数据显示，闲散的未成年人，如青少年和流浪青少年更容易参与团伙犯罪。这些"触法"未成年人在家庭中，不合理或过度的经济消费需求得不到应有的满足，但依靠个人力量无法满足的情况下，他们就会寻找与他们处境相同的青少年团伙或群体，并结成互助的同伴关系，一起来解决消费性需求问题，如未成年人团伙性的抢劫、偷盗等。简言之，如果这些同辈同伴都具有严重行为不良或其成员大多都有"前科"，这些年龄阶段的低龄未成年人就极易转变为高危的"触法"群体。他们的"触法"理应受到法律的制裁，但究其"触法"行为的缘由，对需求的盲目、缺乏合理的需求可以说是直接的原因。

二、低龄触法未成年人教育矫正的价值定位

虽然关于低龄触法未成年人的教育矫正问题受到社会各界的关注，但为什么要对低龄触法未成年人实施教育矫正？表面上是一个不需追问、不说自明的问题，其实，当真正追问这一问题，似乎又是一个难以说清的问题。不同学科、不同观点，虽都有着关于对低龄触法未成年人实施教育矫正的不同的目标设定、价值预设及价值追求，但又都局限于学科属性，难以从开放的价值观视野，以价值融合及统整的方式汇聚于低龄触法未成年人的教育矫正问题。也正是这种现状缺失了对低龄触法未成年人实施教育矫正的具有一致性的价值统领及价值定位。也因此，不同学科以及不同研究者，对低龄触法未成年人的教育矫正问题有着不同学科性主张和观点，似乎难以协调。本研究认为，低龄触法未成年人的教育矫正问题，是一个多学科综合的研究问题，理应打破学科的藩篱，从教育矫正的终极关怀来探究对低龄触法未成年人的教育矫正的价值预设、价值承诺和定位问题等，以此为理据，展开对低龄触法未成年人教育矫正价值的本体探究，并以价值定位的本体性承诺，进一步探究对低龄触法未成年人实施教育矫正的策略及途径，以有效地、高质量地解决低龄触法未成年人的教育矫正问题。

（一）低龄触法未成年人教育矫正价值本体论设定

无论人们如何认识和理解低龄触法未成年人的教育矫正问题，或赋予什么样的价值使命和价值追求来思考和改革低龄触法未成年人的教育矫正，归根到底都要回归于人、回归于低龄触法未成年人的幸福

成长。这是所有关于人的教育的终极关怀，也是低龄触法未成年人的教育矫正自身的价值本体。

究竟什么是低龄触法未成年人的幸福成长？或者说低龄触法未成年人幸福成长的内涵所指是什么？他们怎样成长才是幸福的？他们的幸福成长究竟是一种什么样态？回答这些问题，虽然通过现象描述、经验归纳或语义上的分析推论等，也能获得关于低龄触法未成年人幸福成长的诸多属性特征或具有视觉化的平面构图，但却难以揭示这些低龄未成年人幸福成长的本质内涵及特征。

1. 幸福感与幸福观的内涵解析

什么是幸福，这是一个自有人类社会就一直探索的终极性关怀问题，也可以说，不同时代都有着不同的幸福观、不同的社会成员也有着对幸福的不同理解和解读。虽然在理论的层面难以揭示什么是幸福这一古老而又现代的问题，但又是可以从多层面认识和解释幸福的，这也为人们探究幸福的本质内涵开拓了广泛的空间。讨论幸福，或揭示幸福的本质内涵，绕不开两个不同且有内在相关的概念：幸福感和幸福观。

一是幸福感与幸福。所谓幸福感，从一般意义上讲是指个体以自己的方式体验着幸福，也以自己独特的视角在解读幸福。所以，幸福感可以简要地概括为是个体对幸福生活的内在体验和感受，表达的是个体的内在心理状态。但按照积极心理学的观点，幸福感其实是一个复杂的心理过程和机制，可以分为主观幸福感、心理幸福感和社会幸福感。

主观幸福感主要是指个体主观上对自己已有的生活状态正是自己心目中理想的生活状态的一种肯定的态度和感受 [1]。也就是说，主观

---

[1]　E. Diener, "Subject Well-Being: The Science of Happiness and a Proposal for a National Index", *American Psychologist*, Vol.55, No.1, 2000, pp.34-43.

幸福感其实是主体对目前状态与理想状态相一致和基本一致的肯定评价后的积极倾向的情感体验，是主体从整体上对目前生活状态感到满意的心理状态，也因此说，主观幸福感在其本质上是快乐幸福感，强调个体的身心愉悦，幸福是个体对目前的生活总体满意。

心理幸福感主要是指人生价值与自我潜能的实现所伴随的心理体验。[①] 心理幸福感主要是从实现论出发，幸福是个体生命意义得以展现、潜能得以自我实现的积极心理体验。心理学家沃特曼（Waterman）就指出，幸福感涉及人们与真实的自我协调一致，幸福发生在人们从事与深层价值最匹配的活动中，是一种全身心的投入。所以，心理幸福感不同于主观幸福感，主要是关涉主体对其达成自己人生价值一种积极心理体验和感受，强调的是自我价值实现的一种积极心理状态。心理学家瑞夫（Ryff）也认为，幸福不能等于快乐，幸福感应该定义为努力表现完美的真实的潜力。瑞夫等人提出了心理幸福感的六维度模型：自我接受（Self-acceptance）、个人成长（Personal Growth）、生活目标（Purpose in Life）、良好关系（Positive Relation with Others）、环境控制（Environment Master）和独立自主（Autonomy）。

社会幸福感是指个体对自己与他人、集体、社会之间的关系质量以及对其生活环境和社会功能的自我评估[②]。如果说主观幸福感和心理幸福感都将其对幸福感的研究重点放在个体层面，那么，社会幸福感则把研究的重点置于个人和社会的融通和个人对社会的贡献上，由此在更广阔的社会环境中来认识和理解人类良好的存在状态。社会幸福感的首倡者凯利（Keyes）认为，社会幸福感包括以下五个部分：（1）社会整合（Social Integration），指个体相信自己属于

---

① 邢占军、黄立清：《西方哲学史上的两种主要幸福观与当代主观幸福感研究》，《理论》2004年第1期。

② C.L.M. Keyes, "Social well-being", *Social Psychology Quarterly*, Vol.61, No.2, 1998, pp.121-140.

某一团体并且和其他成员一起分享团体的共同利益；(2) 社会贡献 (Social Contribution)，指个体对社会贡献的自我感觉，个人是重要的社会成员，具有能给世界创造价值的信念等；(3) 社会和谐 (Social Coherence)，指对社会充满兴趣并且认为社会是可以理解和预测的；(4) 社会认同 (Social Acceptance)，积极看待和接受他人；(5) 社会实现 (Social Actualization)，指对社会发展和社会潜力的信心。

事实上无论把幸福感划分为主观幸福感、心理幸福感还是社会幸福感，个体既能感知到主观幸福感、心理幸福感，也能感知到社会幸福感，它们统一于同一主体，都是个体幸福感的构成内容。简言之，幸福感应是个体内在的心理体验、感受而形成一种心理状态，虽然是主观的、心理的，但离不开个体与外在环境的关系，也可以说是个体外在活动的心理反应和体验，既可以是快乐的心情体验和感受，也可以是自我价值的实现，也可以是个体对自己的社会活动的一种价值判断的心理接受所产生的自我满意状态等。因此说，幸福感不仅仅指个体生活追求、潜能展现、价值实现而获得的满足感，还指个人与他人、个人与社会关系融洽而获得的认同感、和谐感等。

其实，无论人们如何认识和界定幸福感，幸福感都与快乐、自我价值肯定、对目前生活状态满意度高等方面有着内在的关系。虽然不能贸然地说幸福感就是幸福，但幸福感是对幸福的直接反应，是构成幸福的重要心理。因此，讨论幸福，不应因为两者的区分而忽视幸福感的培育和养成。

二是幸福观与幸福。所谓幸福观，简要地讲是指人们对幸福的观点和看法，包括什么是幸福、幸福的标准以及获取幸福的途径等，它是一个人的世界观、人生观、价值观以及生命观在对待幸福问题上的集中表现，对幸福的方向和强度具有导向和驱动的作用。可以说，有什么样的幸福观，就有什么样的关于幸福的认识和界定。

快乐主义幸福观认为幸福就是快乐。古希腊哲学家伊壁鸠鲁就认为："快乐是幸福生活的开始和目的。因为我们认为幸福生活是我们天生的最高的善，我们的一切取舍都从快乐出发，我们的最终目的乃是得到快乐。"① 在快乐主义幸福观里，快乐就是指"身体上无痛苦和灵魂上无纷扰"②。约翰·密尔也进一步指出，"幸福，是指快乐和免除痛苦；所谓不幸，是指痛苦和丧失快乐"③。简言之，在快乐主义幸福观里，幸福就是快乐，"快乐具有绝对的价值，别的一切事物有价值只是就它有助于产生快乐而言"④。

其实，快乐是一种心理愉悦的体验，不能简单地等同于幸福，即使是追求所谓"高尚的快乐"，也只是体现出快乐的性质。可以说，快乐是与痛苦既相互对立又相伴而生的心理体验，或者说快乐是对痛苦否定性的体验，但幸福不是单纯的心理体验，而是感受后的一个综合评价，是人们继对快乐和痛苦的感受之后的一种判断和反思。它是个体对生活状态的一种事实判断和对生活意义的一种价值判断，对于内在价值的体认。幸福的人会感到快乐，但快乐未必能导致幸福，当然不快乐的人一定是不幸福的。从这一层面上讲，快乐应该与幸福有着内在联系，或者说快乐是幸福的心理底色。也因此说，幸福能使人快乐。

理性主义幸福观则认为，幸福是最高的善。亚里士多德就从理性主义论出发，认为纯粹追寻快乐的行为并不能使人获得幸福，他把幸福定义为"幸福就是一种合乎完满德性的现实活动"⑤，认为幸福是个体自我价值、自我潜能的完美实现，是将自身的优良品质发挥至完善

---

① 北京大学哲学系：《古希腊罗马哲学》，商务印书馆 1982 年版，第 367—368 页。

② 周辅成选编：《西方伦理学名著选辑》（上），商务印书馆 1964 年版，第 104 页。

③ [英]约翰·穆勒：《功利主义》，徐大健译，商务印书馆 2007 年版，第 7 页。

④ [德]包尔生：《伦理学体系》，何怀宏、廖申白译，中国社会科学出版社 1988 年版，第 215 页。

⑤ [古希腊]亚里士多德：《尼各马科伦理学》，苗力田译，中国社会科学出版社 1990 年版，第 24 页。

境界的人。其实这种理性主义幸福观，着重强调的是精神的、价值的或人性向善的幸福观，所以，持有这种幸福观，其重点不在于追求物质上的享受，而是着重于精神层面的幸福。虽然从马斯洛的需要层次上来看这种理性主义幸福观属于"自我实现"的最高层次，但并不是高不可及或非常人可为，其实，精神层面的幸福人人可为，关键是人们能够自主地追求，自主地提升自己的幸福观的精神境界。

虽然不同的幸福观有着对幸福的不同解说和界说，但总体来看，只要人们对目前生活满意并能有着美好生活的期待，只要人们能够感受到自我价值的实现，只要人们感受到自己的行为有利于他人和社会，只要人们体验到和谐人际关系之于自身的生命意义和社会价值等等，人就是快乐的、身心愉悦的、健康的，人就是幸福的。人的幸福并不是不需要物质的满足，不是简单地反对追求物质，而是反对把人的所有意义和价值以及幸福都简单归于物质享有和享乐，反对拜金主义、享乐主义，倡导积极的、正能量的、符合道德的、守法的幸福观。当然，人们的幸福观不是一成不变的，不同时代、不同环境或不同的人生际遇，都可能改变人们关于幸福的观点和看法，但正确的世界观、人生观、价值观、生命观以及生活观等，直接影响人们对幸福的基本态度和观点，也因此，幸福观是可以改变的，同时也是可以引领和形塑的，通过教育，可以升级每个人的幸福观，也可以促进人们幸福观的转型等。

2. 幸福成长：作为低龄触法未成年人教育矫正价值本体的设定

从教育矫正的价值层面上讲，低龄触法未成年人的幸福成长既是教育矫正的一种实然的价值存在、价值表达，也是教育矫正应然的价值预设、价值承诺和价值追求，还是一种基于低龄触法未成年人生命成长的终极性价值关怀。但就目前教育矫正的价值现状来看，虽在理念上强调以人为本、以低龄触法未成年人的学习和发展为本来全面深化教育矫正改革，但承担教育矫正的相关机构和组织，如工读学校、社区等制度化组织机构仍多以技能性、劳动性以及守法教育并伴有特定指向的心理咨询和心理健康教育等实利性、工具性的价值设定来实施教育矫正，以达到在最短的时间内完成对低龄触法未成年人的所谓社会回归性的教育矫正，而不是指向低龄未成年人幸福成长的价值回归。这种教育矫正的价值预设及定位，实际上被工具主义、功利主义等的实利主义价值观所牵制，强化了"何以为生"的工具性价值设定，而教育矫正之于低龄触法未成年人的理想信念、德性崇高、人性完善、幸福生活以及人生意义等"为何而生"的人生观、世界观、社会观以及人性化的情感教育及其终极性价值关怀等却被淡化甚至边缘化，致使近年来的低龄触法未成年人的教育矫正缺失了价值论的本体论担当。"教育是为了价值而存在，而且必须为了价值。没有价值，就没有教育。并且，哪里有真正的教育，哪里就有真正的人类价值。"① 因此说，深化低龄触法未成年人教育矫正改革，不仅推动教育矫正的制度创新和教育矫正模式创新，更为重要和关键的是推进教育矫正的价值建设，明确低龄触法未成年人的教育矫正的本体价值，科学合理地重建教育矫正的价值体系。但对低龄触法未成年人的教育矫正最基础、最根本或最应该关注的本体性价值是什么？这是思考和决策低龄触法未成年人教育矫正如何展开价值建设、重建价值体系的逻辑前提，否则，低龄触法未成年人的教育矫正的本体性价值又会被所谓的多样性或多元化的价值倡导和价值叙说所遮蔽，教育矫正就会重新陷入价值的迷失或混乱。这就要求实施教育矫正的教育者和研究者必须超越效用性、实用性和工具性等教育矫正价值的目标设定及其价值思维的局限，从哲学本体论层面展开教育矫正价值的本体及其本体论探究。

---

① Jo Cairns, Denis Lawton and Roy Gardner, "Values, Culture and Education", *Kogan Page Limited*, Vol.31, No.3, 2001, p.31.

　　本体论一直是哲学研究领域绕不开的问题。西方传统哲学本体论，是研究"是之为是"或"实是之为实是"①的本原性问题，最初源于古希腊哲学家对万物本原即"始基"的追问。这种对世界本原的追问存在两种方式：一是追问世界从何产生、由什么构成？二是追问万事万物的背后使此物成为此物、使彼物成为彼物的那个规定性的东西是什么？这两种追问方式，形成了两种不同的哲学分支及其不同的思想方法。前一种追问，侧重于世界的物质形态，寻求构成世界的最早或最小原初物，带有明显的自然科学色彩，属于自然哲学的追问方式，如泰勒斯（Thales）认为"水"是世界的本原或始基，其思想方法是基于观察而对感知经验进行理性概括；而毕达哥拉斯（Pythagoras）则提出"数"是万物的始基，开辟了一条由抽象原则说明感性经验的理性主义道路。这种自然哲学的追问方式，成为后世所有物实体哲学本体论的思想源泉。而后一种追问方式，则沿着超验的、形而上的抽象思维线路，形成了哲学本体论的思想方法。巴门尼德（Parmenides）第一个提出"存在"的概念。他认为，在现象世界背后是一个不能感知的、不变的、唯一的和永恒的本体世界，它才是真正的"存在"。它不是能感觉到的，只有运用理智思维向超验之域探寻才能获得。人们在感性事物中寻找万物本原，得到的知识是不确定的、不真实的。这就在"存在"本体论哲学中确立了人类的"理性思维"的地位，并内在地消解了物实体本体论思想。柏拉图（Plato）发展了巴门尼德关于存在和非存在、本体与现象、真理与意见等方面的思想，并把世界分为可感世界和理念世界，进一步提出存在或本体就是理念世界。在柏拉图的哲学中，具体的物实体的"始基"被扬弃，抽象的"理念"成为万物的本原。理念不是一般的可感知的东西，它不依赖于实物而存在，而是那些不变的、永恒的、绝对

---

① ［古希腊］亚里士多德：《形而上学》，吴寿彭译，商务印书馆1991年版，第120页。

理性的原型或精神实体，它规定了事物的本质。通过运用理性智慧揭示现象背后的本质，才能把握世界的本体。所以，在柏拉图的哲学中，理念获得了本体的地位，其探究本体的方式在本质上源于先验的原则，开始了本体探究向本质追寻的转换。在柏拉图之后，亚里士多德（Aristotle）把"作为存在的存在"作为其第一哲学的关涉对象，认为有一个先在的形而上的实体存在着，人们只要能找到这一最高根据和最高本原，就可以对世界的万事万物作出一劳永逸的解释。在亚氏哲学里，只有"实体"才是事物的本质，才是第一存在，而且实体或本体的问题也是关于本质、共相和个体事物的问题。对本体的追问也就是对实体、对本质的探寻。至此，西方非物实体的、形而上的理念本体论、实体本体论思维或本质主义思维方式和逻辑线路，在柏拉图和亚里士多德的本体论哲学体系中得以确立。由此可见，西方传统存在本体论、理念本体论以及实体本体论等形而上学本体论哲学①中的本体，并不是指物实体本体论的原初物，而是非物实体的理念化实体存在。这种本体其实是人类的一种追本溯源式的意向性追求或思维指向性，是人们认识和探究世界而设定的存在、理念、实体或终极存在，它为人们解释和揭示事物的本质内涵和特征设定了假设基础、逻辑前提或本原性条件。从这一意义上讲，有什么样的本体设定，就有什么样的思维方式，这也是本体设定的意义和价值。

虽然超验的、形而上的本体设定的思想方法遭到了近代经验论和科学实证主义的抵制，并以一切知识来源于经验、来源于科学实证的观点，提出了摈弃传统哲学本体论的超验理性、强调经验和科学实证的反形而上学和反本质主义的经验主义哲学思想，但是，休谟（David Hume）却提出了经验论和科学实证主义都难以回答且陷入沉默的"休

---

① 作者注：笛卡尔首先把研究实体或本体的第一哲学叫做"形而上学的本体论"。

谟之问"：如果一切知识都来源于经验，那么要问在经验以外还有没有某种不依赖于经验的存在。这就表明，无论是经验还是科学，只能研究经验给予的有条件的东西，不可能研究超验的无条件的东西，仍需要人类的思维抽象或以形而上的思想方法探寻现象世界背后的那个规定事物本质的最高根据和最高本原。虽然康德（Immanuel Kant）以理性批判构建起他的哲学思想体系，但也不得不重新思考形而上学的问题。在康德看来，人只能认识事物的现象，而作为现象的基础的自在之物是不可知的。但他也同时认为，理性的"理念"是现象之外的超验的本体，在经验世界中并不存在与之相应的原型，亦即超验的终极存在是不实在的，仅仅是理性的一种理念而已。这表征着现象与本体的二元对立，但对本体追问的形而上的思想方法，仍是探究人与世界的关系以及人自身存在意义的、不能根本否定的思想方法。康德本人也在尽力调和或折中经验论和形而上学等方面的矛盾，并试图克服两者的片面性。概言之，虽然近代以来，传统本体论及形而上的思想方法受到经验论、科学实证主义等诸多哲学流派的抵制甚至激烈地反对，但当人们试图认识世界、揭示人与世界之间关系的规律、本质等方面问题时，本体论或形而上的思想方法仍具有不可替代的哲学价值。

其实，本体只是人们认识世界、揭示人与世界关系的思维设定，其关键意义在于给人们一种深层探究人类本性的哲学思考方式，在于通过本体的探究实现人们对其生存世界的整体把握与理解，并为人们趋赴理想状态指示方向。所以，不能将经验主义、科学实证主义以及当代学术界对传统本体论的批判和超越误认为是对哲学本体论问题本身的摧毁。本体的设定，有着人类思维本性的内在诉求，"哲学的'本体'观念和哲学的'本体论'，最为深刻地显示了人类存在的现实性与理想性、有限性与无限性、确实性与超越性、历史规定性与终极指向性之间的矛盾。在这个意义上，关于'在'或'本体'的哲学本体论，是表征人类自身存在的矛盾性或悖论性的理论"①。反形而上学以及反本质主义可以在一定意义上校正非物实体本体论或本质主义的偏颇和弊端，拒斥形而上学的"理性狂妄"，但却无法在终极的意义上消除人类形而上的思维本性。也正是在上述意义上，本文以本体论为思想基础，探究低龄触法未成年人教育矫正价值的本体及价值的本体设定问题。

当然，价值本体问题不是世界"是之为是"的本原问题，而是世界"应是之为应是"的价值问题，它所回答的是"世界归根到底应该是什么"。简而言之，价值本体是指在我们生活的这个世界上，什么最重要、什么最根本、什么最值得我们关注，它仍然是一种本体设定。循此而论，低龄触法未成年人教育矫正的价值本体问题，主要关涉在对低龄触法未成年人的教育矫正实践领域，什么是教育矫正最重要、最根本、最值得人们关注的本原问题。

幸福，对所有人来讲都是终极追求，也可以说，人的生命的所有价值，都可以用追求幸福来表达。人们为什么要寻求自由？人们为什么要遵纪守法？人们为什么要学习？为什么行为要符合道德规范？为什么要追求美？为什么要强调善？诸多人生问题的最终答案，其实都是追求幸福。谈幸福其实是谈人的幸福、谈人的生命存在和发展中的幸福、谈人的生命成长的幸福。幸福获得的过程，也是一个人的成长过程。因此说，成长就是幸福，两者不是相隔分离的。关注未成年人的幸福成长、促进未成年人的幸福成长、保障未成年人的幸福成长，可以说是整个人类社会对所有未成年人的终极性关怀。

因此，无论人们如何定义教育矫正的法治价值、社会价值、个体价值等诸多教育矫正的价值取向，但低龄触法未成年人的生命成长、能否在幸福中成长、在成长中能否体验并享受自身成长的幸福等问

---

① 孙正聿:《哲学通论》，辽宁人民出版社 2000 年版，第 229 页。

题，应该是低龄触法未成年人的教育矫正最重要、最根本也是最值得关注的价值域，同时也是教育矫正组织或机构对低龄触法未成年人的生命成长的终极关怀。由此，本书把低龄触法未成年人的幸福成长赋予了教育矫正的价值本体地位，亦即我们把探究低龄触法未成年人的幸福成长问题，转换成教育矫正的价值本体论追问。也正是在这个意义上，本书以本体论的哲学思维，探究低龄触法未成年人的"幸福成长"的教育矫正的价值本体回归问题。

（二）低龄触法未成年人教育矫正价值本体的合理性解析

为什么要把幸福成长设定为低龄触法未成年人教育矫正的价值本体？具有哪些必要性和合理性？

1. 从低龄触法未成年人幸福成长所需要的环境方面

对于所有的未成年人来讲，幸福成长是他们成长成人的最根本、最基础、最重要的价值承载、价值设定和价值实现，特别是对那些低龄触法未成年人来讲，幸福以及幸福成长更具终极关怀的意义和价值。

幸福成长，既可以解释为在幸福环境中成长，也可以理解为幸福着自身的成长或体验并享受着自身成长的幸福，但在语义内涵或意蕴所指上有所差异。在幸福环境中成长，侧重于表达成长的幸福环境条件，亦即他们是在幸福的环境中成长。这就意味着，教育矫正理应是一个提供和营造幸福成长的环境，或者说实施教育矫正应是一个能让这些低龄触法未成年人感受到、体验到或享受到幸福成长的教育活动。正如乌申斯基所言："教育的主要目的在于使学生获得幸福，不能为任何不相干的利益而牺牲这种幸福，这一点当然是无需置疑的。"[①] 从这一意义上讲，让这些低龄触法未成年人在家庭、学校以及

---

① 郑文樾：《乌申斯基教育文选》，人民教育出版社 1991 年版，第 213 页。

承担教育矫正的社会组织的教育环境中幸福成长，这是教育矫正"无需置疑"的基本职责和任务，是教育矫正理应作出的价值承诺和价值承担，同时也是人们对实施教育矫正的相关组织机构的一种基本的价值期待和价值要求。如果这些低龄触法未成年人在实施教育矫正的相关组织机构中经历的、感受到的仍是压力、无奈、痛苦，甚至把教授教育矫正作为不堪的经历或体验，那么，单纯地说这些低龄触法未成年人"成功"地完成了回归社会应该学习和掌握的知识和技能，并不意味着教育矫正"顺利"完成了教育矫正的任务或实现了教育矫正的价值目标；这些低龄触法未成年人在接受教育矫正的过程中学习和掌握知识及劳动技术也不应以承担压力、经历痛苦甚至牺牲幸福为代价。如果在他们"成功"地完成回归社会的学习任务和让他们幸福成长之间做出选择，究竟哪一个才是学校教育矫正最重要、最根本、最需要关注的价值？其实这一问题，已直接关涉教育矫正价值的本体设定问题。

正如舍勒所批判的那样，当今社会的"价值序列最为深刻的转化是生命价值隶属于有用价值"[①]。近些年来，低龄触法未成年人教育矫正的效用性、工具性和功利性如果被夸大和片面理解，那么，为"成功"完成回归社会所进行的知识技能学习任务而承担压力、经历痛苦甚至牺牲幸福，就是应该付出的代价。在这种典型功利主义和工具主义价值观之下，关于幸福、关于成长等体现生命价值的教育矫正行为及价值目标，难以被纳入教育矫正的价值追求视野中。但真正的教育矫正，不仅应教会这些低龄触法未成年人"何以为生"的回归社会的本领，更要让他们懂得"为何而生"的意义和价值，为他们回归社会过幸福生活，享受与其他同龄未成年人享受的幸福成长，应成为教育

[①] [德]马克斯·舍勒：《价值的颠覆》，罗悌伦译，生活·读书·新知三联书店1997年版，第141页。

矫正的应有之义，教育矫正的合理性必须体现在实施教育矫正活动对个体幸福的积极作用上。从这一意义上来讲，低龄触法未成年人的幸福成长才应是教育矫正最应关注，也是最重要和最根本的价值预设、价值承担和价值承诺。因此说，低龄触法未成年人在幸福环境中成长，直接表达的是幸福成长所需要的教育矫正的环境，但更为根本的则是教育矫正能否把这些低龄触法未成年人幸福成长作为价值上的本体设定。

幸福着自身的成长或体验并享受着自身成长的幸福，侧重于表达低龄触法未成年人这一主体对自身成长幸福的感知及个性化幸福观的外在体现。这就意味着幸福着自身的成长是一个内在于心和外化于形的过程及样态。内在于心，表达的是个体对自身成长幸福的主观感知和情感体验的心理建构活动；外化于形，表达的是个体所形成的关于自身成长幸福的基本认知和态度的外化。可以说，他们获得了什么样的幸福感知和体验，就会展现出具有个性化特色的关于自身成长幸福的基本认知和自身认可的展现方式。虽然在学理上，个体幸福感知和情感体验并不等同于幸福观，还需进一步的理性提升或转型建构，但这恰是低龄未成年人身心一致的幸福观展现的重要特征，即所谓"喜形于色、相由心生"的样态。快乐、健康、阳光、智慧、自信以及渴望长大、对未来充满理想和梦想等，应该是低龄未成年人的基本定义。如果这些低龄触法未成年人在实施教育矫正的相关组织机构中能够展现出这种样态，如果承担实施教育矫正的相关组织机构成为他们身心慰藉的家园、灵魂放飞的星空，可以想象他们在这样的教育矫正环境中如何像其他低龄未成年人那样享受和展现自身成长的幸福模样。还有什么样的教育矫正创新、什么样的教育矫正的价值追求能够超越"幸福着成长"这种景象！这才是教育矫正成功的基本标识和征象，也是人们评价和衡量教育矫正成功的基本尺度。

当然，也应该看到，这些低龄触法未成年人的年龄特征及其认知能力的局限，如情绪表达的两极性、价值观的易变性、生活感悟的粗浅化、道德认知和判断的简易化、不良诱惑的低抵制力以及不良行为的易发性等，都对他们形成健康合理、积极向上的幸福感及幸福观产生障碍及诸多负面影响。现实中许多低龄未成年人成为不良行为的易感易发群体、易扰社会良序的不良群体甚至成为问题青少年，一方面多因没有及时纠偏纠错或施以及时的教育矫正，缺失了学校、家庭及社会教育的人文关怀；另一方面也因为缺乏对自身成长幸福的感知，缺乏健康合理、积极向上的幸福观和价值观教育。特别是近些年来，青少年违法犯罪呈现出多发期、低龄化、低学业化、情绪化、同辈群体化等特征。虽然存在诸多外在因素，但健康、积极、正向的幸福观、价值观、人生观的缺失，是其重要原因。可见，让这些低龄触法未成年人感知、体验自身成长的幸福之于每个个体的幸福观形成和身心健康成长、之于教育矫正价值目标的达成、之于良序社会的稳定和构建等，都具有不讲自明的重要意义和价值。循此而论，教育矫正中还有哪些价值追求比让他们充分享受并展现自身成长的幸福更重要和更值得关注？这就内在地要求，教育矫正必须承担起让这些低龄触法未成年人获得认知和感受自身幸福成长的相关知识和能力，让他们在接受教育矫正的过程中学会对自身成长幸福的感知、体验、发现、创建以及展现，学会对不良行为的识别、抵制。这是教育矫正必须承担的最基础、最重要的教育职责和价值承担。

概言之，无论把幸福成长解释为在幸福的环境中成长还是幸福着自身的成长，都是人们对低龄触法未成年人在接受教育矫正过程中幸福成长的一种价值期待，都是人们所关注并赋予教育矫正应有的价值追求、价值承载和价值承诺。

2. 从价值体系重建的必要性方面

在低龄触法未成年人教育矫正改革的现实中，对教育矫正结果急于求成的功利主义、效用主义、应用性知识技能学习的实用主义等冲击、扭曲、异化着教育矫正的本真价值，对低龄触法未成年人的教育矫正始终走不出迷茫的"价值丛林"。

近些年来，虽然对触法未成年人的教育矫正受到社会各界的关注，但如何定位对触法未成年人教育矫正的价值目标和价值追求，仍存在多样性和多元化的价值认识。有的研究者以规诫为目标，认为对触法未成年人的教育矫正不能采用简单的劳动教养，应让他们首先懂法、尊法和守法，让他们了解违法犯罪的后果，同时让这些触法未成年人知道社会规范的法律意识[1]、道德意识[2]以及对行为的约束和控制力；有些研究者认为，触法犯罪的行为针对的是行为本身而不是哪一个人或哪一个群体，未成年人触法犯罪，就是犯罪人，对这些触法未成年人的教育矫正，必须强化遏制阻止的功能作用，必须确立违法必究的教育矫正观[3]；也有些研究者以回归社会为取向，强调触法未成年人的年龄特征以及未来的发展，通过社区矫正、回归学校、家庭监督、同伴监助等形式，矫正不良行为和不良认知，重建这些低龄未成年人的世界观、人生观、价值观、社会观等[4]；还有些研究者提出，对这些触法未成年人的教育矫正，应恩威并施，毕竟他们是触法犯罪行为人，既要让他们明确自身的犯罪，又要让他们放下身份标签[5]等等。这些研究充分地分析了触法未成年人矫正的方式和其利弊所在。但仅仅对于触法未成年人本身进行矫正是不够的，社会对于触法未成年人的接纳情况也直接影响到触法未成年人回归社会的顺利与否。

其实，对低龄触法未成年人的教育矫正，简单的效率主义、工具

---

[1] 徐淑慧：《法律意识植根于自我的教育研究》，博士学位论文，鲁东大学 2016 年，第 30 页。

[2] 段炼炼：《青少年犯罪预防与矫正研究》，博士学位论文，鲁东大学 2016 年，第 23 页。

[3] 盛长富：《未成年人刑事司法国际准则研究》，博士学位论文，大连海事大学 2012 年，第 4 页。

[4] 于国旦：《少年司法制度研究》，博士学位论文，中国政法大学 2004 年，第 68 页。

[5] 龙丽达：《青少年罪错行为分析与矫治对策探究》，博士学位论文，东北师范大学 2011 年，第 70—77 页。

实利主义等，在一定程度上也反映出人们对低龄触法未成年人实施教育矫正的急切心理，但从人的发展角度来讲，成长的过程，从幼稚、半幼稚，从懵懂的少年到渴望独立到成人，都是需要过程的，简单的刺激—反应式的短期成功，就是急功近利的体现，忽视了人的成长过程的复杂性，同时也忽视了低龄触法未成年人与同龄未成年人在成长经历、心理建设等方面的差异和不同。对低龄触法未成年人的教育矫正，其目的不在于以短期的教育矫正迅速回归社会，其实这是一种把责任外推的一种"合理"做法。让这些低龄触法未成年人迅速回归社会，其愿望是良好的，但社会能否做好迎接他们的准备？正如社会失范理论的观点，社会制定出了合法的文化价值目标以及达成这一目标的制度化行为方式，即使这些低龄触法未成年人通过短期的教育矫正回归了社会，但他们是否还有相关的能力以社会允许的制度化行为方式达成目标？他们应接受怎样的教育矫正？因此，简单的急功近利的教育矫正观，既不利于教育矫正改革需求，更不利于低龄触法未成年人回归社会。近年来，我国的教育矫正缺了"静待花开"的心境，缺了对这些低龄触法未成年人成长成人的规律性把握，却增添了急功近利的浮躁。可以说，丢掉教育矫正的价值本真，找不到教育矫正的价值本体，才会造成功利性、工具性、效用性以及其他实用性价值观念被认可和流行，造成教育矫正迷茫于"价值丛林"。

低龄触法未成年人是教育矫正的价值对象性承载，即教育矫正以什么样的价值观展开对低龄触法未成年人的教育矫正，其成效主要体现在这些低龄触法未成年人的现实的成人成长的状况。如果他们仍然不懂得教育矫正对自己幸福成长的意义、对自身人性完善和心智完满的价值；仍缺乏清晰、健康、正向的人生目标或缺乏对生活的目的和价值的思考，或仍处于"得过且过"的生活状态；仍注重个人享受、漠视道德规范，推崇物欲至上、金钱至上，缺乏精神追求、索取意识高于奉献意识等，那么，这些低龄触法未成年人如何理解道德高尚、"先天下之乐而乐"的家国情怀？如何把握人生意义和生命价值？即使是在现实生活中，也难以处理与他人的和谐人际关系，甚至谈不上理解和关爱他人。这不是教育矫正的成效，也不应是教育矫正的成果。从这一意义上来讲，教育矫正中的价值观念及价值体系，必须关注这些低龄触法未成年人的人生目标、关注他们的理性价值生活、关注他们的积极心态和健康人格，切实影响他们的精神世界，倡导体现社会公平、正义、诚信、民主、平等、自由、法制、和谐、幸福的共同价值追求，以社会所倡导的社会主义核心价值观，引领教育矫正的价值建设，重建教育矫正价值体系，使这些低龄触法未成年人能够以社会所倡导的社会主义核心价值观体系来规范自身价值认知和行为，自觉辨识和抵制不良思想观念和行为的侵扰。他们能有这样的价值观念并具有相应的价值思维，其实就是幸福成长的过程。可以说，幸福成长，一个关键的要素是以正向的、积极的价值观来支配幸福观的形成及幸福的转型建构，从感性的、简单功利的、盲目自我的幸福感知中升级到理性认知的价值观层面，这本身就是幸福成长的应有之义。由此可见，教育矫正中的价值观及价值体系之于学生幸福成长的关键要义。因此，教育矫正必须摆脱功利主义、效用主义、工具主义等价值观的牵制，走出教育矫正迷茫的"价值丛林"，确立幸福成长的教育矫正价值本体，围绕低龄触法未成年人的生命成长、生命成长的幸福，重建教育矫正的价值体系。

3. 从教育矫正对人生幸福的价值及终极关怀方面

虽然人们对幸福有着见仁见智的多维理解或界说，似乎谁也说不清楚但人人都想得到它。也可以说，幸福是每个人的终生追求，是每个人的生命价值的实现，是人类战胜所有困难的基本内驱力。"一切有生命和爱的生物、一切生存着的和希望生存的生物之最基本的和最原始的活动就是对幸福的追求。人也同其他一切有感觉的生物一样，他所进行的任何一种意志活动，他的任何一种追求也都是对幸福的追求。"①"大多数人的所作所为，以及对逆境的忍受，背后秘而不宣的动机其实都是为了获取幸福、保有幸福、找回幸福。"②因此，可以肯定地说，"每个人都追求幸福"是一种"无须加以论证的""颠扑不破的原则"③。虽然每个人追求幸福是无须加以论证的，但每个人的心目中都有关于幸福的理想图景和原型设定，如果缺乏必要的共识共享共追求的一般性、普世性的理想目标设定或终极关怀的精神世界，那么，幸福就难以成为个体和人类的终极性追求。易言之，虽然幸福具有个体性，但必须与人类社会的幸福形成内在一致性，个体的幸福才具有终极性，个体才能融入人类社会的整体生活中，个体幸福才具有追求一生的生命意义和价值。

幸福不是教出来的，但关于幸福的相关知识又是可以讲授的，如关于幸福，存在着快乐幸福观、理性幸福观、知识幸福观、德性幸福观、和谐幸福观、超越幸福观、生活幸福观等，可以把这些不同的幸福观进行讲解和比较，让低龄触法未成年人了解关于幸福的不同认识和观点，有利于他们对幸福的认识和幸福观的自我构建；再如，快乐与幸福有何区别？"身体上无痛苦和灵魂上无纷扰"④，究竟是快乐还是幸福？幸福是一种状态还是一种体验抑或是个体对生活意义的一种价值判断？成长本身就是幸福吗？等等。因此，关于什么是幸福的相关知识和能力是可以通过教育矫正的教育行为来获得。当然，教育矫正的教育之于幸福的价值，不仅仅局限于对幸福知识的传授。教育矫正之所以能够对这些低龄触法未成年人的幸福有所作为，一方面通过教育矫正有助于改善个体生存和发展的外在条件，另一方面教育矫正

---

① 唐凯麟：《西方伦理学名著提要》，江西人民出版社 2000 年版，第 292 页。

② William James, *Varieties of Religious Experience: A Study in Human Nature*, London: Routledge, 2002, p.66.

③ 《马克思恩格斯全集》第 1 卷，人民出版社 1979 年版，第 372—373 页。

④ 周辅成选编：《伦理学名著选辑》（上），商务印书馆 1964 年版，第 104 页。

有助于提升个人和社会的幸福能力。

尽管物质主义、感性主义的幸福观不足尽取，但必要的物质条件是人们获得幸福的必要基础，也可以说，物质需要的满足与人的幸福生活有着基础性的关联，饥肠辘辘的饥饿人即使听着美妙的天鹅舞曲，也难以产生相应的幸福感知。所以，让这些低龄触法未成年人学习并掌握必要的知识和技能以获得必要的物质需求的满足，是教育矫正的基本职能和基本的价值，从这一意义上来讲，教育矫正通过知识的传授和生活能力的培养而为他们未来幸福生活做准备，就直接关涉幸福成长问题。所以，教育矫正通过教育可以改善他们的生存和发展所需的外在条件，促进幸福。

一个人是否幸福以及幸福的程度，在很大程度上取决于个体是否具有感知幸福的能力。正如赵汀阳所言，"是否能够获得幸福很大程度上取决于能够敏感到幸福之所在，在这种意义上，幸福是一种能力。这一点是残酷的，如果不能知道如何获得幸福，那么无论怎么好的条件也是废的"[1]。其实，这些低龄触法未成年人在接受教育矫正的过程中，不乏幸福的事件和元素，其关键还在于他们能否感知到幸福。如果他们不去感知、不去发现、不去体验，也不去创造，即使教育矫正过程中存在诸多幸福的事件和元素，也不会感受到和体验到身边的幸福。这些感知幸福的能力，不仅需要他们的主观积极性，更需要教育矫正的培养和引领，培植他们感知、体验、发现和创造幸福的"慧眼慧根"，这既是教育矫正的任务，也是教育矫正价值实现的有效途径。另外，能否幸福，还与他们是否能够具有反思和选择判断的能力有关。如对快乐体验的反思，有利于学生构建关于幸福的理性认知；对不良行为的抵制，本身就是正误好坏的价值判断和选择等，具

---

[1]　赵汀阳：《论可能生活——一种关于幸福与公正的理论》，中国人民大学出版社 2004 年版，第 152 页。

有这样的能力，不仅有利于他们发现幸福，还有利于他们提升幸福的质量以及幸福观的转型建构。但这样的能力是需要教育矫正的相关组织机构来培养、启发和引领的。这就内在地要求，教育矫正必须重视这些低龄触法未成年人的幸福能力的培养和教育，促进他们主观幸福心理体验的能力升级以及幸福观的转型建构。

概言之，教育矫正通过传授幸福及幸福观的相关知识、通过改善个体生存和发展的外在条件、通过提升个人和社会的幸福能力等，既促进了这些低龄触法未成年人对幸福及幸福观的认识和理解，也体现出对他们幸福成长的终极关怀，这本身就已确立了幸福成长是教育矫正的价值本体。

三、教育矫正的价值本体回归路径

笔者认为重塑教育矫正的价值观，以科学的教育矫正价值观对教育矫正生态进行修复，应该是焕发内生动力推进改革的重要举措。重塑教育矫正价值观，实现教育矫正价值本体回归于低龄触法未成年人的幸福成长，应从如下方面探寻其回归之路：

（一）以社会主义核心价值观为导向，重塑教育矫正价值的本体论担当

在前文的分析中，我们发现人们对低龄触法未成年人实施教育矫正的急切心理，导致对低龄触法未成年人的教育矫正偏重的效率主义、工具实利主义。通过简单的刺激—反应式的短期成功，使低龄触法未成年人迅速回归社会就大功告成，忽视了人的成长过程的复杂性，同时也忽视了低龄触法未成年人与同龄未成年人在成长经历、心理建设等方面的差异和不同。对低龄触法未成年人的教育矫正，其目

的不在于以短期的教育矫正迅速回归社会，其实这是一种把责任外推的一种"合理"做法。让这些低龄触法未成年人迅速回归社会，其愿望是良好的，但这些低龄触法未成年人通过短期的教育矫正回归了社会，他们是否还有相关的能力以社会允许的制度化行为方式追求自己的幸福？因此，简单的急功近利的教育矫正观，既不是教育矫正改革的需求，更不利于低龄触法未成年人回归社会。

要改变教育矫正的这种价值功用，就必须以社会主义核心价值观为导向和价值论基础，转变或彻底改革教育矫正的价值功用设定，把教育矫正的灵魂回归于人，回归于生命成长中的低龄触法未成年人，回归于低龄触法未成年人的幸福成长。所以，以社会主义核心价值观为导向和价值论基础，围绕低龄触法未成年人的幸福成长推进教育矫正的价值建设，就是要理性辩证地认识教育矫正之于"何以为生"的功用性价值与"为何而生"的人文性、终极关怀性价值之间的关系，就是要站在国家、民族和社会的高度思考教育矫正与低龄触法未成年人的生命成长，把教育矫正的价值理想和追求以及对低龄触法未成年人的终极关怀设定于低龄触法未成年人的幸福成长。这种价值目标设定，不是降低或否认教育矫正"何以为生"的功用性价值，而是要以社会主义核心价值观、以低龄触法未成年人的幸福成长来统领统整教育矫正的所有育人实践活动，彰显低龄触法未成年人幸福成长在教育矫正中的价值本体地位，发挥以低龄触法未成年人幸福成长为教育矫正价值的本体论担当，即无论人们如何重视"何以为生"的功利性、工具性和效用性等，只是作为服务于低龄触法未成年人幸福成长的手段和途径，绝不能以此冲击、异化或改变让低龄触法未成年人在教育矫正中幸福成长这一教育矫正价值的本体设定。这是教育矫正价值本体论的使命，也是之所以确立教育矫正价值本体的根本原因和目的。教育矫正价值的本体论担当，体现的是人们对教育矫正价值本体的坚守品性，是教育矫正坚持以人为本、抵制各种负面影响、坚持以低龄触法未成年人幸福成长为教育矫正目的和教育矫正价值追求的力量源泉，也是纠"功利性、工具性、效用性"等价值观念和价值行为之偏的力量支柱和人们衡量和判断人才培养在价值取向上是否偏离的基准和标尺。从这一层面上来讲，以社会主义核心价值观为导向和价值论基础，围绕低龄触法未成年人的幸福成长推进价值建设，旨在重塑教育矫正价值的本体论担当，旨在为教育矫正探寻以低龄触法未成年人幸福成长作为价值本体设定的本根依据、创建教育矫正回归的本真家园或"安身立命"之所。这是把教育矫正的价值本体回归于低龄触法未成年人幸福成长的重要举措和关键之路。

（二）践行社会主义核心价值观，促进低龄触法未成年人幸福观的转型建构

推动社会主义核心价值观进教材、进课堂、进低龄触法未成年人头脑，不仅是培育和践行社会主义核心价值观融入全民教育全过程的策略要求和有效途径，也是开展低龄触法未成年人幸福认知和幸福观教育的重要内容和任务。

在低龄触法未成年人的现实生活中开展幸福认知教育，让低龄触法未成年人认识和理解快乐与幸福之间的关系。从低龄触法未成年人的年龄特征、生活经历及其认知能力的局限性来看，对幸福的认知多是经验的、感知性的或事实判断性的，如，没有痛苦就是快乐、就是幸福；快乐就是高兴、就是心情愉悦、就是没有学习压力等，可以说，这些基于经验感知的认识和理解可能是低龄触法未成年人判断是否幸福的基本依据和标准。要让低龄触法未成年人真正认识和理解快乐与幸福及其相互关系，提升低龄触法未成年人对幸福认知的水平，不应以单纯的知识教学的方式直接告诉低龄触法未成年人什么是快乐、什么是幸福。因为低龄触法未成年人以知识学习的方式来记忆或背诵，表面上低龄触法未成年人记住了、理解了，但在现实中却容易

出现知与行的悖离，直接有效的做法是在低龄触法未成年人的学校生活中来开展，要让低龄触法未成年人知道，虽然快乐不是幸福，但幸福并不是与快乐无关。① 如，一个低龄触法未成年人一直把学习作为快乐的，那么，这种持续快乐地学习就可以转化为幸福地学习。但要让低龄触法未成年人知道，把快乐转化为幸福，需要个体付出一定的努力或一定的意志力。因为快乐只是人们对某种需要、欲望的实现，是目标达成的心理体验，具有情境性、短时性，如果没有付出、没有意志力或坚持力，快乐难以转化为幸福。在低龄触法未成年人的现实生活中实施幸福认知教育，让低龄触法未成年人认识到幸福不是空洞的概念或说教，幸福就在身边，就在自己的日常生活中，这才是有效展开幸福认知教育和幸福观教育的手段和路径。

提升低龄触法未成年人幸福的质量和水平。如果低龄触法未成年人的幸福仅仅依据快乐的心理体验，那么，这种幸福还只是低阶位的幸福，因此，一方面必须把社会主义核心价值观与低龄触法未成年人的人生观、道德观、价值观教育相融合，把低龄触法未成年人的幸福观提升到以社会主义核心价值观为导向和价值论基础的人生意义、德性崇高和生命价值的层面上，易言之，让低龄触法未成年人逐渐脱离个人体验和经验的局限，从好与坏、对与错的事实性判断上升到美与丑、善与恶的道德判断和价值判断，上升到社会主义核心价值观的层面。如助人为乐，要让低龄触法未成年人从"助人"的行为中感受体验"乐"的幸福，由"乐"的幸福推动"助人"行为的道德美的认知升华，这就从简单地帮助别人上升到社会美德、人性美善，转化成一种以德性审美、人生价值为基点的幸福观的转型建构。另一方面，要重视低龄触法未成年人幸福能力的培养。如果低龄触法未成年人的幸福感知或判断仅仅停留于感性体验和经验的阶段和水平，那么，幸福

---

① 刘若谷：《幸福成长：教育价值的本体回归》，《教育研究》2016 年第 5 期。

可能会随快乐的经历或体验而变化，幸福就缺失了必要的稳定性，对幸福的感知和判断也缺失了人生观、价值观的关照。因此，对低龄触法未成年人幸福能力的培养，不仅重视发现、感知、体验、创造幸福的相关能力，还必须学会反思、衡量、选择和判断等理智能力以及意志力，学会以人生观、价值观来思考和衡量自身幸福成长，这些方面的能力，需要在教育中有意识地培养。学校可以设定不同的主题专题，如以人生观与幸福、道德观与幸福、价值观与幸福等，分年级分阶段分主题地组织开展，避免搞形式走过场，否则，可能事与愿违，这方面的教训可谓不少。

让低龄触法未成年人学会表达幸福。表达幸福其实也是一种幸福能力。可以说，表达自己真实的幸福，是一种幸福的自信力。不会表达，虽不能说没有幸福，但表达能够展现幸福的状态，同时也是影响他人的有效途径。表达才可能出现共享、交流、比较、反思与建构。如采用快乐或幸福一日记展示，以幸福为内容的小品文写作展示，开展幸福为主题的演讲比赛、小组讨论，组织助人小组活动等形式，这些都是表达幸福的有效途径，也是培育低龄触法未成年人感知、体验幸福并提升幸福水平、幸福能力的有效途径和方法。

开展以社会主义核心价值观为主题的幸福观教育。首先，坚持教育与生活相结合、事实与价值相结合、理想信念与人生意义和幸福成长相结合，以低龄触法未成年人喜闻乐见的生活事件、故事、插图等形式，编制以社会主义核心价值观为内容的教材，让低龄触法未成年人认识和了解国家层面、社会层面和个人层面应确立的价值目标、价值取向和价值准则，把低龄触法未成年人的人生意义、幸福成长与国家、社会的价值需求建立内在的价值链，实现教育矫正对低龄触法未成年人幸福成长的正向引领。其次，一方面从幸福观的相关知识入手，让低龄触法未成年人了解不同幸福观对幸福的不同观点，培养低龄触法未成年人辨识、区分和比较幸福观的能力，如什么样的幸福观是自私的、什么样的幸福观是高尚的、什么样的幸福观是理智的、什么样的幸福观是物欲的、非理性的；另一方面，让低龄触法未成年人深刻理解社会主义核心价值观之于每个低龄触法未成年人幸福成长的现实意义和未来价值，让低龄触法未成年人明白，只有树立社会主义核心价值观，才是正向、积极的幸福观，才是体现公平正义、道德崇高的幸福观。①

（三）提升教育者的幸福感知和幸福观，践行于育人实践活动

教育者是能否把低龄触法未成年人幸福成长作为教育矫正价值本体的重要且关键的要素，也是能否让低龄触法未成年人幸福成长的关键主体。首先，教育者能否按社会主义核心价值观的要求展开教育矫正、能否以低龄触法未成年人的幸福成长作为自己的教育理念或职业价值追求，直接关涉低龄触法未成年人的幸福成长。如果教育者本身对教育矫正的认识和理解在价值设定上功利化，那么，在教育者的教育矫正实践中，刺激—反应式的短期成功就会成为理想标准，就会在教育教学中，把所有精力用于提升低龄触法未成年人的刺激—反应式的短期成功。一方面，教育者自己累，缺乏职业幸福感和教育成就感；另一方面，低龄触法未成年人压力大，缺乏幸福感却增加了挫折感、失败感甚至痛苦感。所以，要使低龄触法未成年人幸福成长，必须转变教育者的幸福感、幸福观和教育价值观念，要让教育者在社会主义核心价值观的指导下，树立低龄触法未成年人幸福成长的教育矫正价值本体设定，在教育者的教育矫正价值观转变中，把幸福成长归还于低龄触法未成年人。也可以说，低龄触法未成年人能否幸福成长，教育者是关键。其次，教育者要积极践行让低龄触法未成年人幸福成长的教育矫正价值本体设定。如果社会积极倡导把低龄触法未成

---

① 刘若谷：《幸福成长：教育价值的本体回归》，《教育研究》2016 年第 5 期。

年人的幸福成长作为教育价值的本体设定，而教育者却不认可和执行，或者持反对和抵制的态度，那么，要推进以低龄触法未成年人的幸福成长为内容和任务的价值建设，几乎不会有预想的结果。因为，教育者不仅是参与者、执行者，更为重要的是教育者，他们在教育矫正中与低龄触法未成年人直接接触，其价值观念、价值态度和价值行为，直接影响低龄触法未成年人的价值思维和价值判断。如果教育者一直强调功利性的价值观，那么，"为何而生"的非功利性、人文关怀性的价值观，就难以在教育者的教育矫正中体现和践行。另外，教育者是把幸福和幸福观直接带入教育矫正活动中的主要载体，如果教育者在教育矫正中都是以批判现实、表达对现实的不满，甚至把诸多社会不公平、不幸福的现象和根源都情绪化地归结于社会制度、国家政策的不合理等，都会以隐含的方式直接影响低龄触法未成年人对幸福的感知以及对幸福观的认识和理解。概言之，重视教育者对社会主义核心价值观的坚持，加强教育者对低龄触法未成年人幸福成长的认识和理解，突出教育者教育矫正价值观的转变，增强教育者对教育者职业的幸福感知和质量等，都有利于教育矫正的价值本体能否顺利、实质地回归于低龄触法未成年人的幸福成长。

（四）营造有利于低龄触法未成年人成长的教育环境和心理环境

积极营造低龄触法未成年人幸福成长的学校教育环境，构建以低龄触法未成年人幸福成长为价值目标的学校文化。首先，以低龄触法未成年人幸福成长为价值导向，重视物化环境的人文化建设，发挥物化环境的育人功能。校园墙壁、校园景观、活动场所布局等，都应体现关注低龄触法未成年人幸福成长的理念。如把我国优秀传统道德文化教育以故事、图画等方式在校园墙壁、文化宣传栏等场所定期展示更换，把"静"的物化环境"动"起来。

其次，积极营造低龄触法未成年人幸福成长的家庭教育环境，让低龄触法未成年人在家庭中有一种幸福温暖、积极乐观、身心释放的心理感受。如父母之间、父母与子女之间的沟通、互敬、友爱、亲善等和谐人际关系。低龄触法未成年人不再是那种身心紧张、疲惫的状态，家庭不再是那种冰冷的、只是提供物质条件的场所等。这种家庭环境，才能够让低龄触法未成年人产生归属感、安全感、信任感，才能让低龄触法未成年人在家庭中幸福成长。

第五章　基于传统文化的德治策略与主题选择

　　中国传统文化根植于儒家文化，以儒家文化为主流。儒家文化最基本的特点可以概括为道德政治，强调治国理政要以人为本、以德为先。把道德与政治紧密结合起来，从而形成完整的德治思想体系，表现出鲜明的尚德崇德倾向，是中华民族传统文化所独有的特征。儒家德治思想作为中国古代政治思想主体，深深地渗透于中国古代的政治、经济、法律和文化教育中。国无德不兴，人无德不立，习近平总书记强调，"要继承和弘扬我国人民在长期实践中培育和形成的传统美德，坚持马克思主义道德观、坚持社会主义道德观，在去粗取精、去伪存真的基础上，坚持古为今用、推陈出新，努力实现中华传统美德的创造性转化、创新性发展，引导人们向往和追求讲道德、尊道德、守道德的生活"①。

　　在中国古代儒家伦理道德体系构成中，"仁"是一个具有统领性的核心范畴，它的内涵很丰富，具有很强的派生性，后来所谓的"四维"（礼、义、廉、耻）、"五常"（仁、义、礼、智、信）、"八德"（孝、悌、忠、信、礼、义、廉、耻）等德目，都与"仁"的道德概念有着密切的关系。"乐"则是由"仁"而生发出来的内心境界，是一种积极的心理体验和积极的人格表现，表达的是内心的幸福感。儒

---

① 习近平：《提高国家文化软实力》，《习近平谈治国理政》，外文出版社2014年版，第160—161页。

家"乐"的幸福感不是以财富的拥有为必要条件，所谓"一箪食，一瓢饮，在陋巷，回也不改其乐"（《论语·雍也》）、"知之者不如好之者，好之者不如乐之者"（《论语·雍也·第六》）、"不仁者不可以久处约，不可以长处乐"（《论语·里仁》）、"仁者不忧"（《论语·子罕》）、"智者乐水，仁者乐山；智者动，仁者静；智者乐，仁者寿"（《论语·雍也》）。这种以"仁"为核心的"乐"是乐山、乐水、乐道的精神境界和幸福感的至高目标，这也是传统文化语境中"孔颜乐处"的精华所在。

上一章笔者论述了幸福成长应作为低龄触法未成年人教育矫正的价值本体，这意味着不但要重塑教育矫正价值观，更要将幸福成长树立为低龄触法未成年人的价值观。虽然低龄触法未成年人文化程度较低，但传统文化依然通过睡前故事、大众传媒和家庭、老师、同伴的言传身教等方式潜移默化地渗透在他们的血脉中，铭刻在他们的灵魂中，无时无刻不在潜意识里影响着低龄触法未成年人的言行。依托传统文化的精华进行低龄触法未成年人价值观的塑造，应当能更容易被接受，达到事半功倍的效果。本章尝试从传统文化入手，改正低龄触法未成年人对于道德认知中的错误，引领其个体价值观的重构。

一、德治的文化传统与现实诉求

（一）道德与德治

"道德"，在古汉语中最初是两个分开的概念，即"道"与"德"。老子《道德经》中的"道德"就是两个概念，他说："道生之，德畜之，物形之，器成之，是以万物莫不尊道而贵德。道之尊，德之贵，夫莫之命而常自然。"他讲的是道与德的关系。"道德"连用作为一个概念，始于荀子《劝学》篇："故学至乎礼而止矣，夫是之谓道德之极。"

"道"从字源学角度考察，在甲骨文中没有"道"这个字，商周时期的金文出现了"道"字，写作⻊，由彳、𩠐两部分组成。有的金文⻊加"又"⺕（抓），表示拉住迷路者的手引路。《说文》："行，人之步趋也。"《说文解字注》："首，行所达也。"（经行能到达一定地点的道路）《说文》："一达谓之道。"是指直道而言，意思是有一定指向、通达一定地点的，就是道路。道为直达的道路，这一原始意义一直保留下来。随着社会发展，"道"的内涵越来越丰富，引申出事物运动变化的规律、人们在社会生活中需要遵守的原则和方向、事物运动变化的过程、指引人前行方向的引导和道理等。

"德"字甲骨文写作𢛳，由彳（行，四通大道）和直（直，不曲折）两部分组成，表示大道直行。有的甲骨文写作𢛳将四通大道"行"彳简化为"彳"。其造字本义是看清道路的方向，没有困惑迷误，循道直行。金文德加"心"⺖，突出合乎本性、遵道而坦然前行的含义。因而"德"有看清道路、循道直行的本义，引申出顺应自然、社会和人类规律、规则、道理所表现出来的德性、品行。《国语·晋语》记载："吾闻之，天道无亲，唯德是授。"意思是天道没有远近亲疏，只把福命授给有德之人。《左传》文公元年记载："忠，德之至也；信，德之固也；卑让，德之基也。"《左传》中所阐明的德，就是忠、信、卑让的人道原则。

从字源学的角度来看"道德"概念，可以把"道德"解释和理解为遵道而行所表现出来的德性与行为。"道"是规律、规范、道理、道义、原则、法则，"德"是"得道"，是将规律、规范、道理、道义、原则、法则转化为内在的素质与行为。孔子主张："志于道，据于德，依于仁，游于艺。"他认为人最重要的原则就是知道、尊道、行道，人要有志于求道得道，作为立身的根据和行为准则。道是德的根据，德是道的实践，两者密不可分，孔子所说之道是指人道而非天道。韩非子认为："德者道之功"，把"德"释为道的功用，"道"是

"德"的前提，"德"因"道"而成。在道家看来"道"是本体、本原，道遍万物，贯穿一切，无不在道中。人类的一切文化活动，都不外是在求道、识道、用道、合道。德是道之用，是智慧、能量、境界和素养，也是行为、实践、品行和操守。

关于"德治"的概念，在《现代汉语词典》中作出两种解释，一是作为名词的"德治"，是"古代儒家的政治思想，主张为政以德，强调道德和道德教化在治国中的作用"。古代儒家教化以德教为中心，其道德内涵和教化内容以"仁"为核心，包括了忠、恕、孝、悌、礼、义、慈、爱、勇、温、良、恭、俭、让、恭、宽、信、敏、惠等具体的道德条目。二是作为动词的"德治"，"指通过倡导良好的道德品质与行为规范来治理国家和社会"①。即在国家和社会的治理活动中，以道德教化作为主要的手段，以德为政、以德化人，追求社会道德协调，通过道德的内在约束力来达到稳定和治理社会的目的。"教化天下，关键在于教化人心。而人心教化，其对象或重点应在青少年，这便是儒家适时而教的思想。那时，人们十分清楚这样的道理：'少成若天性，习惯之为常'；'时过然后学，则勤苦而难成'。教育的最佳时机是青少年世界观、价值观正在形成的时期，如果错过了这样的最佳时机，将会事倍功半。"②

（二）德治的文化传统

中国传统文化中的德治文化源远流长，在中华文明初开时即以萌芽。作为最早的儒家典籍《尚书》中就记载了尧、舜、禹及夏、商、周时期的一些英雄人物的高尚品德与选贤禅让、任德使能、教化天下的德治故事。《尚书·尧典》记载帝尧"钦明文思安安，允公克让，

---

① 《现代汉语词典》第 5 版，商务印书馆 2005 年版，第 284 页。

② 杨朝明：《刍议儒家的教化文化》，《孔子研究》2008 年第 6 期。

光被四表，格于上下，克明俊德：以亲九族，九族既睦；平章百姓"。意思是说尧严肃恭谨，明察是非，善于治理天下，宽宏温和，诚实尽职，肯于让贤，其德行光辉普照四面八方，以至于天上地下。他能够明察有才有德之人，使同族人亲密团结。族人亲密和睦了，又明察和表彰有善行德百官，协调诸侯各国的关系，民众也随着变得友善和睦起来。舜之所以能继承君位，是由于他的大孝，"瞽子，父顽，母嚚，象傲；克谐以孝，烝烝乂，不格奸"。他经历多重磨难和考验，一如既往，孝顺父母，友于兄弟，终于继承君位。他治国理政，皆以德为先导，所以《尚书》云："德自舜明。"《史记·五帝本纪》亦云："天下明德皆自虞帝始。"大禹在"洪水滔天，浩浩怀山襄陵，下民昏垫"的形势下，呕心沥血，废寝忘食，一心为民，建立了不朽的功勋，《虞书·皋陶谟》记载皋陶与大禹以德任人的对话，提出了"宽而栗，柔而立，愿而恭，乱而敬，扰而毅，直而温，简而廉，刚而塞，强而义"的"九德"，明确了"九德咸事，俊乂在官"的任官原则。周公旦经常教导成王和大臣们要以先哲圣贤为模范和榜样，修明道德，以德治国。周公总结殷亡周兴的历史经验，明确地提出了"敬德保民"和"明德慎罚"的观念，周公关于"德"的概念，大凡一切美好的东西都可包括其中。作为善，作为一个原则，它具体化为：敬天、诚祖、严己、善人、怜民、畜民、少刑、轻罚，等等[1]，其基本内容和思路，开后来"德治""仁政"的先河。到春秋末期的孔子首次明确提出"为政以德"的理念，《论语·为政》记载孔子说："为政以德，譬如北辰，居其所而众星拱之。"大意是说国君以德来治理国家、管理民众，犹如北极之星居于天空之中央，百官与民众如同繁星拱卫北辰一样，紧紧环绕在他周围。孔子重视道德的感化作用，《论语·颜渊》："季康子问政于孔子曰：'如杀无道，以就有道，何如？'孔子对

_____

[1]　刘泽华：《中国古代政治思想史》，南开大学出版社 1992 年版，第 9—10 页。

曰：'为政，焉用杀？子欲善而民善矣。君子之德风，小人之德常，草上之风，必偃。'"认为君子的道德追求具有强烈的感化作用，治国理政重在以德化人。孔子强调德治中的以身示范作用，《论语·颜渊》："季康子问政于孔子。孔子对曰：'政者，正也，于帅以正，孰敢不正？'"《论语·子路》："苟正其身，于从政乎何有？不能正其身，如正人何？"孔子认为政不外乎正己以正人，故而为官者要以身垂范。孔子把德行与政治打通，认为能行"恭宽信敏惠"五者于天下为仁。何谓也？曰："恭则不侮，宽则得众，信则人任焉，敏则有功，惠则足以使人。"（《阳货》）孔子主张爱人惠民、富而教之，反对不教而杀："不教而杀谓之虐，不戒而成谓之暴。"（《尧曰》）战国中期的孟子继承孔子的德治思想，形成了较为系统的"德治"理论即"仁政"。孟子的"仁政"根基于"恻隐之心"，亦即与生俱来的"善心"，他说："先王有不忍人之心。斯有不忍人之政矣。以不忍人之心，行不忍人之政，治天下可运之掌上。"（《公孙丑上》）孟子提出了"德治"具体方案，一是"制民之产"的富民主张，使"五亩之宅，树之以桑，五十者可以衣帛矣；鸡豚狗彘之畜，无失其时，七十者可以食肉矣；百亩之田，勿夺其时，八口之家可以无饥矣；谨庠序之教，申之以孝悌之义，颁白者不负戴于道路矣。老者衣帛食肉，黎民不饥不寒，然而不王者，未之有也"（《梁惠王上》）。二是"取于民有制"，主张"省刑罚，薄税敛"（《梁惠王上》）。三是学校教育，"设为庠序学校以教之"（《滕文公上》），"申之以孝悌之义"，"壮者以暇日修其孝悌忠信，入以事其父兄，出以事其长上。"（《梁惠王句上》）成书于秦汉《礼记》中的许多篇章如《大学》等将孔孟以来的德治思想进行梳理、总结、归纳和整理。如《大学》曰："古之欲明明德于天下者，先治其国；欲治其国者，先齐其家；欲齐其家者，先修其身；欲修其身者，先正其心；欲正其心者，先诚其意；欲诚其意者，先致其知；致知在格物。"在这里，孔孟后学把德放在至高的位置上，作为修齐治平的根本和关键。

秦汉时期，在社会主流思想重构的过程中，儒家的德治思想与法家等思想整合为政治思维模式和意识形态，使德治理论趋于完备。以董仲舒为代表，他提倡德刑兼备，以德为主，由三个方面构成了他的德治内容体系，一是强调教化。他说："南面而治天下，莫不以教化为大务。"（《深察名号》）推行教化的方法就是"立太学以教于国，设庠序以化于邑"。从而达到使人人"贵孝悌而好礼义，重仁廉而轻财利"的目的。二是强调仁政，目的是缓和贫富对立，减小贫富差距，达到目的的方法是"限民名田，以赡不足，塞并兼之路""薄赋敛，省繇役，以宽民力"（《食货志》）。三是强调德刑并重，主张"德厚刑薄，德百刑一"（《基义》），坚持"除专杀之威"，反对专任刑罚，但不提倡以德代刑。至此儒家的德治理论已趋于成熟和定型，厥后历经包括韩愈、朱熹在内的唐宋以来诸多思想家的阐释与弘扬，使儒家的德治思想理论趋于完善，并作为中华传统文化的政治与道德思维模式，深深地融汇和沉淀于民族的心灵之中。

（三）德治的现实诉求

道德是一个国家的传统文化积淀，是一个民族的深沉的精神追求，也是体现一个社会文明的标志。文明的进步与道德的演进不是直线递进的，它受经济、文化、政治等多方面因素的影响，呈现出曲折起伏波动回荡的复杂态势，并且作为社会意识形态之一，它与社会经济的发展也时常表现出一种不一致性。改革开放以来，随着经济的快速发展，在市场经济中人们对利益最大化的追求，都在不断地消解和弱化传统的伦理文化积淀，功利主义驱动下的经济大潮在不断地冲击着人们的精神堤坝和道德底线。随着改革开放大门的敞开，西方的思想文化以及价值观、人生观、道德观的涌入和渗透，面对西方多元文化的影响，传统文化与道德伦理的根基也在侵蚀与渗透中经受着严峻的拷问。随着信息技术的快速发展，以网络为核心的信息技术在深度地改变着人们的生活方式，人们在享受网络信息技术带来的便捷与实惠的同时，也在影响着传统的思维方式、道德观念和价值观念。

这种影响的直接结果就是出现了个别"缺德"现象，如"有毒奶粉""掺沙大米""电信诈骗""权力腐败""权色交易""权力寻租""假鸡蛋""楼脆脆""路塌塌""潜规则""造文凭""假履历""小三""炫富""碰瓷""老赖""跑路"等"无德"行为与"缺德"事件。规则意识缺失，使一些人有规不守，有法不遵，禁而不止，任意妄为；没有敬畏意识，使一些人无所顾忌地践踏公权，破坏自然，虐待生命；以我为中心，使一些人肆意侵害他人利益，忽略公共利益，无视社会公德等等。表现于成人世界的种种"失德""失范""失序"行为，必然会影响于未成年人，未成年人的说谎、偷窃、抢劫、逃学、打架斗殴、虐待动物、伤害他人、破坏公物、勒索钱财等严重不良行为，甚至于故意伤害、杀人、强奸、贩毒、爆炸、贩毒、投毒等犯罪行为，一方面是在不同程度上受到成人世界和社会环境的影响，另一方面更为重要的是低龄未成年人内心基本道德意识和法律意识的缺失。

2014 年，十八届中央委员会第四次全体会议通过了《中共中央关于全面推进依法治国若干重大问题的决定》，提出了全面推进依法治国。为实现建设中国特色社会主义法治体系和建设社会主义法治国家的目标，需要坚持的原则是"依法治国和以德治国相结合"，强调"以道德滋养法治精神、强化道德对法治文化的支撑作用，实现法律和道德相辅相成、法治和德治相得益彰"，赋予了"德治"新的历史使命，体现出我们党在治国方略上的高度自觉。

中华传统文化积淀着中华民族最深沉的精神追求，包含着中华民族最根本的精神基因，代表着中华民族最独特的精神标识，是中华民族生生不息、发展壮大的丰厚滋养。这是我们民族的"根"和"魂"，丢了"根"和"魂"，就没有根基了。习近平总书记强调说："必须从中汲取丰富营养，否则就不会有生命力和影响力。比如，中华文化强调'民惟邦本'、'天人合一'、'和而不同'，强调'天行健，君子以自强不息'、'大道之行也，天下为公'；强调'天下兴亡，匹夫有责'，主张以德治国、以文化人；强调'君子喻于义'、'君子坦荡荡'、'君子义以为质'；强调'言必信，行必果'、'人而无信，不知其可也'；强调'德不孤，必有邻'、'仁者爱人'、'与人为善'、'己所不欲，勿施于人'、'出入相友，守望相助'、'老吾老以及人之老，幼吾幼以及人之幼'、'扶贫济困'、'不患寡而患不均'，等等。"2017 年 2 月中办、国办印发《实施中华优秀传统文化传承发展工程意见》，强调源远流长中华优秀传统文化，积淀着我们民族最深沉的精神追求，代表着中华民族最独特的精神标识，也是中华民族生生不息、发展壮大的丰厚滋养，是当代中国发展的突出优势。《意见》指出："传承发展中华优秀传统文化，就要大力弘扬讲仁爱、重民本、守诚信、崇正义、尚和合、求大同等核心思想理念。"从对传统文化坚持古为今用、以古鉴今出发，实现传统文化的创造性转化、创新性发展，立足当代新的历史条件，基于中华传统文化的视域，来探究对低龄触法未成年人的教育矫正策略及其路径，也是在新的形势下对德治文化传统的现实诉求。

二、基于传统文化的德治策略

（一）德治与法治相结合，德主刑辅

德治与法治作为两种治国理政的方略和手段，都具备了规范社会行为、协调社会关系、稳定社会秩序的功能，但两者之间的关系如何，却是人们讨论和争论的焦点问题。第一种观点是主张德刑并重。这种观点认为，在德治与法治的关系上，应该是德法并重的关系，"可以提两个基本方略，它们是治国的两个方面，法治属于政治建

设、属于政治文明，德治属于思想建设、属于精神文明；两者范畴不同，但其地位和功能都是非常重要的。必须两手抓，两手都要硬"①。二者治国理政维护社会秩序方面，如同鸟之两翼、车之两轮，不可或缺、不可偏废。第二种观点是主张刑主德辅。这种观点认为："人的欲望和活动的自利倾向所形成的利导行为类型，唯有靠法律的刑罚才能使人们趋利而不为恶，道德教化和劝导在强大的利益面前，常具有软弱性和脆弱性。法律主抓'人行'，用法律的惩治可以威慑恶行。在这个意义上，法律较之劝导性的道德而言，其强制力对恶的惩处更为有效。"② 第三种观点是主张德主刑辅。这种观点认为，"道德与法律相比，对人的规范与约束更为根本。道德通过社会教化、风俗习惯与个人的自我道德修养，能够把社会要求内化，并形成个体的信念、良心、荣辱感等内在约束力。这种内在约束力，使人具有道德定力，不为非义之利所动，能够自觉遵法守德，减少社会维序成本。"③

以上的三种观点和主张，各有其合理性，也各有其自身的优势，这种优势是在相互比较中得以显现。在这里我们无意分析和评判这三种主张的优劣，而是重在探寻针对触法低龄问题少年的教育矫正策略。

1. 德治与法治相结合

2016 年 12 月 26 日，习近平总书记在主持中共中央政治局第三十七次集体学习时强调，法律是准绳，任何时候都必须遵循；道德是基石，任何时候都不可忽视。在新的历史条件下，我们要把依法治国基本方略、依法执政基本方式落实好，把法治中国建设好，必须坚持依法治国和以德治国相结合，使法治和德治在国家治理中相互补

---

① 孟兰芬：《"以德治国"研究述要》，《齐鲁学刊》2002 年第 5 期。

② 王淑芹、刘畅：《德治与法治：何种关系》，《伦理学研究》2014 年第 5 期。

③ 王淑芹、刘畅：《德治与法治：何种关系》，《伦理学研究》2014 年第 5 期。

充、相互促进、相得益彰，推进国家治理体系和治理能力现代化。提出法治和德治不可分离、不可偏废，国家治理需要法律和道德协同发力。习近平总书记强调，改革开放以来，我们深刻总结我国社会主义法治建设的成功经验和深刻教训，把依法治国确定为党领导人民治理国家的基本方略，把依法执政确定为党治国理政的基本方式，走出了一条中国特色社会主义法治道路。这条道路的一个鲜明特点，就是坚持依法治国和以德治国相结合，强调法治和德治两手抓、两手都要硬。这既是历史经验的总结，也是对治国理政规律的深刻把握。习近平总书记对德治与法治关系的揭示，表达了新时期治国理政模式的理性选择，既与传统治理遥相呼应、一脉相承，又包含了独特的时代创新精神。

德治与法治的差异互补性构成了两者结合的逻辑前提，具有实践的合理性。道德与法律作为两大系统共同构成人类社会的规范机制和秩序体系，两者具有不同的功能和作用，"从道德本身来看，道德是人性的一种本质规定，它与'人'的内在规定直接同一，是社会发展和人性完善的价值目标。就社会行为控制而言，道德主'内'，法律主'外'；道德治'本'，法律治'标'；道德'扬善抑恶'，法律'扬善惩恶'；道德'防于未萌之先'，法律'禁于已然之后'"[1]。德治与法治，一主内一主外，一治本一治标，一柔一刚，一先一后，如车之双轮，如鸟之两翼，相辅相成，相得益彰。正因为如此，所以正如习近平总书记所强调的，"法治和德治不可分离、不可偏废，国家治理需要法律和道德协同发力"。德治与法治价值功能的差异性和互补性，为两者的结合提供了逻辑前提，具有了社会现实层面实践的合理性和可操作性。

---

[1]　张奇伟：《"为政以德"的当代解读——论儒家德治思想的现代意义》，《北京师范大学学报（社会科学版）》2002 年第 2 期。

2. 德主刑辅

德治与法治不仅仅体现为一个国家和社会的治理模式，同时也表现为一种社会结构的文化形态，也就是说一种治理模式的选择，需要考量历史与现实、社会与个体、普适性与特殊性等诸多方面的因素，在德治与法治的实践层面上，当我们面对低龄触法的未成年人群体时，尤其需要体现对象性差异，以"德主刑辅"为主要思维模式和实践模式。

（1）德主刑辅的传统文化依据。《左传》襄公二十四年记载："德，国家之基也。"①把德作为治国理政的基础，而不把刑罚作为主要手段，只是把刑作为德的补充和辅助，即所谓"刑以辅德"。《尚书·康诰》提出"明德慎罚"，所谓"明德"就是道德教化，是正面引导，提倡尚德、敬德，它是慎罚的指导思想和前提。所谓"慎罚"，就是要谨慎施刑，刑罚要适中，不能乱罚无罪，更不能滥杀无辜。提倡"明德慎刑"不是不要法律和刑罚，而是首先要积极推行教化，先教后罚，以刑辅德，不专以刑杀立威。"明德"是关键和核心，"慎刑"是辅助和补充。周公代表成王告诫康叔说："惟乃丕显考文王，克明德慎罚，不敢侮鳏寡，庸庸，祇祇，威威，显民。"如何做到慎罚呢？"要囚，服念五六日至于旬时，丕蔽要囚。"意思是对囚犯的处置要经过多日的慎重考虑才作出判决，只有"不孝不友"的大恶之人才"刑兹无赦"（《康诰》）。孔子主张爱人惠民、富而教之，反对不教而杀，《论语·尧曰》："不教而杀谓之虐，不戒而成谓之暴。"《论语·颜渊》："听讼，吾犹人也，必也使无讼乎！"无讼和睦的社会才是他所追求的理想社会。孟子主张仁政，要求"省刑罚"，《孟子·梁惠王上》记载孟子对梁惠王说："王如使仁政于民，省刑罚，薄税敛，深耕易耨。壮者以暇日修其孝悌忠信，入以事其父兄，出以事其长上，可使制梃以挞秦、楚之坚甲利兵矣。"董仲舒在继承前人的德、刑思想基础上，明确提出了系统

---

① 杨伯峻：《春秋左传注》，中华书局 1981 年版，第 178—192 页。

的完整的"阳德阴刑"的德主刑辅论，认为治国理政应当以德政为主、刑杀为辅。董仲舒附会阴阳学说，以"天人感应"为先导，用阴阳变化规律证明德主刑辅的治国思想符合天意。当然儒家强调德治，并不是要废除刑罚，所以在孔子看来，两者的关系是"以政焉导民，以刑禁之"，如果"化之弗变，导之弗从，伤义以败俗"，就要用上刑罚了。刑罚的运用是以德为前提，刑只适用于愚顽不化、不守法度的人。

（2）"德主刑辅"的现实法律依据。少年时期是一个人的心理和生理的变化时期，在行为上表现出不可预期性和多变性，他们的情绪和情感还非常不成熟，情绪的表现大于情感，在情绪上变化无常。这一时期非常容易产生消极情绪，一是随着身高、体重的快速发展以及性发育的逐渐成熟，容易使少年产生莫名的神秘感和恐惧感，容易导致消极情绪的产生，另外少年与父母成人的疏离乃至对抗以及社会、学校、家庭等外部环境因素造成的学业成绩压力等，也会导致少年消极情绪的产生。消极情绪的产生容易使少年出现敌意甚至攻击行为。所以有人把少年时期称为"心理的断乳期"，因为在这个时期少年出现问题行为的可能性比较大，西方学者也把少年时期称之为"危险期"。二是，这一时期少年的世界观、人生观、价值观尚未形成和定型，他们的心灵是敏感的、开放的，可塑性强，这是教育的黄金时期。这一时期在他们的行为中出现越轨和过失，比较多的是情绪发泄的偶发事件，不足以定性，也不应该"一棒子打死"。现实的经验告诉我们，当少年出现触法、越轨和罪错时，对他们进行耐心细致疏导、教育、矫正比那些被施以严厉刑罚者的复发率更低。所以对触法罪错少年，要坚持"德主刑辅"原则，以教育为主、刑罚为辅。"我们要教育和引导广大少年儿童树立远大志向、培育美好心灵，让少年儿童成长得更好。"① 正因为如此，所以在《中华人民共和国未成年人

---

① 习近平：《从小积极培育和践行社会主义核心价值观》，《辅导员》2014年第1期。

保护法》第五十四条规定："对违法犯罪的未成年人，实行教育、感化、挽救的方针，坚持教育为主、惩罚为辅的原则。""对违法犯罪的未成年人，应当依法从轻、减轻或者免除处罚。"《中华人民共和国预防未成年人犯罪法》第四十四条规定："对犯罪的未成年人追究刑事责任，实行教育、感化、挽救方针，坚持教育为主、惩罚为辅的原则。"这是我们坚持对问题少年"德主刑辅"的法律依据。

（二）自治与他治相结合，道德自律

德治与法治之"治"作为动词，有治理、管理、处理、梳理、整理、修整、疏通、惩处、惩办、惩治、处治、修治、医疗、整顿、训练、经营、讲求等意思。"治"有自治与他治之分。我们在这里对"自治"与"他治"概念的使用，不是在政治学、社会学的意义上，而主要是在教育学、伦理学和法学层面上的运用。

1.自治与他治相结合

"他治"就是"治于他"或"被他治"，这里的"他"主要是指外在于主体的带有强制性的约束，既包含表现于国家层面的法律、法规、条例等，也包括校纪校规、乡规村约、社区条例、公民守则等，表现于家庭与家族中形形色色的家规、家训、家约、家法、家诫、家劝、家范、户规、族规、族谕、宗式、宗约、祠规、祠约等，也属外在于主体的"他治"范畴。

"他治"的首要特点是约束性，从根本上来说就是一种制度规范的外在约束力，相对于主体"他治"既是一种外在节制，同时也必然成为主体内心敬畏的法则。"他治"的约束性还具有一定的导向功能，这种导向功能与约束力并存，正如同我们行走于十字路口面对红绿灯，"红灯停，绿灯行"既是约束也是导向。例如《中华人民共和国预防未成年人犯罪法》第三十四条列出的未成年人不良行为：纠集他人结伙滋事，扰乱治安；携带管制刀具；拦截殴打他人或者强行索要他人财物；传播淫秽的读物或者音像制品等；进行淫乱或者色情、卖淫活动；偷窃；参与赌博，屡教不改；吸食、注射毒品等。这些严重危害社会，尚不够刑事处罚的违法行为表现，既是法律对未成年人所强行禁止的，同时也包含了引导未成年人"不可为"的行为，即如法律禁止未成年人"纠集他人结伙滋事，扰乱治安"，同时也引导你不能和不要"纠集他人结伙滋事，扰乱治安"。

"自治"是主体的自我管理、自我约束和自我处治，基于道德的"自治"，属于精神领域，作为主体内省、认同和自决的方式生成和实现，具有内在的属性，落实在道德行为上意味着自我管理、自我约束和自我调整，具有基于责任和义务的多元性。在道德主体对制度、法律、规范的践行中，内涵了主体应尽的责任与义务，在这些应尽的责任与义务中，一方面是面向社会，即对国家民族、阶级政党、生活社区、工作单位、社团组织等应尽的责任与义务；另一方面是面向他人，即对父母长辈、同志同事、子女晚辈、亲朋好友、妻子丈夫等应尽的责任与义务。不同于基于道德的"自治"，法律、制度、规约等表现为"他治"，属于制度层面，作为对主体行为的约束、规范，具有外在的属性，落实在实践层面上具有强制约束和暴力惩罚的特点，具有基于统一和普适的一元性。"自治"于"他治"的差异互补，为两者的结合提供了逻辑前提。另一方面"自治"与"他治"又是不可分离的，无论是作为顶层的国家法律、法规、条例等，还是中观层面校纪校规、乡规村约、社区条例、公民守则等，以及微观底层形形色色的家规、家训、家约、家法、家诫、家劝、家范、户规、族规、族谕、宗式、宗约、祠规、祠约等，都需要作为道德主体的个人"自治"才能到实现；同时个体的"自治"又必须以外部的"他治"为基础和根据。基于道德的"自治"与基于法律规范的"他治"的这种不可分离性，为"自治"与"他治"的结合提供了现实的必要性和可操作性。

2. 道德自律

道德自律表现为在没有外力强制的情景下，对法律法规的自觉遵守，对规章制度的自我认同，对道德规范的自愿践行。"道德是以自律为特点，以良心评价和民俗舆论导向为机制，以自觉接受内在认同为归宿。"①"自律"把被动的法律法规规定的"必须如此行动"，变为道德主体主动的"愿意如此行动"，把被动的服从变为主动的律己，把外在的法律、法规、制度、条约要求变为自己内在良好的自主行动，从而达到自己作为自己立法，把外在的法律法规、制度、条约要求，内化为心中的应然的道德法则，道德主体既通过理性为自己立法，又靠意志来服从、践行、实践这些法令，道德主体既是立法者，又是执法者，表现出对法律、法规、条约的意志自律。道德自律具有自主和内控的特点，作为与他律相互对立又不可分离的概念，他律与自律具有过渡与转化的可能性，即在实践的层面上他律可以内化为主体的自律，使被动的服从变为主动的律己。

在道德的治理模式中，道德自律与基于暴力刑罚的他律相比有着明显的优势，这在德法并举、德主刑辅的传统文化中表现非常突出。孔子提出"为政以德"，主张以德治国、理政、统民，他说："道之以政，齐之以刑，民免而无耻；道之以德，齐之以礼，有耻且格。"（《为政》）以行政命令去要求百姓群众，以刑事处罚去规范百姓，百姓虽然畏惧于强力而收敛行为，但却没有产生羞耻之心，以道德引导百姓，用礼仪规范百姓，则百姓内有羞耻之心，外可自觉遵守规范。说明在统治者的治国理政中，仅仅依靠外在的刑罚是远远不够的，只有运用德治，用道德礼仪去引导规范，才能够使百姓从内心产生羞耻感，从而形成道德行为上的自律。孟子亦云："以力服人者，非心服

---

① 张奇伟：《"为政以德"的当代解读——论儒家德治思想的现代意义》，《北京师范大学学报（社会科学版）》2002年第2期。

也，力不赡也；以德服人者，中心悦而诚服也。"（《孟子·公孙丑上》）只有"以德服人"，才能够使人"中心悦而诚服"，从而成为道德规范的自律者和践行者。《盐铁论》记载："法能刑人而不能使人廉，能杀人而不能使人仁……所贵良吏者，贵其绝恶于未萌，使之不为非，非贵其拘之囹圄而刑杀之也。"儒家先贤重视基于道德的自律，认为只有"以德服人"，使人"心悦诚服"，才能够做到"有耻且格""绝恶于未萌"。

（三）教化与养成相结合，德行自觉

德治与法治相结合，德主刑辅，是在治国理政中表现出来的尚德崇德倾向，表达的是在操作层面的倾向性价值选择，是德治的基础；自治与他治相结合，道德自律，表达的是在自治与他治的结合中，外在的约束内化为道德主体的自律，是德治的逻辑递升；教化与养成相结合，德行自觉，表达的是通过道德的教育感化与道德实践，达到德行自觉，这种自觉、自为、自发的融入生命中的德行，则是德治的至高境界。

1.教化与养成相结合

关于教化的含义，《词源》的解释一是"政教风化"，《荀子·臣道》："政令教化，刑下如影。"《诗·召南·关雎序》："先王以是经夫妇，成孝敬，厚人伦，美教化，移风俗。"二是教育感化。《礼经解》："故礼之教化也微，其止邪也于未形。"由此可见，教化作为儒家德治理论的核心内容之一，是基于道德伦理的感化，无关乎专门知识和技能，更接近于我们现在所说的思想政治教育。

教化论是传统儒家德治理论的核心之一。《易·贲卦》云："观乎天文，以察时变。观乎人文，以化成天下。"《周易》所说的"化成"也就是"教化"的意思。西周初期的周公旦总结夏商王朝灭亡的经验教训，提出了"惟不敬厥德，乃早坠厥命"（《尚书·召诰》），倡导统治者应当"明德慎罚""敬德保民""往敬用治"(《尚书·君奭》),这是德治的思想萌芽。孔子在总结西周周公思想理论的基础上,创立了儒家教化以德教和礼乐教化为中心的教化理论体系。孔子以《易》《诗》《书》《礼》《乐》《春秋》六经为教材教育弟子,六经的作用和功能各不相同,可以相互补充,共同达到化育民众、移风易俗的目的,正如《史记·太史公自序》说:"《易》著天地阴阳四时五行,故长于变;《礼》经纪人伦,故长于行;《书》记先王之事,故长于政;《诗》记山川溪谷禽兽草木牝牡雌雄,故长于风;《乐》乐所以立,故长于和;《春秋》辩是非,故长于治人。是故《礼》以节人,《乐》以发和,《书》以道事,《诗》以达意,《易》以道化,《春秋》以道义。"[①]孔子主张修身以德,所谓"德之不修,学之不讲,闻义不能徙,不善不能改,是吾忧也"。"志于道,据于德,依于仁,游于艺。"孔子关于德的概念内涵非常丰富,它以"仁"为核心,囊括了忠、恕、孝、悌、礼、义、慈、爱、勇、温、良、恭、恭、让、宽、信、敏、惠等一系列具体的道德条目。到荀子明确提出了教化说,《荀子·王制》:"顺州里,定廛宅,养六畜,闲树艺,劝教化,趋孝弟,以时顺修,使百姓顺命,安乐处乡,乡师之事也。"又说:"论礼乐,正身行,广教化,美风俗,兼覆而调一之,辟公之事也。"荀子把教化与政治、礼乐、德义、风俗等密切联系在一起。到汉代以董仲舒为代表,把教化比作堤防,突出了教化在敦风美俗、防奸止邪方面的重要作用:"夫万民之从利也,如水之走下,不以教化提防之,不能止也。是故教化立而奸邪皆止者,其提防完也;教化废而奸邪出,刑罚不能胜者,其提防坏也。"[②]在中国传统文化中蕴涵着非常丰富的德育教育资源,正如习近平总书记强调的那样:"必须从中汲取丰富营养,否则

---

① 《史记》卷 130《太史公自序》,中华书局 1959 年版,第 3297 页。

② 《汉书》卷 56《董仲舒传》,中华书局 1962 年版,第 2503 页。

就不会有生命力和影响力。"①

　　如果说教化是基于道德伦理的教育感化，那么养成则是基于道德实践的行为习惯；教化重在培养道德意识，养成重在培养行为习惯；教化是基于伦理由外而内，通过道德礼仪规范对内心滋养感化，养成是基于实践由内而外，内在的道德意识表现为日常的行为习惯。道德的教化与养成一内一外，两者的结合共同构成了知行合一的价值选择。

　　养成良好的行为习惯是未成年人成长成才的基础，培养未成年人良好的行为习惯是德育活动的出发点和落脚点。通过教化获得的道德认知是道德养成的基础，通过教化所感受的道德伦理、道德规范、道德知识，是道德养成的前提。《荀子·劝学》说："积土成山，风雨兴焉；积水成渊，蛟龙生焉；积善成德，而神明自得，圣心备焉。"所谓的"积善成德"，就是通过日常的一个一个善的行为而达到德的境界。

　　实践是道德养成的必由之路，行为习惯是经过反复实践而形成的，培养道德行为习惯主要通过各种实践活动，某一种行为经过反复实践自然养成习惯。《中共中央、国务院关于进一步加强和改进未成年人思想道德建设的若干意见》中，深刻分析了未成年人思想道德建设存在的问题："全社会关心和支持未成年人思想道德建设的风气尚未全面形成，还存在种种不利于未成年人健康成长的社会环境和消极因素；学校教育中重智育轻德育、重课堂教学轻社会实践的现象依然存在。"针对德育建设中轻视社会实践的问题，强调要"坚持知与行相统一的原则。既要重视课堂教育，更要注重实践教育、体验教育、养成教育，注重自觉实践、自主参与，引导未成年人在学习道德知识的同时，自觉遵循道德规范"。根据实践育人的基本要求，积极推行，从不同层次未成年人的特点出发，精心设计和组织开展内容丰富多

---

① 化雨：《青年要自觉践行社会主义核心价值观》，《党建文汇月刊》2014 年第 6 期。

彩、形式灵活多样的道德实践活动。道德实践活动注重思想内涵，明确道德要求，注意寓教于乐，使未成年人在自觉参与中思想感情得到熏陶，精神生活得到充实，道德境界得到升华。道德的养成不是一朝一夕之事，也不是一蹴而就，而是要持之以恒、日积月累，贴近未成年人的生活实际，从小做起，从一点一滴做起，做到防微杜渐，"勿以善小而不为，勿以恶小而为之"。

2. 德行自觉

"德行"一词包含德与行两个方面的内容，即道德与行为，《周礼·地官·师氏》说"敏德以为行本"，郑玄注："德行，内外之称，在心为德，施之为行。"《说文解字》释"德"为"外得于人，内得于己"。"外得于人"即其"行为"得到别人的肯定和赞许，"内得于己"是指个人内心具备了善的"品性"。"因此，中国古代的'德'字，不仅仅是一个内在意义上的美德的概念，也是一个外在意义的美行的观念，而'德行'的观念正好将德的这两种意义合并表达出来。"①"自觉"则是主体的自我觉醒、觉悟、察觉、意识，"自觉在语义上来说就是察觉、觉悟、意识，也就是主体有所认识而主动去做或者说自己感觉到、自己有所察觉。在哲学层面上讲，自觉即内在自我发现、外在创新的自我解放意识"②。德行自觉就是主体对道德的内心觉悟与认识以及外在行为的德性坚守与责任担当，内化于心，外化于行，体现为知行合一的自觉、自愿、自在、自为。

德行自觉具有深刻的自我反省精神，通过自我反省、反思、检视，不断地完善和提升内心的德行修养，矫正和规范外在的行为表现，从而达到美德美行的境界。这种自我反省精神在我国传统儒家文化中亦称作"反己""内省""省察""日三省乎我身"，可以说这种自

---

① 陈来：《古代德行伦理与早期儒家伦理学的特点——兼论孔子与亚里士多德伦理学的异同》，《河北学刊》2002 年第 6 期。

② 谭德礼：《道德自觉自信与公民幸福感的提升》，《道德与文明》2013 年第 3 期。

我反省自我批判的精神，既是道德修养的一种方法，也是德行自觉的重要表现。通过主体的反思，达到对道德规范的认同，也可以说道德认同是在主体对道德规范约束进行反思的基础上，由内心生发出来的对外在道德规范的敬畏和敬仰，从而表现出对道德规范的自觉自为。

主体德行自觉所表现出来的对道德规范的这种在自由、自在、自愿、自为的状态，是崇德修身以至于善的最高境界，这种境界的形成和过程是道德主体幸福感产生的基础。在亚里士多德看来，德福是一致的，幸福是合乎德性的现实活动。"幸福不是神的赠礼，而是通过德性，通过学习和培养得到的，那么，它也是最神圣的东西之一。因为德性的嘉奖和至善的目的，人所共知，乃是神圣的东西，是至福。"①人本主义心理学家马斯洛在描述人所获得的自我实现的高峰体验时，具体描述过了16种强烈的认同体验。这16种体验的共同点是"我"与"对象"的完全同一，"对象"已成为"我"的生命的一部分，"我"在行动时，一反过去那种拘谨、重负、苦不堪言、无自由等状态，从而变得自在、自如、自由，"犹如一条一泻千里直奔大海的河流"。"假如我们的目标是东方人的自我超越、自我消失、摒弃自我意识和自我观照、与世界相融，达到天人合一、物我一体，那么似乎对于大多数人来说，通向这一目标的途径就是获得认同，获得一个坚强的真正的自我，以及经由基本需要的满足而不是实行禁欲主义。"②马斯洛所描述的主体的认同体验及其认同的功能，深刻表达了主体与对象的认同与契合。在道德主体对道德规范的认同与契合中，"我"与"对象"的完全同一，"对象"已成为"我"生命一部分的境界，主体的幸福感自然而然地蕴含其中。

---

① [古希腊]亚里士多德：《亚里士多德全集》（第八卷），苗力田主编，中国人民大学出版社1992年版，第18页。
② [美]马斯洛：《自我实现的人》，许金生、刘锋等译，生活·读书·新知三联书店1987年版，第271页。

三、德治教育的主题选择

（一）仁爱：人性的呼唤

"仁爱"是一种源于人性的博大情怀，是道德伦理的至高美德，也是儒家文化最基本的精神。在社会发展的转型时期，新旧道德以及中西价值观的碰撞，出现价值取向和利益的多元化，道德标准与行为模式的多样化，在不同程度上导致是非模糊、荣辱错位、善恶不明。在市场经济对利益最大化追求的社会氛围中，拜金主义、利己主义、实用主义、功利主义气息弥散于社会的各个领域和生活的各个方面。这种社会现实中的多元价值氛围，不可避免地深深影响着低龄未成年人的心灵，在"唯金钱论"和"利己主义"的社会语境中，低龄未成年人表现出道德冷漠、价值堕落、盲目崇拜、自私自利等人性扭曲与灵魂污染，在未成年犯罪群体中所崇拜的人物主要是能挣大钱的人，排在前三位的能挣大钱的人占 43.6%、有权有势的人占 40.5%、影视明星占 38.8%。[①] 道德的堕落、价值观的扭曲、仁爱之心的丧失，导致未成年犯罪群体的反社会意识。因此，提倡和培育中华传统文化的仁爱之心，从根上做起，对低龄触法未成年人进行心灵净化、人格修复和价值观重塑，则成为基于传统文化"德治"策略的重要路径选择。

"仁爱"是中华传统伦理道德的核心和基础，体现了中华传统文化的基本精神，仁爱也是儒家对人的本性的规定，人之所以为人在于其有仁爱之心，所以孔子说："仁者人也，亲亲为大。"[②] 在《颜渊》第十二中记载，颜渊问"仁"，孔子答之以"克己复礼为仁"[③]，仲弓问

---

① 路琦、董泽史、姚东、胡发清：《2013 年我国未成年犯抽样调查分析报告（下）》，《青少年犯罪问题》2014 年第 4 期。

② 《中庸章句》，（宋）朱熹：《四书章句集注》，中华书局 2011 年版，第 30 页。

③ 《论语·颜渊》，（宋）朱熹：《四书章句集注》，中华书局 2011 年版，第 125 页。

"仁"，答之以"己所不欲，勿施于人。在邦无怨，在家无怨"①。樊迟问"仁"，答之以"爱人"②。在《论语》一书中论到"仁"的有58章，"仁"字在《论语》中共计出现了109次，可见仁爱在孔子思想构成中的重要意义。孔子把"爱人"确立为"仁"的核心内容，把仁爱作为人类社会的一种理想的人格予以弘扬。孟子继承孔子的仁爱学说，把仁与爱紧紧地融合在一起，《孟子·离娄下》说："君子所以异于人者，以其存心也。君子以仁存心，以礼存心。仁者爱人，有礼者敬人。爱人者人恒爱之，敬人者人恒敬之。"③《孟子·告子上》说："恻隐之心，人皆有之；羞恶之心，人皆有之；恭敬之心，人皆有之；是非之心，人皆有之。"④在孟子看来，仁爱之心是人生来就有的本性和善性。以孔孟为代表的儒家仁爱思想包含了三个层次的内容，即爱己、爱人、爱物，也体现了仁爱思想由己及人、由近及远的修身方式和逻辑结构。

1. 爱己：自尊、自重、自爱

儒家的仁爱是一种博大的情怀和高尚的人格美德，这种爱也包括自身，从自我做起，这种爱己包含珍惜自我的身体和生命，更注重的是自我的人格境界和精神生命，是灵与肉的和谐统一。爱己的内在修养，表现在行为上则是自尊、自重、自知、自律，对生命和声誉、精神的珍惜与敬畏。儒家的爱己集中体现于对修身的要求，并且由内及外、由小及大，把修身与治国平天下密切关联在一起，如《大学》所言："古之欲明明德于天下者，先治其国；欲治其国者，先齐其家；欲齐其家者，先修其身；欲修其身者，先正其心；欲正其心者，先诚其意；欲诚其意者，先致其知；致知在格物。物格而后知至，知至而后

---

① 《论语·颜渊》，（宋）朱熹：《四书章句集注》，中华书局2011年版，第126页。
② 《论语·颜渊》，（宋）朱熹：《四书章句集注》，中华书局2011年版，第131页。
③ 《孟子·离娄下》，（宋）朱熹：《四书章句集注》，中华书局2011年版，第278页。
④ 《孟子·离娄下》，（宋）朱熹：《四书章句集注》，中华书局2011年版，第307页。

意诚，意诚而后心正，心正而后身修，身修而后家齐，家齐而后国治，国治而后天下平。"①在这种逻辑递进的表述中明确了修身克己与治国平天下的路径，提升了爱己的精神境界，这里的自爱不是自私，而是爱人、爱国和爱自然万物的基础，不爱己焉能爱人，不尊重珍惜自己的精神生命与人格声誉，又焉能克己奉公爱国如家？只有自尊、自重、自爱，才能不失大节，才能防微杜渐；只有自尊、自重、自爱，才能明大德、守公德、严私德。

2. 爱人：爱亲与爱众

许慎《说文解字·人部》对"仁"的解释是："仁，亲也，从人二。"意思是说"仁"是在人与人之间的关系上表现出来的，所以段玉裁进一步解释说："独则无耦，耦则相亲，故其字从人二。"儒家的爱人，包括"亲亲"和"泛爱众"。如《学而》中所说："弟子入则孝，出则弟，谨而信，泛爱众而亲仁。"这意味着少年人要孝顺父母长辈，尊敬兄长，言行一致，泛爱大众，只有这样才能达到仁的要求。

一是爱自己的亲人，即所谓"亲亲"，主要是体现于家庭之中亲情之爱，表现于孝、悌、敬、养四个方面。首先是孝顺父母，所谓百善孝为先，对父母不仅要养而且要敬，"今之孝者，是谓能养。至于犬马，皆能有养；不敬，何以别乎？"②孔子认为孝悌是仁的根本，"其为人也孝弟，而好犯上者，鲜矣；不好犯上，而好作乱者，未之有也。君子务本，本立而道生。孝弟也者，其为仁之本与"③。二是"泛爱众"，由内而外，由家庭而及天下，由爱己和爱亲扩展到泛爱大众，要用一颗博爱的胸怀和心灵，去关怀爱护天下人，诚如孟子所言："老吾老，以及人之老；幼吾幼，以及人之幼。""谨庠序之教，申之以孝悌之义，颁白者不负戴于道路矣。老者衣帛食肉，黎民不饥不

---

① 《大学章句》，（宋）朱熹：《四书章句集注》，中华书局2011年版，第5页。

② 《论语·为政》，（宋）朱熹：《四书章句集注》，中华书局2011年版，第57页。

③ 《论语·学而》，（宋）朱熹：《四书章句集注》，中华书局2011年版，第50页。

寒。"①"泛爱众"体现为对他人包括素不相识之人的尊重、理解、宽容和关怀，是一种与人为善的情怀，是人格境界的升华。

3. 爱物：热爱自然万物

仁爱精神不仅体现于爱人，还要热爱人类生存的家园——大自然，这是一种大爱。儒家传统道德把仁爱之心扩展到了大自然，万物皆有生命，主张"民胞物与""万物一体"，体现人与自然、人与万物的和谐协调，天人合一，人与天地万物是一体的。《论语·雍也》中孔子强调说："知者乐水，仁者乐山；知者动，仁者静；知者乐，仁者寿。"②在人与自然相互依存的道德关系中，体现了异质同构的和谐统一。人类对自然万物要用之有道、取之有节，《礼记·祭义》记载，曾子说："树木以时伐焉，禽兽以时杀焉。夫子曰：'断一树，杀一兽，不以其时，非孝也。'"③曾子的意思是树木要在适当的时节砍伐，禽兽要在适当的时节猎杀。他引用孔子的话说，砍断一棵树，猎杀一头兽如果不是在适当的时节，这就是不孝。《孟子·梁惠王上》也说："不违农时，谷不可胜食也；数罟不入洿池，鱼鳖不可胜食也；斧斤以时入山林，材木不可胜用也。"④"君子之于禽兽也，见其生，不愿见其死；闻其声，不忍食其肉。是以君子远庖厨也。"⑤孟子的生态道德观以"天人合一"思想为基础，体现了保护自然万物的理性态度。

王阳明遵循"亲亲""仁民"再至"爱物"的伦理秩序，从万物一体的思想出发，阐述了人与自然万物同根同源休戚与共的关系。在对待自然万物的态度上，首先要仁爱自然万物，能够关爱、同情、珍惜、慈悲自然，承担起对自然万物责任与关怀。其次是基于生态地合

---

① 《孟子·梁惠王上》，（宋）朱熹：《四书章句集注》，中华书局 2011 年版，第 195—197 页。

② 《论语·雍也》，（宋）朱熹：《四书章句集注》，中华书局 2011 年版，第 87 页。

③ 《礼记·祭义》，中华书局 2016 年版，第 172 页。

④ 《孟子·梁惠王上》，（宋）朱熹：《四书章句集注》，中华书局 2011 年版，第 189 页。

⑤ 《孟子·梁惠王上》，（宋）朱熹：《四书章句集注》，中华书局 2011 年版，第 194 页。

理取用自然，一方面要从爱心出发取用万物，对万物拥有慈悲心怀和不忍之心；另一方面是取用有序，不可滥取滥用，过度取用，取用自然万物时要有次第厚薄的差别。

在热爱宇宙万物的伦理思想中，包含了"民胞物与""万物一体"的精神，体现了人与自然万物和谐协调、天人合一的美好境界，对于人类特别是成长中的低龄未成年人珍爱关怀宇宙万物、蓝天白云、山川湖泊、花草树木、鸟语花香、生灵动物的博爱胸怀具有永恒的教育意义。

（二）正义：心灵的救赎

低龄未成年人的犯罪表现出低龄化和团伙化的倾向，在未成年人的团伙犯罪中"义气"成为其团伙凝聚的精神纽带，所谓"为兄弟义不容辞""为朋友两肋插刀""有福同享，有难同当"等等。随着网络、影视等传媒的快速发展普及，一些低俗的影视作品的影响，更刺激了未成年人对团伙犯罪的盲目模仿。据《2010 年我国未成年犯抽样调查分析报告》显示，在"导致犯罪直接原因"的调查中，未成年人犯罪中因"朋友义气"而犯罪的占 45%左右。① 狭隘的哥们义气作为低龄未成年人触法的精神支撑，严重扭曲了低龄未成年人的价值取向，是"正义"的迷失，是作为中华传统文化精髓的"义"的沉沦。

作为现代意义上的"正义"概念来源于对西方伦理学著作的翻译。在古代希腊，"正义"一词来自女神狄克的名字。狄克女神是正义的化身，主持对人间是非善恶的评判。拉丁语中的正义一词，则是得名于古罗马正义女神朱斯提提亚。无论是在古希腊语还是拉丁语中，"正义"一词都包含了正直、无私、公平、公道的意思。在中华

---

① 操学诚、路琦、牛凯等：《2010 年我国未成年犯抽样调查分析报告》，《青少年犯罪问题》2011 年第 6 期。

传统文化的道德体系中，"义"是仅次于"仁"的一个重要的道德范畴，现代伦理学意义上的"正义"概念包含于古代"义"的范畴之中。孔子在《论语》中首次提出并多次对"义"进行阐发，如"饭疏食饮水，曲肱而枕之，乐亦在其中矣。不义而富且贵，于我如浮云"①"君子喻于义，小人喻于利"②"夫达也者，质直而好义，察言而观色，虑以下人"③"信近于义，言可复也；恭近于礼远耻辱也；因不失其亲亦可宗也"④。孟子把"义"统括于"四端说"之中："恻隐之心，仁之端也；羞恶之心，义之端也；辞让之心，礼之端也；是非之心，智之端也。"⑤孟子把"义"放在"仁"之后居于第二位。战国时期的稷下学派把"义"列为"国之四维"之一："四维不张，国乃灭亡。""何为四维？一曰礼，二曰义，三曰廉，四曰耻。"⑥墨子主张"万事莫贵于义"，在《墨子》一书中关于"义"的一系列阐发对后来产生了重要而深远的影响。

墨子贵"义"，指出"天下有义则生，无义则死；有义则富，无义则贫；有义则治，无义则乱"⑦。认为"义"贵于手足、生命和社稷江山，万事莫贵于"义"。墨家重视"义"，其"义"的内容大致表现在三个方面的内容：

一是以公义、正义为首。《天志下》说："义者，正也。何以知义之为正也？天下有义则治，无义则乱，我以此知义之为正也。"⑧《墨子·尚贤上》："故官无常贵，而民无终贱。有能则举之，无能则下

---

① 《论语·述而》，（宋）朱熹：《四书章句集注》，中华书局2011年版，第93—94页。

② 《论语·里仁》，（宋）朱熹：《四书章句集注》，中华书局2011年版，第72页。

③ 《论语·颜渊》，（宋）朱熹：《四书章句集注》，中华书局2011年版，第131页。

④ 《论语·学而》，（宋）朱熹：《四书章句集注》，中华书局2011年版，第53页。

⑤ 《孟子·公孙丑章句上》，（宋）朱熹：《四书章句集注》，中华书局2011年版，第221页。

⑥ 李山译注：《管子·牧民》，中华书局2016年版，第5页。

⑦ 李小龙译注：《墨子》，中华书局2016年版，第110页。

⑧ 谭家健、孙中原：《墨子今注今译》，商务印书馆2009年版，第161页。

之。举公义，辟私怨，此若言之谓也。"①

二是以"利他""兼爱"为要。"利他"就是帮助那些需要帮助的人，扶危济困，亦即通常我们所说的见义勇为，《墨子·贵义》记载："子墨子曰：'世俗之君子，视义士不若负粟者。今有人于此，负粟息于路侧，欲起而不能，君子见之，无长少贵贱，必起之，何故也？曰：义也。"②看到路边有负粟而不能起的人，不论长少贵贱，都要帮扶他站起来，这就是"义"。《墨子·尚贤下》说："有力者疾以助人，有财者勉以分人，有道者劝以教人。"《墨子·鲁问》也说"有力以劳人，有财以分人"③，表达的都是以义利他、助人的观点。在他看来亏人自利就是不"义"，小至窃人桃李、攘人犬豕鸡豚马牛，大到杀人越货、攻人之国等都是亏人自利的不"义"之举。

三是以人人平等为基。儒家也主张"仁者爱人"，但是儒家的爱是有等级差别的，而墨子所表达的"兼爱"是消除了等级差别的皆相爱，在他对于"兼爱"描述中表达了平等、公平的根本思想。

先秦诸子对"义"的倡导与阐释，确立了"义"作为传统伦理道德的地位，明确了"义"作为伦理道德范畴的价值取向，特别是《荀子》中对于"义"的公义、正义、利他、兼爱、平等、尚同的内涵阐释，对具有正能量的伦理道德核心概念"正义"的确定具有重要的影响。这种影响其至辐射至海外，张自牧认为《墨子》是西学鼻祖，王闿运称《墨子》是西方宗教的源头，黄遵宪则指出西方的人权源于墨子的尚同，西方的平等博爱源于墨子的兼爱。④墨子之"义"在中国的伦理文化遇到的体系中也是源远流长，尽管在先秦的诸子百家中墨家没有成为显学，但是墨家思想及其所倡导的"义"却在民间有着广泛的

---

① 李小龙译注：《墨子》，中华书局 2016 年版，第 57 页。

② 李小龙译注：《墨子》，中华书局 2016 年版，第 229 页。

③ 李小龙译注：《墨子》，中华书局 2016 年版，第 263 页。

④ 李小龙译注：《墨子》，中华书局 2016 年版，第 1 页。

影响，在下层民众中有着深厚的基础，"墨家之义与侠义的合流就很能说明这个问题"①。一直到晚清时期墨义与侠义的融合还在维新变革中余响犹在，以谭嗣同、梁启超乃至秋瑾都以墨侠自诩。由于近代社会的动荡不安，墨子之义与侠义的末流在民间趋向于江湖义气，墨子所倡导的公义、正义、利他、兼爱、平等、尚同等"义"之内涵失落，"义"沉沦为狭隘的江湖义气、哥们义气，成为帮会或团伙的精神支撑与感情纽带，由"义"之"利他""兼爱"的见义勇为堕落为"利己""损人"的不义之举。这种"哥们义气"严重扭曲了低龄未成年人伦理道德和价值取向，一些渗透帮会文化的低俗影视作品也在刺激低龄未成年人的盲目模仿，最后害人害己，为"哥们义气"走上了犯罪的道路。

鉴于以上的分析，面对低龄未成年人在"哥们义气"裹挟下的严重不良行为和触法违法行为，我们应该追本溯源，回望"正义"，用传统文化中富有正能量的"正义"来汰涤低龄未成年人受"哥们义气"污染的心灵，以达到教育矫正的目的。

（三）克己：理性的克制

通常人们比喻说"冲动是魔鬼"，认为"有一分冲动就多一分懊悔""凭一时的冲动做事无异是暴虎冯河"，说明冲动的行为所带来的严重后果。冲动是指人失去了理智的自我控制和约束，所产生的无目的、无计划和不考虑其负面后果的个体行为。冲动行为和暴怒情绪，通常是由一些不符合本人愿望和意向的小事、琐事所引起的，尽管这些小事和琐事不是故意或直接针对冲动行为方，但冲动行为方却无法忍受而爆发非常强烈难以控制的愤怒情绪并伴有冲动的过激行为，轻者是谩骂、争吵、口角，重者毁坏物品、殴打伤人，完全失去了理性和自我控制。前不久发生的因"撞衫"以及"看着不顺眼"引发的

---

① 罗积勇：《墨家之"义"与"侠义"和"正义"》，《武汉大学学报（人文科学版）》2014年第1期。

校园暴力伤人事件即属此类。通常人们又把欲望比喻为"陷阱"，认为"欲望是人遭受磨难的根源""嗜欲者，逐祸之马也"。在低龄未成年人触法中，诸如贩毒、抢劫、盗窃、强奸等犯罪行为，都与低龄未成年人的不当欲望有密切关系，由贪欲、贪财、贪色、贪食等欲壑难填而产生的。随着市场经济的发展人们对经济利益最大化的追求，形成了贫富差距，在这种社会环境中低龄未成年人心理失衡，欲望畸形膨胀，在欲望的不当追求中失去了理性的节制，出现触法违规行为。据2013年我国未成年犯抽样调查显示，畸变的欲望需求是导致低龄未成年人冲动犯罪的内驱动力，以畸变的物质性欲望需求为例，出于"谋财"需求实施犯罪的未成年犯占40.6%，出于"性满足"的畸变欲望需求实施犯罪的未成年犯占6.2%。① 低龄未成年人缺少理性思考和自我克制、约束，产生严重不良后果的情况令人触目惊心，传统儒家文化中的克己修养与行为模式可以为我们提供有益的借鉴。

"克己复礼"作为儒家重要的伦理思想在《左传·昭公十二年》中有这样的记载："仲尼曰：'古也有志，克己复礼，仁也。'信善哉。"② 这说明在孔子之前，人们已经意识"克己复礼"的行为符合"仁"的规则与精神。朱熹将"克己复礼"分作"克己"与"复礼"两截来讲："'克己复礼'，不可将'理'字来训'礼'字。克去己私，固即能复天理。不成克己后，便都没事。惟是克去己私了，到这里恰好是精细的工夫，故必又复礼，方是仁。圣人却不只说克己为仁，须说'克己复礼为仁'。见得礼，便事事有个自然底规矩准则。"③ 在这里"克己"就是克服私欲，"复礼"就是遵守和践行"礼"。关于"礼"的含义学

---

① 路琦、董泽史、姚东、胡发清：《2013年我国未成年犯抽样调查分析报告（下）》，《青少年犯罪问题》2014年第4期。

② 《十三经注疏》，中华书局1980年版，第2064页。

③ （宋）朱熹：《朱子语类》卷41，《朱子全书》（第15册），上海古籍出版社2002年版，第1451页。

术界主要有"周礼""礼制""孔子心目中的礼"和"一般意义上的礼仪规范"四种说法，这也说明"礼"在孔子的运用中涵盖的范围很广，在不同的语境中所表达的意义也是不同的。在"礼崩乐坏，王纲解纽"的春秋时期，表现出对具有完备的典章制度和蕴涵敬、诚、忠、信等人文精神的周礼的向往，应该是顺理成章的事情。落实到社会生活实践层面，"礼"则表达为人们需要遵守的行为规范，如"非礼勿视，非礼勿听，非礼勿言，非礼勿动"[①]。所以杨伯峻将"克己复礼为仁"解释为："抑制自己，使言语行动都回复到传统的礼允许的范围，就是仁。"[②]"克己"与"复礼"相结合，"克己"即是克服、抑制自己的私欲，对人的欲望进行克制、规约，"复礼"就是以"礼"的标准和规范进行自我磨炼，从而达到以"爱人"为核心、以"敬、诚、忠、信、义"为构成要素的"仁"的德行境界。

在社会生活中，人的欲望和冲动需要克制、约束，要遵守基本的伦理道德和行为规范，要保持心地的清净抑制不当欲念。老子说："五色令人目盲，五音令人耳聋，五味令人口爽，驰骋畋猎令人心发狂，难得之货令人行妨。"[③]意思是花花世界使人目盲、耳聋、口伤、心狂，金玉财物容易使人德行败坏，所以他提倡"见素抱朴，少私寡欲"[④]。孔子在《论语》中多次提出贪欲、色欲、食欲。

一是要去贪欲。《公冶长》："枨也欲，焉得刚?"[⑤]意思是枨有贪欲，所以无刚。《颜渊》中说："苟子之不欲，虽赏之不窃。"[⑥]意思是一个人如果没有贪欲之心，即使赏之使为盗人亦知耻而不为。

---

① （宋）朱熹：《论语·颜渊》，《四书章句集注》，中华书局 2011 年版，第 125 页。
② 杨伯峻：《论语注译》，岳麓书社 2000 年版，第 106 页。
③ 饶尚宽译注：《老子》，中华书局 2016 年版，第 31 页。
④ 饶尚宽译注：《老子》，中华书局 2016 年版，第 49 页。
⑤ 《论语·公冶长》，（宋）朱熹：《四书章句集注》，中华书局 2011 年版，第 77 页。
⑥ 《论语·颜渊》，（宋）朱熹：《四书章句集注》，中华书局 2011 年版，第 130 页。

二是要戒备色欲。对于色欲孔子说："已矣乎！吾未见好德如好色者也。"① 所以他特别提出对色欲的戒备："君子有三戒：少之时，血气未定，戒之在色；及其壮也，血气方刚，戒之在斗；及其老也，血气既衰，戒之在得。"②

三是要节制口腹之欲，《里仁》记载："士志于道，而耻恶衣恶食者，未足与议也。"③孔子认为人心欲求道，但有口服之欲，以口体不如人为耻，这样的人是不足与议道的。面对人的欲望膨胀，孟子主张养心寡欲，他认为："养心莫善于寡欲。其为人也寡欲，虽有不存焉者，寡矣；其为人也多欲，虽有存焉者，寡矣。"④

鉴于以上分析，我们应该意识到"克己复礼"儒家伦理思想的现代价值，借鉴其中所蕴含的积极意义。在现代生活中我们应该尊重低龄未成年人正当的欲望需求，但是又应该予以指导和节制，防止欲望的过度膨胀。古希腊的柏拉图从个人的视角以"灵魂马车"作比喻，认为"御车人"只有和理性的"良马"一起战胜欲望的"劣马"，才能让自己成为不朽的人⑤。畸形膨胀的欲望会把低龄未成年人引向犯罪的深渊，正当的欲望需求则可以激发低龄未成年人发展的动力。增强理性克制意识，约束、克制个人的冲动和欲望，用优秀传统文化精神帮助低龄未成年人养心铸魂。

（四）诚信：生命的承诺

诚信是公民的基本道德准则，也是中华民族的传统美德。诚信的核心内容就是诚实守信，在现代语境中的解释是："诚实更多地指在

---

① 《论语·卫灵公》，（宋）朱熹：《四书章句集注》，中华书局 2011 年版，第 154 页。

② 《论语·季氏》，（宋）朱熹：《四书章句集注》，中华书局 2011 年版，第 161 页。

③ 《论语·里仁》，（宋）朱熹：《四书章句集注》，中华书局 2011 年版，第 70 页。

④ 《孟子·尽心下》，（宋）朱熹：《四书章句集注》，中华书局 2011 年版，第 351 页。

⑤ 向培风：《智慧人格：苏格拉底、柏拉图、亚里士多德》，长江文艺出版社 1996 年版，第 219 页。

经济交往中真实无妄地提供相关信息，守信更多地按照自己同意的契约承担责任。"① 通常我们所说的"一言既出、驷马难追""一诺千金"，所表达的就是一种言出必行的生命承诺。孔子所说的"言必信，行必果"② 则从言和行两个方面提出了为人诚信的道德标准。

"诚信"作为一个复合词语，是由"诚"和"信"这两个既相对独立运用又在语义上互训互通的两个词构成的。《说文解字》："诚者，信也。从言，成声。""诚"的本意即为诚实、真诚的意思。孔颖达《周易正义》注疏："诚，谓诚实也。"朱熹认为："诚者，真实无妄之谓。"③"诚"的引申意义是真实的意思，与"伪"相对，《礼记·乐记》中有"著诚去伪"的说法，最早把"伪"作为与"诚"相对立的概念。在先秦诸子的著作中，论说"诚"最集中的是《中庸》，有云："唯天下至诚，为能尽其性；能尽其性，则能尽人之性；能尽人之性，则能尽物之性；能尽物之性，则可以参天地之化育；可以参天地之化育，则可以与天地参矣。"④"诚"不仅仅是对"人性"的真实把握与体认，也是对千变万化"物性"的把握与认识，从而达到掌握规律"参天地之化育"的至高境界。"信"字是在晚商至春秋时期出现于金文当中，"原指祭祀时对上天和先祖所说的诚实无欺之语，后演化为道德规范"⑤。《说文解字》中说："信，诚也。从人，从言。"本义为语言真实，不虚伪。《论语》中论说仁得辞数比较多，有 38 次。《论语·阳货》："子张问仁于孔子。孔子曰：'能行五者于天下，为仁矣。'请问之。曰：'恭、宽、信、敏、惠。'"⑥ 在这里孔子把"信"作为"仁"

① 朱贻庭：《伦理学小辞典》，上海辞书出版社 2004 年版，第 253 页。

② 《论语·子路》，（宋）朱熹：《四书章句集注》，中华书局 2011 年版，第 138 页。

③ 《中庸》，（宋）朱熹：《四书章句集注》，中华书局 2011 年版，第 32 页。

④ 《中庸》，（宋）朱熹：《四书章句集注》，中华书局 2011 年版，第 34 页。

⑤ 王枬：《论教师的仁爱之心》，《教育研究》2016 年第 8 期。

⑥ 《论语·阳货》，（宋）朱熹：《四书章句集注》，中华书局 2011 年版，第 165 页。

的要素，与恭、宽、敏、惠并列。孔子在《论语·学而》中还主张要"敬事而信"，即做事要恭敬谨慎、恪守信用，从而给"信"的词语增加了守信、信任、信用的意思。《孟子·告子上》："仁义忠信，乐善不倦，此天爵也。"①把"信"作为人的德性修养之一，是作为一个有道德的人必须孜孜以求的品格。有以上可见，"信"的基本内涵就是说话和做事要诚实不欺、言行一致、信守诺言、表里如一。第一次把"诚""信"连在一起，明确提出诚信概念的是管仲，他在《管子·枢言》中说："先王贵诚信。诚信者，天下之结也。"意思是先王在治理国家时，心存诚信。诚信是治理天下的关键。

对于国家和社会来说，诚信是立国本，是国家和民族繁荣发展的基础。诚信为政，才能政通人和；取信于民，才能国泰民安。对于个人来说，诚信是立身之本、做人之道，人无信不立，因而诚信又被称为是公民道德的"身份证"，诚实守信、遵守承诺是做人的基本原则。随着中国特色的社会主义市场经济的快速发展，在文化与价值多元的背景下，加强对公民特别是低龄未成年人的诚信教育显得尤为重要。2001 年中共中央发布的《公民道德建设实施纲要》，诚实守信作为基本道德规范列为公民行为规则的第一条。2004 年教育部办公厅颁发了《关于进一步加强中小学诚信教育的通知》，并同时发布了《中小学生守则》和《中学生日常行为规范》，诚实守信成为中小学生重要的行为规则，诚信教育成为学校道德教育的重要内容。在教育部《关于进一步加强中小学诚信教育的通知》中，突出强调要"突出抓好诚实教育和守信教育"。

1. 诚实为本。诚实主要指主体真诚内在的道德品质，是一种内在的修养。在修身、齐家、治国、平天下的行为中，正心、诚意是根本，所以朱熹《孟子序说》指出："《大学》之修身、齐家、治国、平

---

① 《孟子·告子上》，（宋）朱熹：《四书章句集注》，中华书局 2011 年版，第 314 页。

天下，其本只是正心、诚意而已。"①作为个人内在的道德修养，如何才能达到"诚意"呢？孔子指出了反省的路径，即通过反思、反省、检讨、检视个体的言行，不断进行修复矫正，才能达到"诚"的修为境界。《论语·里仁》记载孔子说："见贤思齐焉，见不贤而内自省也。"②《公冶长》记载："子曰：'已矣乎。吾未见能见其过而内自讼也。'"③"内自讼"即"口不言而心自咎也"，也就是内心反省检讨之义。《论语·学而》记载曾子说："吾日三省吾身：为人谋而不忠乎？与朋友交而不信乎？"曾子作为孔子的学生，每天多次反省自己，有没有不忠不信的言行。《孟子·尽心上》记载孟子说："万物皆备于我。反身而诚，乐莫大焉。"④亦是通过守身反思而达到诚的境界。儒家所提供的这种通过"反求诸己"的自我内心反省检视的修养路径，为纠正错误、弥补不足、孕育心灵诚意提供了有益的启示。

2. 守信为用。守信就是讲"承诺"，言行一致，信守诺言，是在诚实基础上的行为表现。守信的行为发生在参与社会和经济活动的双方之间，是以一种约定的方式出现的，这种约定具有一定的契约精神。"契约必须严守"是源于罗马法的一项最基本的规约，契约精神包含了自由、平等、信守、救济四个方面，而契约信守是契约精神的核心内容，缔约双方基于守信的原则，在订约时不隐瞒真实情况，不欺诈蒙骗，在履行契约时完全按约定履行。契约严守也是中国伦理文化所提倡的一种精神，孔子说："人而无信，不知其可也。大车无輗，小车无杌，其何以行之哉？"⑤古代牛拉的车称大车，马拉的车称小车，"輗"都是用在辕端的横木，用以缚辕驾牛，"杌"是辕端上曲，

---

① 《孟子序说》，（宋）朱熹：《四书章句集注》，中华书局2011年版，第186页。

② 《论语·里仁》，（宋）朱熹：《四书章句集注》，中华书局2011年版，第72页。

③ 《论语·公冶长》，（宋）朱熹：《四书章句集注》，中华书局2011年版，第81页。

④ 《孟子·尽心上》，（宋）朱熹：《四书章句集注》，中华书局2011年版，第328页。

⑤ 《论语·为政》，（宋）朱熹：《四书章句集注》，中华书局2011年版，第60页。

钩衡以驾马，孔子用大车无"輗"和小车无"軏"就不可前行作比喻，说明人无信就无法在世间立身行事。在中华文化发展的历史长河中，产生了许多重诺守信的佳话，如"尾生抱柱""商鞅立木""魏文侯重诺"等。在加强低龄未成年人的守信教育方面，汲取中华传统伦理与法律文化中的重诺守信精神，借鉴外来文化的契约精神，立足现实，培养学生守时、守信、有责任心；承诺的事情一定要做到，言必信、行必果；遇到失误，勇于承担应有的责任，知错就改。

第六章　基于法治教育的法治策略及其路径探析

　　法律是国家制定的基于公民权利与义务的行为规范，它为人们在生活中的行为提供模式、标准、样式和方向。法律对行为的规范是明示性和指引性的，它告诉人们在日常行为中什么是可以做的、是合法的；什么是绝对禁止和不能做的，违法之后要承担什么样的后果和受到什么样的惩罚，法律对日常行为的明示与指引对人们的触法违规具有教育、预防和矫正作用。作为现代社会权利理论代表的美国《独立宣言》："我们认为下述真理是不言而喻的：人人生而平等，造物主赋予他们若干不可让与的权利，其中包括生存权、自由权和追求幸福的权利。"幸福作为源于人性的基本权利追求，是与法律密切地联系在一起的，法律的最终目的是维护社会秩序，保障民众人身安全与利益，为人们的幸福生活提供保障，恰如古罗马《十二铜表法》所述："法律的基本意图是让公民尽可能地幸福，并在彼此关系中最高度地结合在一起。"也就是说，法律的出发点是为了公民的幸福，而幸福是与法律密切结合在一起的。

一、法制教育向法治教育的转型

　　自 1986 年实施《关于向全体公民基本普及法律常识的五年规划》以来，法治宣传教育在全社会深入开展，依法治理和法治创建活动深入推进，宪法和法律得到较为广泛的普及，全体公民法律意识明显增强，社会法治化管理水平逐步提高。但就学校的法制教育来说却不容乐观，成效甚微，存在的问题依然较多。

（一）法制与法治

"法制"与"法治"无论是在口语还是在书面语的话语系统中，都是经常被混用的两个概念，实际上"法制"与"法治"是在内涵上有明显差异的。

"法制"的概念从字面意义来解释就是法令和制度的意思。"法制"的概念在汉语中由来已久，《国语·周语》中记载："今陈国道路不可知，田在草间，功成而不收，民罢于逸乐，是弃先王之法制也。"《吕氏春秋·孟秋纪》中说："是月也，命有司修法制，缮囹圄，具桎梏，禁止奸。"《商君书·君臣》中说："民众而奸邪生，故立法制，为度量，以禁止。""法制"之"法"作为法学术语，凡是政策、法律、法令、条例、规程、决定、命令、判例等均属"法"的范畴。"制"作为名词，按照《辞海》的解释，其词典学的意义有制度、规定、法式、式样、帝王的命令（如制诰、制书）、古时依礼守丧、古长度名等含义。因此，作为静态意义的概念，"法制"就是法律和制度的总和，是国家治国理政活动的法律化和制度化。邓小平在十一届三中全会的报告中说："为了保障人民民主，必须加强法制。必须使民主制度化、法律化，使这种制度和法律不因领导人的改变而改变，不因领导人的看法和注意力的改变而改变。"[1]

"法治"的概念不同于"法制"，从字面意义来解释就是依据法律进行治理的意思，相对于"人治"而言。《晏子春秋·谏上》记载："昔者先君桓公之地狭于今，修法治，广政教，以霸诸侯。"作为一个

---

[1] 《解放思想，实事求是，团结一致向前看》，《邓小平文选》第二卷，第146页。

动态概念，"法治"之"治"作为动词具有治理、管理、处理、梳理、整理、修整、疏通、惩处、惩办、惩治、处治、修治、医疗、整顿等意思。"法治"之"治"又作为名词与"乱"相对，表达的是一种治理的状态，如《易·系辞》中说："黄帝尧舜垂衣而天下治。"《荀子·天论》："天行有常，不为尧存，不为桀亡，应之以治则吉，应之以乱则凶。"我们从词源学考察"法治"的概念，包含意思呈现一种逻辑关系，一是所依据现有的法律和制度，二是在此基础上所进行的治国理政活动，三是根据法律和制度治国理政过程所达到的现实状态。通常我们所说的依法治理，完备的法律和制度是"法治"的基础和前提。古希腊思想家亚里士多德首先给法治定义，他在《政治学》一书中说："法治应包含两重意义：已成立的法律获得普遍的遵从，而大家所服从的法律又应该本身是制定得良好的法律。"亚里士多德的法治定义又被称为"良法之治"，他的所谓"良法"体现了节制、适度和理智的美德。

　　基于以上我们对"法制"与"法治"概念的剖析，"法制教育"与"法治教育"所包含的内容也呈现出不同的要求。法制教育是以教授公民法律内容、法律程序、法律制度等方面的知识为主要内容的教育活动，这种教育活动的目的是通过对法律知识的掌握，使人们在执法、懂法的前提下做守法公民。而法治教育则"通过对公民进行有目的、有计划、有组织地'以法治国'方略的宣传和教育，培养和发展公民法治意识及用法治意识指导自己行为的一种活动"[①]。法治教育既包含了法制教育的有关法律内容、法律程序、法律制度的知识教育，更重视包括法律理念、法律精神、法律信仰、公民意识、规则意识、契约精神等法律意识的培养。

---

① 　王双群、于仰涛：《法制教育与德治教育的内涵及意义》，《理论月刊》2006 年第 7 期。

（二）嬗变与转型

从"法制教育"到"法治教育"的转型经过了三十多年的发展嬗变，是伴随着我们国家以经济建设为中心的改革开放和以法治国战略的有序展开而不断走向深入的。

1978 年十一届三中全会，邓小平在《解放思想，实事求是，团结一致向前看》中明确提出要加强法治，"使民主制度化、法律化"，为我国的法制建设和法制教育奠定了坚实的基础。1985 年第六届全国人民代表大会常务委员会第十三次会议通过了《全国人民代表大会常务委员会关于在全民中基本普及法律常识的决议》，提出了"法制教育"，而后又发布了《关于向全体公民基本普及法律常识的五年规划》。在"一五"规划中规定了普及法律常识的基本内容，是我国的宪法、刑法、刑事诉讼法、民事诉讼法（试行）、婚姻法、继承法、经济合同法、兵役法、治安管理处罚条例以及其他与广大公民有密切关系的法律常识。强调普及法律常识教育的重点，是各级领导干部和青少年，对中学生的要求是"普及宪法和刑法等有关法律知识"。这是继党的十届三中全会拨乱反正，确定以经济建设为中心的发展战略后所实施的全民法制启蒙教育活动，开启我国法制教育的新时代。1995 年国家教委、司法部等联合印发《加强学校法制教育的意见》，对学校的法制教育作出了详细明确的规定。到 1996 年发布的《关于在公民中开展法制宣传教育的第三个五年规划（1996—2000年）》明确提出"大、中、小学校要把法制教育列为学生的必修课，做到教学有大纲，学习有教材，任课有教师，课时有保证。基层组织要抓好社会青少年的法律常识教育"。2001 年发布"四五"规划强调："各级、各类学校要开设法制教育课，并且做到计划、课时、教材、师资'四落实'，保证普及基本法律常识的任务在九年义务教育期间完成。"2002 年，教育部、司法部联合下发《关于加强青少年学生法制教育工作的若干意见》，强调要"完善在校学生知识结构，使法律知识成为各级各类学校的必修课内容，努力形成从小学到大学的渐进、科学、合理的法制教育体系"。要求"逐步将法制教育纳入教学大纲，纳入教学计划"。2004年中共中央、国务院《关于进一步加强和改进未成年人思想道德建设的若干意见》，提出"要把思想品德教育与法制教育紧密结合起来，使二者有机统一，相辅相成"。2006年发布的"五五"规划，提出对青少年的法制教育"要发挥第一课堂的主渠道作用，坚持品德教育与法制教育并重，将法制教育列入课程，落实法制教育教材、课时和师资；积极开辟第二课堂，推进学法用法实践活动；开展法制教育师资培训，推动法制副校长、法制辅导员工作规范化；组织和引导学校开展依法治理活动"。在"五五"规划中一方面强调"适应整个社会和广大人民群众对法律知识的现实需求"的普法教育，另一方面又提出"提高全民法律意识和法律素质"。2007年出台了《中小学法制教育指导纲要》，围绕落实《若干意见》，提出了中小学法制教育的总目标是："结合中小学的生活实际和成长特点，致力于帮助他们不断提高法律素养，牢固确立社会主义荣辱观，逐步成为有理想、有道德、有文化、有纪律的社会主义建设者和接班人。"2011年的"六五"规划，强调把干部和青少年作为重中之重，提出"根据青少年的特点和接受能力，结合公民意识教育，有针对性地开展法制宣传教育，引导青少年树立社会主义法治理念和法治意识，养成遵纪守法的行为习惯，培养社会主义合格公民"。提出中小学校法制教育课时、教材、师资、经费的"四落实"，特别强调了要"加强青少年权益保护、预防和减少青少年违法犯罪等有关法律法规宣传教育，加强对有不良行为青少年、社会闲散青少年等特殊青少年群体的法制宣传教育"。

党的十八大以来，以习近平同志为核心的党中央对依法治国做出了重要部署，对法制宣传教育也提出了更高要求，明确了法制宣传教育的基本定位和重要举措。为深入贯彻落实党的十八大精神，全面实施《国家中长期教育改革和发展规划纲要（2010—2020年)》和国家教育普法规划，整体提升青少年学生法律素质，针对青少年学生法制教育仍然存在定位不够明确、思想认识不够到位、教育内容不够系统、保障条件不够有力等问题。2013年6月，教育部、司法部、中央综治办、共青团中央、全国普法办修订印发了《关于进一步加强青少年学生法制教育的若干意见》，提出"青少年学生法制教育要以弘扬社会主义法治精神，树立社会主义法治理念，培养知法尊法守法用法的合格公民为根本目标；要自觉遵循青少年学生成长规律和法制教育规律，坚持规则教育、习惯养成与法治实践相结合，坚持课堂教学主渠道，积极开拓第二课堂，深入开展法律进学校活动，统筹发挥学校、家庭、社会各方作用"。提出了新时期青少年学生法制教育的总体要求，把"培养知法尊法守法用法的合格公民作为法制教育的根本目标"，进一步明确了新时期青少年学生的法制教育的方向。2014年10月，十八届四中全会《决定》提出，"法律的权威源自人民的内心拥护和真诚信仰"。要"把法治教育纳入国民教育体系，从青少年抓起，在中小学设立法治知识课程"。"强化规则意识，倡导契约精神，弘扬公序良俗"。2016年由中共中央国务院转发《中央宣传部、司法部关于在公民中开展法治宣传教育的第七个五年规划》，明确提出了法治教育的相关内容及目标要求。同年，教育部办公厅发布《关于2016年中小学教学用书有关事项的通知》，要求从2016年开始，义务教育阶段小学的"品德与生活"和初中起始年级的"思想品德"教材名称将统一更改为"道德与法治"。这是新中国教育史上，第一次把"法治"二字列入义务教育的政治课程名称中。

"法治教育"的概念取代了沿用多年的"法制教育"，开启了法治教育的新时代。法治教育包含法律制度教育，又不止于法制教育，"法治教育除了要进行法律制度、法律知识的传授之外，还期待通过一系列的有目的、有计划、有组织并丰富多彩的教育形式、教育手段，以使青少年不但知法、懂法、守法，而且着重培养青少年的法治精神、法治观念、法治理念，并最终建立法律信仰"①。

（三）法治教育的当下语境

自 1986 年实施《关于向全体公民基本普及法律常识的五年规划》以来，法制宣传教育在全社会深入开展，依法治理和法治创建活动深入推进，宪法和法律得到较为广泛的普及，全体公民宪法和法律意识明显增强，全社会法治化管理水平逐步提高，法制宣传教育在落实依法治国基本方略、服务经济社会发展、维护社会和谐稳定方面发挥了重要作用。但就学校的法制教育来说却不容乐观，成效甚微，存在的问题依然较多。

从社会现实层面看，学校法制教育的开展形同虚设，效果甚微，未成年人不知法、不懂法依然较为普遍。据《新京报》调查在青少年中仅有 15.7% 的受访者完整读过《中华人民共和国宪法》。② 据杨春芳汪莉对天津市五区 200 名中学生的法制教育调查显示，仅有 6% 的同学选择对关于青少年暴力犯罪的法律知识非常了解，有 26% 的学生对于相关法律知识并不了解，其中完全不了解的占到 5%。③ 在一项违法犯罪未成年人治理机制研究中，共调查了 2834 名未成年犯管教所服刑人员、410 名未成年社区矫正人员、751 名专门学校学生和 2385 名普通中学学生，发现不少学生缺乏起码的法治意识和法律知

---

① 孙东喆：《青少年"法制教育"向"法治教育"的理念转型及其体系建构》，《青少年犯罪问题》2016 年第 6 期。

② 佘宗明：《调查显示：仅有 15.7% 受访者完整读过〈宪法〉》，《新京报》2014 年 12 月 4 日第 A04 版。

③ 杨春芳、汪莉：《中学生法制教育现状的反思——基于天津市 200 名中学生的调查》，《教学与管理》2013 年第 6 期。

识，未成年犯在回答自己犯罪原因时，选择"不懂法律"的占65%，58.1%的未成年犯"不知道是犯罪，也不知道会受到处罚"，64.7%的未成年犯"不知道自己的行为触犯了法律"[①]。中国政法大学在2013年开展了一次青少年法治素养的普查，做了大约5000份的问卷，发现少年儿童随着年龄的增长，对于法律的认知一直处在摇摆状态，12—13岁这个年龄段的孩子对于刑事责任的认知程度最低，因此被称为"危险的12岁和13岁"[②]。

1995年教育部发布的《关于加强学校法制教育的意见》中，在总结以往法制教育经验的基础上，分析了法治教育的问题，指出："由于种种原因，目前学校法制教育还不能完全适应形势发展的需要，与建设社会主义民主与法制目标的要求还有一定的差距，青少年学生依法保护自己正当权益的能力比较弱，法律意识、法制观念比较淡薄。近年来青少年违法犯罪现象呈上升趋势，应当引起高度重视。各级各类学校，要认真总结前一段法制教育的工作，进一步探索新时期学校法制教育的新思路，推动学校法制教育工作上一个新台阶。"2013年教育部、司法部、中央综治办、共青团中央、全国普法办发布的《关于进一步加强青少年学生法制教育的若干意见》中，对教育效果不好的原因进行了分析，指出："从总体上看，青少年学生法制教育仍然存在定位不够明确、思想认识不够到位、教育内容不够系统、保障条件不够有力等问题，直接影响了青少年学生法制教育的效果。"2016年6月教育部、司法部、全国普法办发布的《青少年法治教育大纲》也指出："青少年法治教育仍存在着对其重要地位和作用认识不深刻、定位不够准确；法治教育缺乏整体规划，方式方法有待创新；学校法治教育的评价体系不健全，教育针对性和实效性不强；学校、社会、

---

① 海男：《从法制到法治——让法治教育扎根中小学课堂》，《光明日报》2015年4月16日第9版。

② 王保纯：《法治教育：我们缺少什么》，《光明日报》2014年11月25日第15版。

家庭多元参与的青少年法治教育网络还没有形成；师资、教育资源的保障机制尚不健全等问题。"经历了几十年的法制教育过程，实现了从法制教育到法治教育的转型，已经意识到的问题，历经多年却没有得到根本性解决，一方面是学校法制教育的持续开展，另一方面是我国未成年人违法犯罪逐年上升且居高不下的事实，而且未成年人犯罪呈现出年龄结构的重心下移、犯罪手段的暴力性加剧、犯罪类型不断增多的趋势，直面这种不容回避也无法回避的现实，使人们对面向未成年人的法制教育的实效性投以更多的质疑甚至怀疑。

二、基于法治教育的法治策略

低龄未成年人正处于生理与心理成长的多变期，也是处于具有叛逆倾向的生命意识、需求意识、规则意识、独立意识的形成时期，在这一时期加强知法、懂法、尊法、崇法的教育具有奠基性的重要意义，特别是对于那些低龄触法未成年人，有效的法治教育具有十分重要的预防矫正作用。在第三章问卷一般人口学调查中发现触法组82%的受访对象认为自己的行为没有违法。

（一）提高认识与推进改革，突破学校法治教育瓶颈

学校是青少年法制教育的主阵地，在中小学开设法制教育课程，对青少年进行法制教育，是促进青少年健康发展和培养合格公民的需要。从全国范围内法制教育的实施迄今已有三十多年了，为什么学校的法制教育成效甚微？为什么学校的法制教育在认识、定位、规划、方法、评价和资源等方面仍然问题多多？对于学校在法制教育中存在的问题，在国家层面的《规划》和《意见》中多次予以强调，却难有根本性改观，原因何在？当然，造成学校法制教育效果不理想、令人

不满的原因是多方面的，但当我们寻求和探讨解决问题突破瓶颈的关键时，首当其冲的是考试改革，其次是推进课程改革、教育方式方法改革。

1.改革考试内容，将法治知识纳入升学考试

国家大力推行素质教育改革，提出加快改革招生考试，《中共中央、国务院关于深化教育改革全面推行素质教育的决定》规定，"地方各级人民政府不得下达升学指标，不得以升学率作为评价学校工作的标准"。但是"升学率"依然是家长选择学校的唯一诉求，是社会公众评价学校的唯一标准，是学校赢得社会美誉度和良好评价的重要因素。在当下和可以预想的未来情景中，获得优质教育资源的诉求仍然是家长和学生的唯一价值选择，升学率作为重要的选择依据是难以从根本上改变的。

多年来，学校的法制教育课被严重边缘化，学校不重视，教师不重视，学生不重视，法制教育课可有可无，法制教育课严重缩水，课时被挤压，甚至有的学校把法制教育课列入课表，仅仅是为了应付上级的检查。据《2013 年我国未成年犯抽样调查分析报告》显示，我国学校教育中，没有开设法制教育课程的占 62.1%，开设了但没有坚持的占 26.7%，长期开设的只占 9.6%。[①] 由此可见问题的严重性，法制教育的缺失是许多未成年人犯罪的重要原因。法制教育的边缘化，导致学校没有在核定的编制内，按要求配备专任教师，任课教师非专业化，应付凑数。学校开展第二课堂活动和法治实践活动等，也大多是形式大于内容，缺少系统性和持续性。所有这些问题的产生都与升学考试密切相关，因为在中考、高中学业水平考试以及高考中，都没有法律知识的内容要求。因此，改革考试

---

① 路琦、董泽史、姚东、胡发清：《2013 年我国未成年犯抽样调查分析报告》（下），《青少年犯罪问题》2014 年第 4 期。

内容，将法律知识尽快纳入升学考试内容，是解决问题的关键和突破口。

2.进行课程改革，独立设置法治教育课

当前，在我国大中小学各个不同的学段都有法治教育的内容要求，在学校的课程设置中，法治教育不是作为一门独立的课程，而是作为思想品德课的一部分，被纳入思想品德课程体系。在教育部颁布的《初中思想品德课程标》中，思想品德课程融合道德、心理健康、法律、国情等相关内容，由"成长中的我""我与他人和集体""我与国家和社会"三个部分构成。第一部分"成长中的我"分认识自我、自尊自强、心中有法，第二部分"我与他人和集体"分交往与沟通、在集体中成长、权利与义务，第三部分"我与国家和社会"分积极适应社会的发展、认识国情爱我中华、法律与秩序。在三大部分九个板块的思想品德课程中，只有心中有法、权利与义务、法律与秩序属于法治教育，占思想品德课程内容的三分之一。由山东省教学教研室编著、山东人民出版社出版的《思想品德》课程教材总共七册，每册三个单元共21个学习单元，分四个年级开设。在21个内容单元中，只有7年级上册第二单元的"学会依法保护自己"、8年级下册第五单元"生活在依法治国的国家"、第6单元"在社会生活中承担责任"三个单元是法治教育的内容。《全日制普通高中思想政治新课程标准》中明确课程设计主要包括必修课程和选修课程两大部分。在教育部普通高中思想政治课课程标准实验教材编写组编著《思想政治》必修课教材，共4册，分别为《经济生活》《政治生活》《文化生活》《生活与哲学》，只是在第1册《经济生活》和第2册《政治生活》融合法治教育的内容，但不涉及专门的法治教育。《全日制普通高中思想政治新课程标准》的6个选修模块中，只有"生活中的法律知识"一个部分。由此可见在初中的思想品德课和高中的思想政治课中，法治教育只是思想品德和思想政治教育课的附属，所占的内容与课时比例都比较小。就目前现行的中学生教材来看，其缺陷和不足是显而易见的，一是法律知识的碎片化，缺少系统性和针对性；二是法律观念的隐匿化，看山是山，看水是水，见物不见人，法律条文消解了法律观念；三是法律案例的陌生化，没有贴近中小学生的生活实际，加之法治教师大多是非专业出身，在教学过程中也没有能力根据教学内容和课堂情境进行生成性案例分析，只能是照本宣科。

道德教育与法治教育属于不同的社会价值教育范畴，其功能与作用各不相同，两者之间的关系也不是从属关系。学校开展的法治教育是面向未成年人或未来的社会公民进行的法律知识、法律规范、法治观念的教育，使作为国家与民族未来的广大未成年人从小树立法治观念，养成自觉守法、遇事找法、解决问题靠法的思维习惯和行为方式，是全面依法治国、加快建设社会主义法治国家的基础工程。从这一意义上来看，法制教育作为素质教育的重内容与道德教育有着同样的重要性。因此我们应该把法治教育纳入国民教育体系，而不是作为道德教育体系的附属性构成内容，制定专门的法治教育大纲，编写独立的法治教育教材，在中小学设置独立法治课程，配备专门的法治课教师，保障法治教育课内与课外、必修与选修的时间要求。这是有效开展学校法治教育改革的基础性前提。

3. 内容与方法改革，增强教育针对性和实效性

在以往的法制教育中，不可否认地存在着机械化、知识化、碎片化的知识传授倾向，忽略了围绕未成年人的身心发育特点的针对性，缺失了法治课程知行合一的独特性要求。教师在教学中更多的是教条灌输，见物不见人，学生面对枯燥的法律条文、法律制度、法律程序自然便失去了兴趣，加上多数法治教师的非专业化，只能是照本宣科，从而使法治课程成为多余的存在。据《2013 年我国未成年犯抽样调查分析报告》中对于学校法制课程情况的调查显示，未成年犯认为"很好，愿意听"的只占 30.9%，认为"不好而不愿听"的

26.7%，认为学校法制课程只是"走形式"的占 32.3%。[①]

　　要增强法治教育的实效性和吸引力，首先要更新教育内容，要从未成年人身心发展成长规律出发，贴近未成年人生活实际，密切结合未成年人的成长经历，科学安排教学内容，合理确定教学重点和难点，从内容出发，采取灵活的教育教学方法，坚持知行统一原则，在教育过程中注重落细落小落实，增强教育的针对性；其次要改革教育教学方法，要更多采取实践式、体验式、参与式等教学方式，与法治事件、现实案例、常见法律问题紧密结合，注重内容的鲜活，加强教学过程中学生的参与、互动、思辨，提高学生的兴趣，增强教育的时效性；创新教育形式，采取课上与课下相结合、校内与校外相结合、学校与家庭相结合、知识学习与实践经历相结合等途径，切实提高法治教育的质量和实效。

（二）法律知识与生活实践相结合，养成法律意识

　　法律知识是法治教育的基础和前提，对未成年人进行有关现行的法律制度及其知识的教育，使未成年人了解、掌握个人成长和参与社会生活必需的法律常识和制度，明晰行为规则，使其成为知法、懂法、守法之人。尽管法律知识的传授并不是法治教育的重点，但因为未成年人处在一个快速成长的特殊阶段，知识储备不够充足，心智发育也不成熟，因此在未成年人的法治教育中法律知识的传授是必不可少的，这也是面向未成年人进行循序渐进法治教育的第一步，是强化未成年人公民意识，培养未成年人法治精神、法治观念、法治理念，并最终建立法律信仰的基础性前提。

　　根据教育部、司法部、全国普法办 2016 年 6 月发布的《青少年

---

① 路琦、董泽史、姚东、胡发清：《2013 年我国未成年犯抽样调查分析报告》（下），《青少年犯罪问题》2014 年第 4 期。

法治教育大纲》要求，关于法律知识的掌握，在小学阶段，主要是普及宪法常识，高中阶段重点是使学生较为全面地了解中国特色社会主义法律体系的基本框架、基本制度以及法律常识。"初中阶段，使学生初步了解个人成长和参与社会生活必备的基本法律常识。"需要熟悉和了解具体的法律知识内容，包括：围绕国家根本大法《宪法》，了解国家基本制度，强化国家认同。初步了解政府依法行政的基本原则，了解重要国家机构的职权；围绕民事法律活动，了解合同和违约责任、物权的概念、有关民事侵权行为的法律规范和基本原则、认识与学生生活实践相关的民事侵权行为（校园伤害事故等）、了解劳动权利和保障原则以及教育、社会保险等相关方面的法律规定；围绕政府运行的法治原则，了解治安、道路交通、消防、环境保护、国家安全、公共卫生、教育、税收等公共事务的法律原则；围绕社会生活中常见的违法行为，了解犯罪行为的特征和刑罚种类，初步认知罪刑法定、无罪推定等原则，正当防卫、紧急避险等概念；围绕我国司法制度的基本原则，初步理解程序正义在实现法治中的作用。

对法律知识的学习和了解，是法治教育的基础，但法治教育的重点是培育青少年的法治理念、法治思维，养成自觉守法用法的意识。我国现行法律三百多部，法律条文浩如烟海，对未成年人的法治教育要注重针对性和实效性。在教育过程中，要坚持落细落小落实，使枯燥的法律条文融入鲜活的现实生活，在教育教学过程中更多地采用实践式、体验式、参与式等教学方式，与法治事件、现实案例、常见法律问题紧密结合，以提高教育的质量和效益。要实现由法律知识向意识的转变，必须贴近生活，贴近未成年人的实际，通过实践、体验、参与，使未成年人产生兴趣，感到切实有用，从而内化于心，外化于行，使外在的法律知识条文规则成为内在遵法守法意识。

（三）权利与义务相统一，强化公民意识

　　法律作为特殊的行为规范，其核心内容就是对公民的权利与义务的规定。法律上的权利是指国家通过宪法和法律规定赋予公民享有的某种权益，所谓义务是指国家通过宪法和法律规定人们应该履行的责任。宪法规定了公民在政治、经济、文化等方面享有的最基本的权利与义务，是公民其他一切权利和义务的基础和源泉。因此，《青少年法治教育大纲》规定：青少年法治教育要"以宪法教育为核心，以权利义务教育为本位。法治教育要以宪法教育和公民基本权利义务教育为重点，覆盖各教育阶段，形成层次递进、结构合理、螺旋上升的法治教育体系。要将宪法教育贯穿始终，培养和增强青少年的国家观念和公民意识；将权利义务教育贯穿始终，使青少年牢固树立有权利就有义务、有权力就有责任的观念"。

　　权利与义务作为一对法律的核心范畴，两者之间是同一对等不可偏离的。未成年人首先应该明晰自身享有的权利，当自身权利受到损害时知道用法律的武器来维护自身的合法权益。在《青少年法治教育大纲》中强调"以权利义务教育为本位"，但由于未成年人的身体心智发育与知识接受意识形成的阶段性，以及社会生活扩展的程度递进性，对处于10—13岁转折时期的初中生来说，在初中阶段的权利与义务教育尤为重要。初中阶段要让学生通过学习宪法，了解法治的精神，理解公民权利与义务的关系，随着初中生社会生活的不断扩展，让他们通过学习与其生活密切相关的民事、刑事、消费、教育、行政管理等方面的法律知识，了解预防未成年人犯罪法的有关内容，提高依法保护合法权益的意识、能力。在使低龄未成年人清楚了解自身享有合法权利的同时，更应该明确低龄未成年人作为公民应当履行的责任，权利与义务是相对的，不能只讲权利忽略而自身应该履行的责任。尤其是当前以独生子女为主体的中学生，由于家庭及其他社会因素的影响，

"自我""唯我"意识突出，更多地注重个人的权利享受，在个人与他人、个人与国家、个人与社会的关系中，个人应该履行的责任与义务被严重弱化。针对这种情况，在对低龄未成年人的权利与义务教育中，更应该注重作为道德观念的重要内容的责任担当意识的培育和养成。

加强对低龄未成年人权利与义务教育，是培育和强化低龄未成年人公民意识的核心。公民意识是在现代社会法治背景下形成的一种主体意识，它是公民自觉地以宪法和有关法律规定的以基本权利和义务为主要内容，以自己在国家政治生活、经济生活、文化生活和社会生活等方面的主体地位为基础，把责任感、使命感与权利义务融为一体的主体认识。从培养"有理想、有道德、有文化、有纪律的社会主义一代新人""培育有理想、有道德、有文化、有纪律的，德、智、体、美全面发展的中国特色社会主义事业建设者和接班人"，到"培养社会主义合格公民""培养和增强公民意识"，经历了一个比较长的历史发展过程。1985 年《关于向全体公民基本普及法律常识的五年规划》，提出"培育有理想、有道德、有文化、有纪律的社会主义一代新人"，1995年《关于加强学校法制教育的意见》："通过法制教育，强化学生的道德意识和责任感，升华其人生理想，使其成为有理想、有道德、有文化、有纪律的社会主义一代新人。"2016 年《青少年法治教育大纲》强调"培养社会主义合格公民"，增强"公民意识"。这一变化过程既反映了我国从"法制教育"到"法治教育"的转变，也反映了以权利与义务为核心内容的"公民意识"的唤醒与自觉，体现了以法治国战略不断走向成熟。

（四）法治教育与道德教育融合渗透，建立法律信仰

法律与道德、德治与法治、法治教育与道德教育属于不同的范畴，其机制、作用和功能也各不相同。法律是准绳，任何时候都必须遵循；道德是基石，任何时候都不可忽视，法安天下，德润人心。法律更多的带有强制性、同一性、刚性，道德则更多的带有间接性、温

和性、柔性；法律更多地诉诸国家机器，道德则更多地诉诸社会舆论和习惯风俗。法律和道德都具有规范社会行为、调节社会关系、维护社会秩序的约束作用，但法律与道德的约束性存在明显的不同，"道德不同于法律的外在强制，遵循法律的活动是合法行为。它对个体的规范以至束缚、压抑是强制性的外在服从，即所谓服从法令、遵守纪律，等等。道德是个体内在的强制，即理性对各种个体欲求从饮食男女到各种'私利'的自觉的压倒或战胜，使行为自觉或不自觉地符合规范"①。法律与道德的功能、作用差异，为法治教育与道德教育结合的功能互补提供了必要性的依据。

我们在认识法律与道德功能、作用差异的同时，还要认识到两者之间的内在联系与统一性。法律是成文的道德，道德是内心的法律，法律有效实施有赖于道德支持，道德践行也离不开法律约束，两者相辅相成、相得益彰。首先，道德对法治具有重要支撑作用。法律要从根本上得到人的自觉尊重、遵守，把外在的法律法规内化为法律理念、法律意识、法律精神等，在很大程度上有赖于人们的道德意识，道德的教化作用能够提高全社会文明程度，为全面依法治国创造良好人文环境，为法治提供有益的人文滋养。其次，法治对道德提供制度保障。法律是底线的道德，也是道德的保障。尊法守法用法是公民起码的道德要求，也需要接受法律及法规的指导。法制教育与道德教育的内在联系，又为两者的融合渗透提供了可行性的依据。

作为法治建设的精神内核与法治教育的终极目的是建立法律信仰。"法律信仰是以法律为认识客体而产生的一种强烈的信赖感，并在行动中以此为自己的行为准则，是个体关于法律的知情意行的合金，是人的法律精神的最高境界。"②法律信仰主要体现为对法律价值

---

① 李泽厚：《历史本体论》，生活·读书·新知三联书店 2002 年版，第 35—46 页。

② 徐淑慧、苏春景：《法律信仰的特点、结构与培养策略》，《教育研究》2016 年第 6 期。

的信仰，同时也必然包含对法律法规的"良法"信仰。社会公众能否建立起对法律的信仰是法治得以实现的关键标志，没有社会公众对法律的普遍的忠诚与信仰，法律就会失去存在的依据，也就丧失了法律的权威性。因此，"法律必须被信仰，否则它将形同虚设。它不仅包含有人的理性和意志，而且还包含了他的情感，他的直觉和献身，以及他的信仰"①。习近平总书记在中共中央政治局第三十七次集体学习时强调，法律要发挥作用，首先全社会要信仰法律；道德要得到遵守，必须提高全体人民道德素质。要加强法治宣传教育，引导全社会树立法治意识，使人们发自内心信仰和崇敬宪法法律；同时要加强道德建设，弘扬中华民族传统美德，提升全社会思想道德素质。要坚持把全民普法和全民守法作为依法治国的基础性工作，使全体人民成为社会主义法治的忠实崇尚者、自觉遵守者、坚定捍卫者。习近平总书记特别强调了建立法律信仰的重要性。在法制教育的实践中，加强法治教育与道德教育相结合，注重以法治精神和法律规范弘扬社会主义核心价值观，以良法善治传导正确的价值导向，把法律的约束力量、底线意识与道德教育的感化力量、提升精神紧密结合，以法治体现道德理念、以道德滋养法治精神，促进实现法律和道德相辅相成、法治和德治相得益彰，法治教育与道德教育融合渗透，是培育和建立法律信仰的有效策略。

三、虞犯制视域中的教育矫正路径探析

（一）虞犯制的教育矫正镜像

"虞犯制"作为对未成年人的保护性法律制度兴起于日本等少年法

---

① ［美］伯尔曼：《法律与宗教》，梁治平译，中国政法大学出版社 2003 年版，第 3 页。

较完善的国家以及我国台湾地区，作为法律术语而进入我国大陆法律领域则为时不长。刘作揖对"虞犯"和"虞犯少年"的解释是："所谓有触犯刑罚法律之虞之行为者，乃指行为已具有触法之倾向，有触法之堪虞，有触法之可能，惟尚未实际触犯刑罚法律所明文规定之禁止行为，故又称为虞犯。有犯罪之虞的少年，称之为虞犯少年，有犯罪之虞的行为，则称之为虞犯行为。"[1] 在目前为数不多的几篇研究虞犯制度的文章中，大都引用刘作揖关于"虞犯"和"虞犯少年"的这一解释，对"虞"的理解更多的带有猜度、预想、料想的意思，臆度的主观性比较强，实际表达的是犯罪的可能性与倾向性，因为"虞"本来就有防备、防范之意，从这一语义层面来解释"虞犯"则具有预防犯罪的意思了，这与我国所颁布的《预防未成年人犯罪法》具有一定的相似性。

1. 虞犯制度与不良行为内涵比较

美、日、韩及我国台湾地区均对于虞犯制度以立法的形式进行规范；我国大陆法律虽然没有明文规定虞犯制度，但《预防未成年人犯罪法》中对于不良行为、严重不良行为的范围界定涵盖了通说中虞犯的范围。

美国各州的规定各有不同，主要集中在有不良行为需要监管的少年上，如美国马里兰州法典规定，所谓"需要监管的少年"，是指需要监护、处置或者矫正的少年，他们实施了下列行为：①逃学；②监管人无重大过错情况下，不服从监管；③使自己或者他人受到伤害或处于危险境地；④由于未成年引发的身份犯罪。美国加利福尼亚州少年法庭将其管辖范围规定为：①违反包括刑法在内的州的各项法律、政策的违法少年；②由于不良行为和年龄导致的身份犯；③失去抚养和无人管教的儿童。[2]

---

① 刘作揖：《"少年事件处理法"》，台北三民书局 2012 年版，第 51 页。

② 陆青：《国外青少年法规有关青少年犯罪概念的规定》，《国外法学》1987 年第 3 期。

日本《少年法》规定参照少年的品性或环境，具有下列理由，唯恐将来触犯刑罚法令的少年为虞犯：(1) 具有不服从保护人的正当监护之恶习的；(2) 没有正当理由不靠近家庭的；(3) 与有犯罪性的人或不道德的人进行交往，或出入可疑场所的；(4) 具有损害自己或者他人品德行为的[①]。

韩国《少年法》规定已满十周岁有下列情形之一的，并考虑其性格和成长环境容易触犯法令和附属条例的少年案件由少年法院作为保护案件进行审理：(1) 在社会上流浪，易引起周围人不安的少年；(2) 没有正当理由离家的少年；(3) 喝酒、引起骚乱或处于有害环境影响下的少年。[②]

中国台湾地区在少年事件处理有关规定有下列情况，根据其性格及环境，而有触犯法律可能性的未成年人应当由少年法院按虞犯处理：(1) 经常与有犯罪习性的人交往者；(2) 经常出入少年不当进入的场所者；(3) 经常逃学或逃家者；(4) 参加不良组织者；(5) 无正当理由经常携带刀械者；(6) 吸食或施打烟毒以外的麻醉或迷幻物品者；(7) 有预备犯罪或犯罪未遂而为法所不罚之行为者。[③]

上述国家及地区认为虞犯范围由少年身份的特殊性来决定。由于各国实际情况不同，对于虞犯的范围规定也不尽相同。美国作为英美法系的代表，可以通过判例完善对于虞犯的认定；日本现行《少年法》是在美国占领期间制定的，受美国少年法观点影响较大，同时，作为战后东亚第一部少年法，附近各国制定本国少年法时均受到它的影响；韩国保健福祉部根据《儿童福祉法》建立咨询所，并向中小学派驻相谈师，有效减低未成年人逃、退学率，阻止脱离学校的未成年

---

① 沈重译：《少年法》，《国外法学》1979 年第 6 期。

② 刘蕊译：《少年法》，《财经政法资讯》2014 年第 6 期。

③ 陈铭聪、徐明明、袁晶：《台湾地区少年事件处理法规范与立法研究》，《预防青少年犯罪研究》2014 年第 2 期。

人向违法者转变，所以逃学未列入韩国少年法庭管辖的范围；我国台湾地区细分了虞犯的类型，特别强调了未成年人携带刀具和吸食麻醉品，这是由我国台湾地区未成年人犯罪类型决定的。

在我国大陆现行法律中没有规定"虞犯"的概念，但是《预防未成年人犯罪法》第14条规定了9类未成年人不良行为：

①旷课、夜不归宿；

②携带管制刀具；

③打架斗殴、辱骂他人；

④强行向他人索要财物；

⑤偷窃、故意毁坏财物；

⑥参与赌博或者变相赌博；

⑦观看、收听色情、淫秽的音像制品、读物等；

⑧进入法律、法规规定未成年人不适宜进入的营业性歌舞厅等场所；

⑨其他严重违背社会公德的不良行为。

《预防未成年人犯罪法》第34条规定了未成年人严重危害社会，尚不够刑事处罚的"不良行为"：

①纠集他人结伙滋事，扰乱治安；

②携带管制刀具，屡教不改；

③多次拦截殴打他人或者强行索要他人财物；

④传播淫秽的读物或者音像制品等；

⑤进行淫乱或者色情、卖淫活动；

⑥多次偷窃；

⑦参与赌博，屡教不改；

⑧吸食、注射毒品；

⑨其他严重危害社会的行为。

与上述国家和地区的虞犯制度相比较，虽然《预防未成年人犯罪法》对于未成年人不良行为的规定分类更细，且部分行为触犯了《治安管理处罚法》，但实施不良行为及严重不良行为的未成年人仍在虞犯的范围内。因为虞犯的认定标准是行为人有触犯刑法的危险性，但尚未触犯刑法；而严重不良行为定义明确为行为人的行为尚不够成刑事处罚，而不是行为触犯刑法，因年龄原因免于刑事处罚。所以，实施严重不良行为的未成年人是符合虞犯的定义的，危害性远轻于严重不良行为的未成年实施人也必然属于虞犯的范围。

2. 虞犯制度与现行矫正方式比较

美国各州对于矫正方式有各自的特点，常见的矫正方式有以下几种：（1）保护观察。少年法院确定未成年人行为违法后，暂不实施强制措施，交由观察官在一定时间内观察其行为，如无违法行为则不再执行强制措施，如有违法行为则撤销保护观察，执行强制措施。这种制度和缓刑相类似，可以有效地减少处于"同一性危机"中的未成年人因做出错误选择而受到过度伤害，有利于他们回归社会。（2）安置在寄养家庭。当触法未成年人的父母不能或不想负担起矫正子女不良行为的责任时，由政府为未成年人选择寄养家庭，照顾未成年人生活并对其不良行为进行矫正。（3）送非寄宿设施。家中有监护条件的未成年人可以白天参加矫正项目，晚上返回自己家中，社会和家长可以共同对其进行帮助。如替代学校。（4）送矫正机关，这种矫正方式限制了未成年人的自由，是最严厉的处罚。

日本、韩国在其各自《少年法》中对虞犯规定了大体类似的矫正方式。（1）保护观察。（2）送教养院或采取其他教养措施。这通常是针对父母不能或不想负担起矫正责任的未成年人。（3）送矫正机关。矫正机关分为行为矫正和医疗矫正两种。行为矫正机关是通常意义上的矫正机构，医疗矫正机关是针对身体或心理上需要帮助的虞犯。

我国台湾地区在其少年事件处理有关规定中对虞犯规定了矫正措施：（1）训诫及假日生活辅导。是指少年法庭对于虞犯进行当庭教育并要求其写下悔过书；在训诫结束后，将少年交付少年保护官，于假日期间由少年保护官对少年施以教育，使其养成勤奋习惯及守法精神。（2）交付保护管束并得命为劳动服务。这是对保护观察和社区劳动两种矫正方式的复合使用。（3）交付安置于适当之福利或教养机构辅导。（4）感化教育，即由矫正机构进行矫正。（5）禁戒和治疗。针对有麻醉品成瘾或酗酒虞犯实施禁戒的行为，以戒少年不良瘾癖。对身体或精神状态有缺陷的虞犯进行治疗。

我国大陆对于低龄未成年人的不良行为的教育矫正，在《预防未成年人犯罪法》中规定："教育行政部门、学校应当举办各种形式的讲座、座谈、培训等活动，针对未成年人不同时期的生理、心理特点，介绍良好有效的教育方法，指导教师、未成年人的父母和其他监护人有效地防止、矫治未成年人的不良行为。"这相对于同等情况下日本或我国台湾地区的虞犯处遇要轻很多。同时，没有社会专业矫正力量的介入，使矫正效率不尽如人意。

我国大陆对于低龄未成年人的严重不良行为矫正为：（1）训诫。不满十四周岁未成年人有严重不良行为的，由公安机关予以训诫。（2）工读教育。《未成年人保护法》规定：学校和父母或者其他监护人无力管教或者管教无效的，可以按照有关规定将其送专门学校继续接受教育。《预防未成年人犯罪法》也有类似的规定。相对于域外的处遇，我国大陆的矫正方式缺乏针对性，手段过于单调。在训诫很明显作用不大的情况下，工读学校成为低龄触法未成年人矫正的唯一方式。

3. 虞犯制度与保护处分

虞犯制度作为保护处分的一种，是国家为了维护未成年人权益，依据国家亲权原则，对于有犯罪趋势的不良未成年人进行教育矫正的法律制度①，所谓"保护处分"则是从"教育是对未成年人犯罪的主

---

① 姚建龙：《犯罪后的第三种法律后果：保护处分》，《法学论坛》2006 年第 1 期。

要手段"①的理念出发，表现出对传统刑法有罪必刑，无罪不刑，刑当其罪原则的超越，从对少年保护主义立场出发，主张教育为主，保护处分代替刑法处罚的原则。所谓"保护处分"是指："少年法之理论在刑事法中独立自成体系，在少年犯罪处置上由'处罚'演进为'保护'，不仅对少年犯避免动之以刑，代之以教育方法加以改善，而且就未犯罪之虞犯少年，亦以教育之方法预防其犯罪，此种'代替刑罚之教育方法'，即所谓保护处分也。"②

保护处分（Protective Treatment）是从保安处分（Security Treatment）发展而来，它超越了刑罚和保安处分，成为"犯罪之后的第三种法律后果（第一种是刑罚，第二种是保安处分）。这是刑法进化史上的革命，也是人类摆脱善恶相报之原始本能而走向更高境界的标志"③。保护处分以儿童权益最大化为原则，从未成年人的健康成长的角度出发，采取的代替刑罚的措施。④ 保护处分的核心是以国家亲权主义为指导。这成为国家为防止将来的犯罪，对有不良行为但未触犯刑法的未成年人进行干预提供了理论基础。

保护处分体现保护主义，是一种教育性措施，是与刑罚和保安处分不同的"第三种法律后果"。保护处分所体现的少年犯罪处分理念在我国的法律思想中已有广泛的认同，并在相关法律中有充分体现。《中华人民共和国未成年人保护法》强调了未成年人享有生存权、发展权、受保护权、参与权等权利，明确了对未成年人进行家庭保护、学校保护、社会保护、司法保护的具体内容，规定"对违法犯罪的未

---

① ［德］李斯特：《德国刑法教科书》，徐久生译，法律出版社 2000 年版，第 403 页。

② 陈敏男：《少年事件处理法之保护处分与刑法保安处分之比较研究》，博士学位论文，辅仁大学 2002 年，第 13 页。

③ 姚建龙：《犯罪后的第三种法律后果：保护处分》，《法学论坛》2006 年第 1 期。

④ ［美］富兰克林·E.齐姆林：《美国少年司法》，高维俭译，中国人民公安大学出版社 2010年版，第 4 页。

成年人，实行教育、感化、挽救的方针，坚持教育为主、惩罚为辅的原则"。《中华人民共和国预防未成年人犯罪法》第四十四条规定："对犯罪的未成年人追究刑事责任，实行教育、感化、挽救方针，坚持教育为主、惩罚为辅的原则。"尽管在相关法律中明确规定了对触法未成年人的保护，但在具体的实施中却不尽如人意，有时甚至表现出"畸轻畸重"以配合形势需要的不稳定性。这与我国目前的未成年人立法尚不够完善有一定关系。

（二）我国现行矫正机制的完善

在本书第一章，笔者已经论述过我国现行的矫正机制无法对低龄触法未成年人进行主动介入，导致低龄触法未成年人处于矫正的空白区域。为了低龄触法未成年人幸福成长，也为了社会稳定、民众有安全感，应当完善矫正机制，将低龄触法未成年人纳入矫正体系，对其进行帮教。同时，我国具有自己特有的文化传承和价值观、世界观，不适宜全盘照搬国外成熟的少年司法矫正体系。否则，必然导致"水土不服"，对社会的稳定和低龄触法未成年人的矫正起到负面作用。笔者认为，应当吸收国外成熟的少年司法矫正理念，根据我国的实际情况，以我国现行的矫正机制为基础，逐步进行完善。这种做法见效快，容易被普罗大众和低龄触法未成年人及其家庭所接受。如果出现不良反应，再次进行调整也相对及时，能有效避免出现影响社会稳定、对低龄触法未成年人造成伤害的事件。

1. 建立拥有"先决权"的裁判机构

少年司法制度管辖方面的哲理基础是国家亲权。这意味着国家将强制介入触犯虞犯制度的低龄触法未成年人矫正，而不是像目前放任家长和学校进行任意性过强的教育。所以，低龄触法未成年人的矫正需要一个相对独立的裁判机构，对于低龄触法未成年人按照情节轻重依法裁定对其采取何种矫正方式。日本明确规定由家庭裁判所给予处分。韩国由家事法院的少年法庭或地方法院的少年法庭管辖少年保护案件。我国《未成年人保护法》和《预防未成年人犯罪法》仅仅规定严重不良行为的未成年人应由工读学校进行矫正，但并未明确裁判机构，使这一法律条文不具有可操作性。

先决权是指少年司法裁判机构具有对于触法未成年人的案件应适用保护处分还是进入刑事程序的决定权。在一般刑事案件中，检察官先审议，在没有起诉的必要时才采取其他的处理方式（即刑罚优先）。在保护处分的管辖范围内，按照儿童利益最大原则，教育刑优先于刑罚。裁判机构先审议，只有不能够纳入保护处分时才将犯人移交检察机关（即保护优先）。日本的家庭裁判所和美国的少年法庭均享有优先审议和保护处分优先的权力。

我国虽然部分地区建立了少年法庭，但它仅仅是对刑事审判程序的改良，仍然是检察官享有先决权的刑罚优先模式。因此，建立完善的低龄触法未成年人矫正制度需要将少年法庭从现行刑事审判体制下独立出来，成为拥有"先决权"的裁判机构。

2.扩大社会调查的范围

《联合国少年司法最低限度标准规则》（北京规则）第16项明确规定了少年司法的社会调查制度："在主管当局做出判决前的最后处理之前，应对少年生活的背景和环境或犯罪的条件进行适当的调查，以便主管当局对案件做出明智的判决。"我国《刑事诉讼法》第二百六十八条规定："公安机关、人民检察院、人民法院办理未成年人刑事案件，根据情况可以对未成年犯罪嫌疑人、被告人的成长经历、犯罪原因、监护教育等情况进行调查。"这表明我国建立了未成年人刑事社会调查制度。根据最高人民法院发布的《人民法院量刑指导意见》规定："对于未成年人犯罪，应当综合考虑未成年人犯罪时的年龄、对犯罪的认识能力、是否初犯、悔罪表现、个人成长经历和一贯表现等情况，予以从宽处罚。"社会调查结果是法官对于犯罪未成年人量刑的重要参考。但是按现行的《刑法》规定，低龄触法未成年人不进入刑事程序，也就意味着不会对低龄触法未成年人进行社会调查。

将低龄触法未成年人纳入社会调查是少年法院先决权的要求。法官通过审查社会调查报告，可以了解低龄触法未成年人的家庭情况、成长经历、社会交往背景，从而决定通过何种矫正手段对其矫正最为有利且不至于再次危害社会。这是未成年人权益最大化原则在少年司法中的表现。

将低龄触法未成年人纳入社会调查有助于确定低龄触法未成年人矫正方式。社会调查报告中包含了未成年人犯罪行为相关的情况进行的全面调查（包括本案相关情况、未成年人本人的基本情况、社会生活情况、家庭情况、受教育情况、职业情况以及其他必要事项），然后基于调查人专业知识和经验，运用科学的方法，对该未成年人进行客观、全面、综合、公正的评价，并对造成犯罪的原因、未成年人的人身危险性和社会危险性进行科学的、深层次的、专业的分析判断。科学而全面的社会调查为低龄触法未成年人在矫正机构中应接受何种"治疗"方式提供判断依据。

3.完善转向处置制度

转向处置制度广义上是指将未成年人案件在一定条件下，从刑事司法程序中解脱出来，纳入少年司法程序中，包括审前的非司法化、判决的非刑罚化以及处置的非监禁化。它是少年法院正当化的依据，是少年司法的代名词。[1]狭义上，转向处置是指审判前，警察或检察机关在主管当局的授权下，自行处置少年案件，无须正式审判。转向处置制度的国际法渊源是《儿童权利公约》的规定：应制定不对

---

[1]　[美]富兰克林·E.齐姆林：《美国少年司法》，高维俭译，中国人民公安大学出版社 2010 年版，第 42 页。

儿童使用司法程序的措施。《北京规则》规定，对于授权处理少年犯案件的警察、检察机关和其他组织按本规则的原则可以自行处置少年犯，无须正式审讯。同时，为了防止相关机关滥用职权，《北京规则》对此做出了限定：一是未成年人本人同意；二是未成年人的监护人同意；三是该处置应在主管当局授权的范围内。转向处置制度具有以下特点：

一是建立在社会调查的基础上。社会调查是低龄触法未成年人教育矫正的前置条件。低龄触法未成年人身心不成熟和易受外界影响的特点，决定了对于他们的矫正措施都是基于教育的方式进行的。教育要求因材施教，对于低龄触法未成年人个体的特点制定个别处遇。因此，能否适用转向处置制度，适用何种转向制度，不仅仅依据低龄未成年人的触法行为决定，相关机关要以其社会调查报告为基础，综合考虑低龄触法未成年人的家庭和社区环境、性格、成长经历和是否会继续进行触法行为等要素后，决定采取何种措施。

二是相关机关具有自由裁量权。因为相关机关的转向处置决定可以终止或中断诉讼程序。在《北京规则》中，要求赋予相关机关这种自由裁量权，使转向处置制度可以保护低龄触法未成年人的幸福不受到司法程序的干扰。联合国《关于检察官作用的准则》也支持检察官充分地使用转向处置制度，只有在万不得已的情况下才对少年提起诉讼。

三是观护措施多样化。相关机关作出转向处置决定后，并不是为了放任低龄触法未成年人，而是附加多种观护措施或要求来确保低龄触法未成年人获得足够的教育，诸如短期监督、向被害人道歉和补偿或社区服务等。同时，转向处置的措施应得到低龄触法未成年人及其监护人的通知。

我国现行的转向处置是《刑事诉讼法》第二百七十一条规定的附条件不起诉制度。很明显这个制度无法使用在不承担刑事责任的低龄触法未成年人身上。因此，笔者建议对于我国的转向处置制度进行如下完善：

一是扩大转向处置制度的适用范围和授权机关。将适用范围从应承担刑事责任的未成年人扩大到所有实施违法行为的未成年人。对于没有社会危害性的，应由公安机关决定是否转向处置；对于有社会危害性，可能需要进行工读教育的，应由检察机关决定是否转向处置。

二是完善转向处置程序的启动。转向处置制度的启动可以是相关机关在主管当局的授权下启动，也可以是低龄触法未成年人及其监护人申请启动。但该程序的启动必须经低龄触法未成年人及其监护人同意，防止出现强迫低龄触法未成年人认罪或接受转向处置措施的情况发生。

三是丰富我国观护措施的种类。我国现行的转向处置只有附条件不起诉，且并未规定详细的观护措施。应当依据低龄触法未成年人对于受害人和社会造成的损害程度，参考国外的成熟体系，分等级制定相应的观护制定。保证低龄触法未成年人能够接受足够的教育矫正，又不会对其心理或生理造成损伤。

4. 改革工读教育

对具有严重社会危害性的低龄触法未成年人，采取工读学校是主要的教育矫正路径。工读学校虽然是目前我国矫正体系中对低龄触法未成年人唯一尚能运作的合法矫正制度，但它存在很多问题，已经很难履行自己的义务。工读学校具有改革的必要性，也有改革的可能性。

一是明确裁判机关，改进入学制度。工读学校制度本质上是限制低龄触法未成年人的自由。一方面是防止具有严重社会危害性的低龄触法未成年人再次进行对社会造成伤害的触法行为；另一方面是为了将低龄触法未成年人与造成其触法的环境进行隔离，对其进行更有效的教育矫正。《北京规则》规定：把少年投入监禁机关始终应是万不得已的处理办法，其期限应是尽可能最短的必要时间。因此，对于剥夺低龄触法未成年人自由工读矫正制度的选择权应当在对少年案件有"先决权"的裁判机关，而不是现行规定的未成年人及其监护人手中。

二是改变教育方式，引入心理治疗。《预防未成年人犯罪法》规定："工读学校按照义务教育法的要求，在课程设置上与普通学校相同。"但实际上工读生普遍存在底子薄、上课很难进入状态、对学习有抵触情绪的问题。无论教师采取怎样的教学措施诸如补课、分层教学、个别辅导等都收效甚微，造成工读学校文化课教学的低效甚至无效，而且工读生还要拿出一定时间进行劳动矫正。这就意味着对于那些在普通学校都跟不上进度的学生来说，不仅没有减轻学习任务，学习时间还大大减少。所以想要在对工读生进行矫正的同时，保证他们的文化课不被同龄人落下，对于大部分工读生而言只是水中月罢了。工读学校应当分清主次工作，将工作重心放在触法未成年人的矫正上，文化教育只是矫正工作的有益补充。个人的提高完全可以等工读生完成矫正、回归社会后，按个人的实际情况和需求进行。

矫正过程应当引入心理治疗，使其为工读学校矫正低龄触法未成年人提供最有力、最科学的保障。工读学校的学生正处于"同一性危机"的年龄段，家庭环境、成长经历、受教育情况和现实的状态使他们焦虑，容易冲动，缺乏安全感。和普通同龄人相比，工读学生的同一性扩散状态因子分要高，延缓状态因子分要低，并且差异显著。[①] 心理治疗可以有效地找出低龄触法未成年人的病因，结合社会调查的成果提出科学的矫正方案。矫正方案与工读学校老师丰富的矫正实践经验相结合，可以使低龄触法未成年人的矫正效率最大化。

三是明确矫正时限，促进回归社会。工读学校的学生回归社会存

① 李科生、曹中平、高鹏程等：《工读学生的人格与自我同一性状态》，《湖南科技大学学报（社会科学版）》2013 年第 6 期。

在以下几个难点：(1) 工读学校易进难出。首先，现行工读学校是建立在保安处分的理念上的，即以预防为目的，以人身危险性为基础，对符合法定条件的特定罪错少年所采用的教育、感化、隔离等特殊预防措施。这决定了工读学校是以清除社会危害性为目的而采用，所以学生通常要到结束义务教育的年龄才可能离开工读学校。其次，工读学校生源紧张，为了维持学校的生存，不会轻易允许学生离开。工读生在校时间过久会导致对于触法未成年人量刑过重的后果。(2) 工读学校学制过长易形成"亚文化"。一是工读学校环境封闭，学生与外界交流极少；二是相对于普通学校的学生，工读学校学生间有更多的思想、习惯上的共同点，容易形成共鸣；三是工读学校学生年龄较小，没有形成自己的人生观，适应力强，容易融入"亚文化"中。一个新入学的工读生至少要在工读学校度过一年以上的时间，如果不想被排挤、孤立，或浅或深都要接受本校的"亚文化"。这会引起学员之间的"交叉感染"，使教育矫正工作事倍功半。(3) 工读学校"污名化"严重。普罗大众对于触法者并不宽容，虽然公开的歧视并不常见，但家长和老师不鼓励甚至反对学生与触法未成年人交往。这使得工读生的"标签"难以消除。

裁判机构在决定适用工读学校矫正时，应同时确定合理的矫正时间，杜绝工读学校任意增加学生在校时间，使儿童权益最大化原则落到实处。同时工读学校应建立矫正评估机制，对于工读生进行全面专业的评估，表现优异者可以得到表扬、奖励甚至减少矫正时间。这一方面可以及时、全面地了解工读生的状态，按需调整矫正手段；另一方面激发工读生配合教育矫正的主动性，减少"亚文化"对于工读生的污染。

为了淡化"工读生"这个标签，工读学校可以使用普通中学的名称，学生不需要使用真实姓名。对于完成矫正、通过心理评估的学生，不留显示学生真实身份的档案。工读学校应及时与当地教育部门联系，在征得学生及其监护人同意的前提下，为学生办理转学手续，回到原学校或转到其他普通学校、职业学校继续接受正常教育。

四、教育矫正的过程性路径拓展

（一）抓早抓小的规则教育

在人的生命成长历程中，幼儿时期（3—6、7岁）概括性和随意性得到发展，人的个性倾向开始形成，并能够根据成人的要求逐渐接受和掌握社会行为规范，为进入学校和接触社会奠定了必要的条件。学龄初期儿童时期（6、7—11、12岁），已把学习作为自己的主导活动，学习文化知识和社会行为规范，情感内容不断丰富，克服困难的能力不断增强，对社会道德的理解并以此作为评价自己和他人行为依据的道德价值得到发展。少年期（11、12—14、15岁）是儿童期向青年期发展的过渡，"是一个半幼稚、半成熟时期，是独立性和依赖性、自觉性和幼稚性错综矛盾的时期"①。这一时期的生理和心理都发生了巨大的变化，独立意识、自我意识、性别角色得到增强，形成了指导自己行为的道德观，世界观也处于萌芽状态。这种矛盾心态与自我意识使他们在学习生活中遭遇到挫折、失败和困难时，常常会导致问题行为的出现。

低龄未成年人的心灵是敏感的，准备接受一切美好的东西和社会礼仪规范。古人非常重视家庭的启蒙教育，如司马光在《家范》中所设计的蒙养程序：能食则教之以右手，能言则教之以自名，稍有知则教之以恭敬尊长，六岁习字，七岁诵《孝经》《论语》，八岁教之以谦让，九岁诵《春秋》及诸史，使晓义理，十岁外出就傅，读《诗》《礼》

---

① 傅安球：《实用心理异常诊断矫治手册》，上海教育出版社2015年版，第263页。

《传》，知仁义礼智信。司马光在《家范》所设计的蒙养程序，其教育的出发点和落脚点是日常行为规范和以恭敬、谦让、通晓义理、知仁义礼智信为主要内容的道德规范。有宋一代以道德文章鼓行士林的晁氏家族家学传统源远流长，《晁氏家乘》卷一《宗规》中关于"端蒙养"一条规定："童蒙之性，乐放逸而恶拘束。父兄之教，严督责而戒宽容。苟幼纵其欲，长必败度。爱而无劳，等于禽犊也。"强调教育中父兄要对子弟严加督责，防止子弟好逸恶劳，如果放纵其欲望，长大后必定是为所欲为，败坏法度①。

人的道德规范和行为规则的养成是一个由他律走向自律、由外在约束转化为内在自觉的过程。人一来到这个世界上没有道德规范和行为规则意识，不知道什么是好什么是坏，不知道什么是真善美，什么是假恶丑，小孩从能自己吃饭和学会说话开始，家长就不断地教育他，"不能随便吃别人的东西拿别人的东西""不能骂人不许说谎""要爱护花草树木爱护小动物"等，小孩不明白为什么不能这样做和应该做什么的道理，他们按照大人的话去做了是出于对大人要求的服从，因为他如果不按照大人要求的去做就会受到处罚，按照大人的要求去做了则会得到奖赏，这种落实于家庭生活中的行为教育久而久之就会在小孩的内心深处形成行为规范，养成规则意识。

低龄未成年人良好的道德规范和行为规则的养成不是一朝一夕的事情，不可能一蹴而就，所以在家庭的启蒙教育中，要有爱心、细心和耐心，要从身边小事做起，从一点一滴做起，持之以恒，坚持不懈，防微杜渐，才能收到实效。一个人高尚的精神境界和美好的品德，不是与生俱来的，好孩子并不是先天就好，坏孩子也不是先天就坏，主要取决于后天的教育养成。就是说必须经过后天持续不断的善的行为的长期积累过程，才能形成人的高尚的道德境界和美好的品质。

---

① 刘焕阳：《宋代巨野晁氏家族文化研究》，中华书局 2013 年版，第 45 页。

（二）公权介入的家庭监护

监护制度是一项以"保护弱者"为法哲学基础的对未成年人的保护制度，在对未成年人的监护中包括家庭监护和国家监护。《中华人民共和国民法总则》第二章第二节"监护"第二十六条规定："父母对未成年人负有抚养、教育和保护的义务。"第二十七条规定："父母是未成年子女的监护人。未成年人的父母已经死亡或者没有监护能力的，由下列有监护能力的人按顺序担任监护人：（一）祖父母、外祖父母；（二）兄、姐；（三）其他愿意担任监护人的个人或组织，但必须经未成年人住所地的居民委员会、村民委员会或者民政部门同意。"《中华人民共和国未成年人保护法》明确了未成年人享有生存权、发展权、受保护权、参与权等权利，国家要根据未成年人身心发展特点给予特殊、优先保护，保障未成年人的合法权益不受侵犯，第六条规定："保护未成年人，是国家机关、武装力量、政党、社会团体、企业事业组织、城乡基层群众性自治组织、未成年人的监护人和其他成年公民的共同责任。"第十二条规定："有关国家机关和社会组织应当为未成年人的父母或者其他监护人提供家庭教育指导。"《中华人民共和国预防未成年人犯罪法》第十四条规定：未成年人的父母或者其他监护人和学校应当教育未成年人不得有9种不良行为；第三十四条规定：对于未成年人严重危害社会，尚不够刑事处罚的9种"严重不良行为"，"其父母或者其他监护人和学校应当相互配合，采取措施严加管教，也可以送工读学校进行矫治和接受教育"。

尽管有关法律制度对于未成年人的监护规定，看起来很详细，但是因为没有明确的监督主体以及如何实施监督的措施，即对监护人的监督缺失，从而使相关的规定形同虚设。特别是在现行的监护制度中，家庭是未成年人的监护主体，对于家庭监护的条件、能力、状况、效果等，缺少基于国家亲权的公权介入，特别是对于农村留守儿童、城市流动儿童、离异家庭儿童、婚外家庭儿童、严重不良行为儿童等，基于国家侵权的公权介入非常重要和非常迫切，这一制度层面的不完善，也是低龄未成年人遭受虐待、校园暴力、辍学逃学、离家出走乃至走向犯罪深渊不可排除的原因之一。

国家亲权是指国家居于无法律能力者(如未成年人或者精神病人)的君主和监护人的地位。公权介入家庭监护应该明确以法院等执法部门为监督主体，区分类型对象对家庭监护施以有效监督。对于一般家庭的儿童给予一般性的关注与关怀，坚持以家庭监护为主，公权的介入对低龄未成年人的家庭监护的监督，以确保监护的质量；对于具有不良行为低龄未成年人的家庭，需要对家庭监护进行重点监督，对于家庭无法完成的监护任务，应当采取得力措施，适时给予帮助，弥补家庭监护的不足，在国家的帮助下与家庭合力完成对不良行为低龄未成年人的教育和监护任务；对具有严重不良行为的低龄未成年人进行特殊监督，由国家代理监护人，进行强制干预和保护，其父母或者其他监护人和学校相互配合，采取措施严加管教，也可以送工读学校进行矫治和接受教育。

(三) 全程一贯的法治教育

对于低龄触法未成年人的教育矫正既要立足当下，又要着眼长远，注重教育过程的一贯性和教育内容的系统性，避免学校法治教育的机械化、教条化和碎片化。教育过程的一贯性，表现于包括小学和初中的义务教育阶段、高中教育阶段、高等教育阶段。教育内容的系统性则是突出宪法的核心地位，贯穿始终，以宪法教育和公民的权利义务教育为重点，贯通不同的教育阶段，形成内容系统连贯、结构层次合理、逻辑递进上升的法治教育体系。同时还要结合不同年龄阶段、学习阶段的不同心理、生理和学习特点，突出法治教育的针对性和实效性。

义务教育阶段作为法治教育的重点阶段，在 2016 年教育部、司法部、全国普法办联合颁发的《青少年法治教育大纲》对义务教育阶段的不同年级法治教育内容有了明确的规定，小学阶段，着重普及宪法常识，养成守法意识和行为习惯，让学生感知生活中的法、身边的法，培育学生的国家观念、规则意识、诚信观念和遵纪守法的行为习惯，初步认知未成年人能够理解和常见的违法和犯罪行为及其危害和要承担的法律责任。初中阶段，使学生初步了解个人成长和参与社会生活必备的基本法律常识，进一步强化守法意识、公民意识、权利与义务相统一观念、程序思维，初步建立宪法法律至上、民主法治等理念，初步具备运用法律知识辨别是非的能力，初步具备依法维护自身合法权益、参与社会生活的能力，建立尊重司法的意识。《青少年法治教育大纲》中对义务教育阶段的法治教育从教育目标到教育内容和要求都有明确的规定，内容涉及面广，目标要求高，达到大纲规定的目标和内容要求，是义务教育面临的一项严峻而又义不容辞的教育任务。

低龄未成年人充满生命活力，活泼好动，调皮捣蛋也是淘气低龄未成年人的天性，是宣泄活力的天真表现，有时也是引起他人关注表现自我的一种方式，对于这种短暂性的不良行为甚至是偶发性的挑战行为不能诊断为品行障碍。对于具有这种短暂性不良行为甚至是偶发性挑战行为的低龄未成年人，要进行及时的行为情景分析，通过改变这些情景中影响不良行为或挑战行为的变量，达到教育矫正的目的。对于部分具有短暂性不良行为或是偶发性挑战行为的低龄未成年人，在普通教育过程中，对他们不能有任何歧视的态度和嘲讽的语言，作为教师要及时干预引发不良行为情境中的变量，多对他们进行正面的鼓励和引导，让低龄未成年人体会到老师的关心、关怀和关注。同时教师还要关注这部分低龄未成年人的同伴关系，让行为表现良好学生产生带动和影响作用，避免不良行为低龄未成年人的交叉感染。

第七章　基于人格完善的心治策略与教育方法

　　教育的直接对象是一个个具体、鲜活的生命个体，教育的出发点和落脚点就是提高人的生命质量，这是教育的本来和初心。少年低龄未成年人处在学习、成长和发展的过程中，面对低龄未成年人教育活动的展开，不仅仅是矫正和弥补他们的缺点与不足，更要善于发现和发掘他们的美德、优势和潜能，使他们在学习和实践与自然、社会、他人的和谐相处中幸福快乐地成长。如果说基于传统文化的德治策略及其主题选择，强调的是"修身"，基于法制教育的法治策略以及教育矫正路径，突出的是"律己"，通过"律己""修身"之"道德律令"的内化与实践过程，使低龄未成年人健康、幸福、快乐地成长；那么，基于人格完善的心治策略与教育方法，则是直指本心，从积极人格教育出发，引导优势，提高对不良行为的自我矫治、抵制和消解的能力，在人格的不断完善和提升中幸福成长。积极教育"就是指教育要以学生外显和潜在的积极力量、积极品质为出发点，以增强学生的积极体验为主要途径，最终达成培养学生的积极人格。使学生成为一个幸福快乐的人。从这个意义上说，积极教育并不只是仅仅为了纠正学生的错误和不足，更主要的应该寻找并发展学生的各种积极品质，并在实践中实现这些积极品质与学生自身生活的良好结合"①。

---

① 　严瑜：《幸福心理学》，人民出版社 2015 年版，第 30 页。

一、心治的文化传统与人格教育启示

(一) 人格与积极人格

"人格"是日常生活中使用很广泛且含义非常丰富的一个概念。2005 年第 5 版《现代汉语词典》对"人格"的解释：1. 人的性格、气质、能力等特征的总和。2. 个人的道德品质：人格高尚。3. 人作为权利、义务主体的资格：不得侵犯公民的人格。[1]《现代汉语词典》分别从心理学、伦理学、法学的层面上对"人格"一词进行解释。另外还有在社会学意义上的"人格"概念，指出"人格是指个人在社会中所扮演的角色"[2]。在本文中我们主要的是从心理学意义上使用"人格"这一概念的。

在心理学意义上的"人格"也有多种解释，如 1. "人格是构成一个人的思想、情感及行为的特有模式，这个独特模式包含了一个人区别于他人的稳定而统一的心理品质。"[3] 2. "人格是个体与其环境交互作用的过程中所形成的一种独特的身心组织，而此变动缓慢的组织使个体适应环境时，在需要动机、兴趣、态度、价值观念、气质、性向、外形及生理等诸方面，各有其不同于其他个体之处。"[4] 3. "人格也叫个性，指一个人的整个精神面貌，即具有一定倾向性的心理特征的总和。"[5] 4. "人格是个体在遗传素质的基础上，通过与后天环境的相互作

---

[1] 中国社会科学院语言研究所词典编辑室编：《现代汉语词典》（第 5 版），商务印书馆 2005 年版，第 1144 页。

[2] 郑雪：《试论人格教育的意义、目标和原则》，《华南师范大学学报（社会科学版）》1996 年第 4 期。

[3] 彭聃龄主编：《普通心理学》，北京师范大学出版社 2004 年版，第 440 页。

[4] 梁晓明主编：《21 世纪创新学生健康人格新概念》，内蒙古少年儿童出版社 2000 年版，第 833 页。

[5] 朱智贤主编：《心理学大辞典》，北京师范大学出版社 1989 年版，第 225 页。

用而形成的相对稳定的和独特的心理行为模式。"[1]5."人格是个体在行为上的内部倾向，它表现为个体适应环境时在能力、情绪、需要、动机、兴趣、态度、价值观、气质、性格和体质等方面的整合，是具有动力一致性和连续性的自我，是个体在社会化过程中形成的给人以特色的心身组织。"[2]国内心理学界对"人格"概念的众多解释，反映了学者们在对"人格"展开研究中所关注的重点有所不同，在这里我们没有能力对众多的"人格"概念定义进行评析，在选择性上我们更多的是遵从彭聃龄在《普通心理学》中的解释。

人格是一个复杂的结构系统，作为心理学意义的"人格"结构主要包括气质、性格、认知风格、自我调控等方面。20世纪80年代以来，西方国家的研究者致力于人格的结构及其发展特征的有效评价研究，在人格描述模式上达成了比较一致的共识，提出了人格五因素模式，又称为"大五人格"，被认为是目前人格结构的最好范型。所谓的"大五人格"结构表现为："外倾性"（热情、社交、果断、活跃、冒险、乐观等特质）、"宜人性"（信任、直率、利他、依从、谦虚、移情等特质）、"责任心"（胜任、公正、条理、尽职、成就、自律、谨慎、克制等特点）、"神经质或情绪稳定性"（焦虑、敌对、压抑、自我意识、冲动、脆弱等特质）、"开放性"（想象、审美、情感丰富、求异、创造、智能等特质），并依据"大五人格"结构理论，构建了较为系统的多种方法相结合的综合测评体系，包括问卷测量、结构访谈、投射测验、同伴提名、自然观察、实验室测量等。约翰（John，1994）深入研究了"大五人格"与低龄未成年人心理发展的关系，发现低责任心和低宜人性的低龄未成年人有较多的违法行为，经常发生与外界冲突的行为问题；高神经质、低责任心的低龄未成年人则经常

---

① 郑雪：《人格心理学》，暨南大学出版社2001年版，第6页。

② 黄希庭：《人格心理学》，浙江教育出版社2002年版，第8页。

表现出内心冲突引起的问题[①]。这些具有跨文化普适性的研究成果为正常或具有人格障碍低龄未成年人的人格完善提供了理论基础和技术支持。

作为决定人的行为方式的内在驱动力，围绕人格范畴存在一系列相互对立的概念。如积极人格、健全人格、健康人格、理想人格、完美人格等，这些可以称之为对人的行为产生正能量的人格相关概念，在生活中，具体表现为自强不息坚韧不拔的人生态度、积极进取乐观向上的奋斗精神、直面问题勇于挑战的创新意识、负责守信乐群向善的行为品格、刚毅执着百折不挠的抗挫性格、善于调节富有弹性的适应能力、刚柔并济强弱适度的情绪反应、权衡利弊自我控制的理性行为、不骄不躁不卑不亢的生活作风等。与之相对的是消极人格、不健全人格、偏执型人格、自恋型人格、强迫型人格等，这些可称之为对人的行为产生副作用的人格相关概念，在生活中则表现为缺少自尊、没有自信、无责任心、缺乏勇气、缺少爱心和耐心、意志不坚定、情绪反应过度、行为偏执极端、心理承受能力差、不尊重人、虚伪虚荣、心胸狭隘、冷漠任性等。但无论是健全人格范畴或不健全人格范畴，都是发展性和相对性的概念，健全人格和理想人格是立足现实的追求与面向未来的期待，当一个人的人格发展存在缺失或出现偏离、障碍时，就需要进行完善和矫正，这个过程就是人格完善健全的过程，也是人格完善教育的可能性和必要性。

在围绕人格的一系列相互对立的范畴中，我们是以积极人格作为出发点展开对低龄未成年人问题的探讨。积极人格是于 20 世纪末在美国心理学界基于积极心理学的兴起而产生的人格研究新潮流。心理学作为学科的研究使命，主要体现为治疗人的心理疾病、帮助普通人生活得更幸福、发现和培养具有非凡潜能的人这三大任务，但是在二

---

① 参见彭聃龄主编：《普通心理学》第三版，北京师范大学出版社 2004 年版，第 447 页。

战结束之后，心理学家关注和研究的重点集中于第一项任务，在消极心理学的研究取向之下，对焦虑、抑郁、恐惧、痛苦、愤怒、害怕、紧张、嫉妒、贪婪、愤怒、沮丧、自私、强迫、偏执、冷漠、孤独、暴躁、自卑、冲动、空虚、多疑、狭隘、孤僻、敌对等消极的人格特征研究和关注比较多；对以责任、幸福、快乐、愉快、热忱、谦虚、节制、友善、仁爱、公正、勇敢、卓越、智慧、宽容、感恩、幽默、诚信、友爱、自由、兴趣、希望、福乐、理想、礼让、正义、同情、互助等积极人格特征则研究和关注不够。"积极心理学主张人格心理学的积极取向，强调人格研究不仅要研究问题人格特质和影响人格形成的消极因素，更要致力于研究人的良好人格特质以及影响人格形成的积极因素，特别是研究人积极的现实能力和潜在能力在个体良好人格特质形成或发展中的作用，即积极的人格特质研究。积极人格研究就是要通过培养拥有积极人格，能够创造幸福、拥有幸福的人，使人的生理与心理、人格与社会性相互融合、转化和提升。"①两相对立的积极和消极心理情绪不同程度地共存于个体的心灵之中，性本善也好，性本恶也好，在人的欲念中善与恶同在，表现在人的行为上则是善与恶的取向，积极的情绪能够有效抵制消极情绪则是以积极的行为表现，消极情绪压抑了积极情绪则呈现为消极的行为表现。鉴于此，加强和关注对低龄未成年人积极人格、积极情感的培育，对于低龄未成年人健康快乐幸福成长具有重要意义。

目前我国低龄未成年人心理与人格状况十分堪忧，据 2010 年统计，我国内地至少有 3000 万名中小学生受到各类学习、情绪、行为问题的困扰，低龄未成年人暴力、网瘾、早恋等现象有上升趋势②。2015 年对全国九个省市的低龄未成年人的心理健康状况的调查显示，

---

① 陈浩斌、苗元江：《积极人格研究概述》，《北京教育学院学报》（自然科学版）2008 年第 2 期。
② 《中国教育报》2010 年 12 月 13 日第 1 版。

城市低龄未成年人心理健康状况不良的占总数的 12.63%，而农村低龄未成年人的心理健康水平同样不容乐观，占 11.90%。在低龄未成年人存在的心理问题中，因学习造成的心理问题位居榜首，主要包括学习压力、厌学、考试焦虑等。此外，人际交往压力、青春期心理问题、网络对低龄未成年人心理影响等问题也不容忽视[①]。在未成年人犯罪的动力因素中，反社会意识是个体实施犯罪的精神动力，畸变需求是犯罪的内驱动力，调查显示，在未成年犯的性格特点中，其排序依次是暴躁（37.1%）、自卑（35.3%）、乐观（34.4%）、孤独（30.5%）、懦弱（26.8%）、偏执（23.9%）、冷酷（22.5%）[②]。未成年犯的情感特征是空虚（27.5%）、不安（17.2%）、痛苦（16.3%）、仇恨（15.2%）、嫉妒（14.0%）、鄙视（6.2%）、恐惧（5.6%）等[③]。面对我国低龄未成年人人格问题，2010 年 12 月，国家人口计生委、教育部、中国扶贫开发协会、中国科协、中国计生协共同实施的《青少年健康人格工程》，旨在帮助青少年解除成长中的困惑，培养良好品德情操、心理素质、行为习惯和社会适应能力。这是一项社会性文化育人工程，说明了对青少年健康人格的培养已经引起了全社会的重视。

（二）心治的文化传统

人格作为人的心理行为模式，其行为动机和出发点是人的主体心理，通常我们所说的人格完善指向的是心灵的教育和塑造，亦即"治

---

① 杨咏梅：《儿童权利：家庭教育的底线》，2015-03-15，见 http://paper.jyb.cn/zgjyb/html/2015-03/11/content_431797.htm?div=-1。

② 路琦、牛凯、刘慧娟、王志超：《2014 年我国未成年人犯罪研究报告——基于行为规范量表的分析》，《中国青年社会科学》2015 年第 3 期。

③ 路琦、董泽史、姚东、胡发清：《2013 年我国未成年犯抽样调查分析报告》，《青少年犯罪问题》2014 年第 3 期。

心"或"心治"。在中国文化的语境中，"心"是一个开放性和包容性极大的概念。据甲骨文和小篆，作为象形字中间像心，外面像心的包络，本义即指身体的重要器官心脏。由心的本义极大地引申拓展了其语义空间：古人以心为思维器官，故后沿用为脑的代称，如《国语·周语上》："夫民虑之于心，而宣之于口，成而行之，胡可壅也。"《孟子·告子上》："心之官则思。"统称人的思想、意念、感情等，如《周易·系辞上》："二人同心，其利断金。"《诗·小雅·巧言》："他人有心，予忖度之。"指人的本性、性情，如《周易·复卦》："复其见天地之心乎？"另外用作动词还有思虑、谋划、挂怀、关心等语义。在中国传统文化中，"心"在哲学的层面上具有了本体论的意义。通常人们以儒家"治世"、道家"治身"、佛家"治心"来区别儒释道的不同，但这种区别只是相对的。佛家禅宗主张明心见性，直指本心，其所治之"心"即是"真心"，佛家有"成佛作祖不是他人，心田自耕各尽本分。不用灯火家家月明，照出故乡山青花藤"的偈语。儒家和道家作为中国的本土文化，在本源上都是以人为本，都注重"心"的修养，因此儒释道在"治心""修心"方面具有内在契合性。

道家始祖老子主张"无为而治"，难能可贵的是他把治国、治身、治心联系在了一起。《老子》第五十四章云："善建者不拔，善抱者不脱，子孙以祭祀不辍。修之于身，其德乃真；修之于家，其德乃馀；修之于乡，其德乃长；修之于邦，其德乃丰；修之于天下，其德乃普。"[①] 河上公注曰："修道于身，爱气养神，益寿延年，其德如是，乃为真人。修道于家，父慈子孝，兄友弟顺，夫信妻贞，其德如是，乃有馀庆及于来世子孙。修道于乡，尊敬长老，爱养幼少，教诲愚鄙，其德如是，乃无不覆及也。修道于国，则君信臣忠，仁义

---

① 楼宇烈：《老子道德经注校释》，中华书局 2008 年版，第 143—144 页。

自生，礼乐自兴，政平无私，其德如是，乃为丰厚也。人主修道于天下，不言而化，不教而治，下之应上，信如影响，其德如是，乃为普博。"① 河上公的注解诠释了以"道"修身、修家、修乡、修国、修天下的过程，揭示了治身与治国是一个同质化的过程。老子明确提出"见素抱朴"的"治心"理路，主张形神相济、身心合一。老子把"治身"和"治心"相提并论，并认为一个健全的生活必须是形体和精神合一而不偏离②。在治国治身治心思想体系的建构中，稷下诸家尤为重视"治心"，认为心治则身治，身治则国治。"心无他图。正心在中，万物得度……何谓解之在于心安？我心治，官乃治，我心安，官乃安。治之者心也，安之者心也；心以藏心，心之中又有心焉。彼心之心，音以先言，音然后形，形然后言。言然后使，使然后治。"③"心安，是国安也；心治，是国治也。治也者，心也；安也者，心也。"④ 葛洪则进一步提出："人能淡默恬愉，不染不移，养其心以无欲，颐其神以粹素，扫涤诱慕，收之以正，除难求之思，遣害真之累，薄喜怒之邪，灭爱恶之端，则不请福而福来，不禳祸而祸去矣。"⑤ 道家主张治国、治身、治心三体合一，从而达到"守道、顺道、行道、信道"的目的。

从某种意义上我们可以说，儒家学说就是关于人心教化的学说，要教化天下，其关键就在于教化人心。孔子注重经书的教化作用，他删订《诗》《书》，修订《礼》《乐》，赞《易》，作《春秋》，就是以六经作为教化工具，化育温、良、恭、俭、让的心理品性，敦化民风。

---

① 王卡点校：《老子道德经河上公章句》，中华书局 1993 年版，第 207 页。

② 来永红：《论道家治国治身治心思想体系——以〈老子〉、〈管子〉、〈吕氏春秋〉和〈淮南子〉为中心》《兰州大学学报（社会科学版）》2013 年第 3 期。

③ 黎翔凤：《管子校注》，中华书局 2004 年版，第 938 页。

④ 黎翔凤：《管子校注》，中华书局 2004 年版，第 781 页。

⑤ 王明：《抱朴子内篇校释》，中华书局 1985 年版，第 170 页。

孔子的道德教化是以"仁"为核心，他对仁的要求是"克己复礼为仁"，强调"仁者爱人"，表现在行动上就是"己所不欲，勿施于人"。对于人的行为，提出"非礼勿视，非礼勿听，非礼勿言，非礼勿动"的克制。他提倡言行一致，反对"巧言令色"、巧语伪善。在《论语》中孔子多次把君子与小人进行对比："君子泰而不骄，小人骄而不泰。"（《论语·子路》）"君子周而不比，小人比而不周。"（《论语·为政》）"君子怀德，小人怀土；君子怀刑，小人怀惠。"（《论语·里仁》）"君子喻于义，小人喻于利。"（《论语·里仁》）"君子和而不同；小人同而不和。"（《论语·子路》）"君子成人之美，不成人之恶；小人反是。"（《论语·颜渊》）"君子固穷，小人斯滥矣。"（《论语·卫灵公》）"君子求诸己，小人求诸人。"（《论语·卫灵公》）君子与小人的不同表现，实际上代表了两种不同的人格品行，表达了孔子对文质彬彬君子品行的推扬。《论语·学而》载："曾子曰：'吾日三省吾身：为人谋而不忠乎？与朋友交而不信乎？传不习乎？'"这种反观内心的自我反省检视，成为儒家追求忠诚守信人格的重要途径。《孟子·滕文公下》提出："富贵不能淫，贫贱不能移，威武不能屈，此之谓大丈夫。"表达了对大丈夫气概和刚毅坚卓人格品质的弘扬。《孟子·公孙丑上》所说的"我善养吾浩然之气"，就是刚毅坚卓人格品质的内心养成，这种"至大至刚，以直养而无害，则塞于天地之间"的浩然之气及其充盈而成刚毅坚卓的人格品质，成为历代仁人志士所着力追求的至高的人生境界。儒家倡导内圣外王，提出格物、致知、诚意、正心、修身、齐家、治国、平天下等八条目，从格物、致知、诚意、正心到修身是内圣的工夫，是独善其身，亦即"治心"的要求；齐家、治国、平天下则是外王的工夫，是兼善天下，是君子所追求的人生目标。以王阳明为代表的心学，构建了"心即理""知行合一""致良知"为重要内容的心学体系。王阳明认为人之所以迷失本性，丧失良知，所以他说："良知即是天植灵根，自生生不息；但著了私累，把此根戕贼蔽塞，不得发生耳。"①"七情顺其自然之流行，皆是良知之用，不可分别善恶，但不可有所着；七情有着，俱谓之欲，俱为良知之蔽。"②但是，"破山中贼易，破心中贼难"，人如何才能恢复和发现良知？③王阳明进一步指出："君子之学以明其心。其心本无昧也，而欲为之蔽，习为之害。故去蔽与害而明复，匪自外得也。"④只有从内心摒弃私欲，才能发现和恢复本心。特别值得注意的是王阳明结合人的成长发展规律，强调对低龄未成年人精神和良知培育的重要性，他说："人方少时，精神意气既足鼓舞，而身家之累尚未切心，故用力颇易。迨其渐长，世累日深，而精神意气亦日渐以减，然能汲汲奋志于学，则犹尚可有为。至于四十、五十，即如下山之日，渐以微灭，不复可挽矣。"⑤

（三）美国人格教育的启示

人格教育是伴随着美国教育的产生而产生的，早在 20 世纪初期以著名教育家杜威为代表的教育研究者就提出人格教育是学校教育的"天职"，在二三十年代兴起了影响广泛的"人格教育运动"。后来由于教育领域科学主义的兴起特别是智商量表的运用，引发了人们对学校教育中人格教育的有效性的质疑。在对实证方法权威性的盲目崇拜中，人格教育从学校教育中隐退，甚至是销声匿迹，从而出现了价值教育以及后续的道德教育。自 20 世纪 50 年代以来，由于美国后工业时代知识工业的快速增长，人口的大面积流动迁徙，高等教育的迅速扩张，家庭电视机的大面积普及，以及 60 年代各种民权运动和解放

---

① 《王阳明全集》，上海古籍出版社 2006 年版，第 101 页。

② 《王阳明全集》，上海古籍出版社 2006 年版，第 111 页。

③ 《王阳明全集》，上海古籍出版社 2006 年版，第 168 页。

④ 《王阳明全集》，上海古籍出版社 2006 年版，第 233 页。

⑤ 《王阳明全集》，上海古籍出版社 2006 年版，第 272 页。

运动的兴起，这一切都从不同的方面在改变着教育管理和教育政治的版图，也导致大量青少年问题的产生。20 世纪 70 年代，美国总统科学顾问委员会凯特灵基金会和联邦教育部资助了三个有关青少年教育的研究项目，来调查学校教育存在的问题，三篇研究报告无一例外都对当今的学校教育进行指责，把它描绘成存在严重问题的教育机构，报告认为青少年正常的社会化过程被严重扰乱，其结果是严重的：学校的学术标准不断下降，入学人数越来越不稳定，学生个人行为失检，校园破坏乃至暴力行为频发，人际关系紧张等等不正常的现象不断向公众发出警示[①]。到 80 年代，美国人格教育的主要倡导者人格教育理事会主席立坎纳则详细列举了美国学生中普遍存在的一系列引人注目的道德问题：暴力犯罪、偷窃、撒谎、反权威、同辈犯罪、盲信、脏语、性问题、自我中心、自毁行为等。与较早时期进行定量比较，立坎纳发现这些道德问题在美国校园呈大幅度上升的趋势[②]。正是在对知性德育的指责与问难中，引发了学校教育中人格教育的回潮和复兴。

　　20 世纪末期，在美国兴起的以重视人的积极体验、人格特质与力量的心理学价值回归的积极心理学运动，从关注人的病态转向关注人的优势和美德的开发，从人的消极心理问题转向人的积极心理品质的塑造，不再满足于畸变心理问题的应对，而是从积极心理学出发，激发和培养人的积极人格，美国人格教育的复兴基于积极心理学和积极人格，激励和促进个体在幸福快乐中成长。在美国中小学人格教育的实践活动中，丰富多彩，其中有较大影响并产生良好效果的是"六特质"人格教育。

　　人格的"六特质"实际是从人类所遵从的价值观中提取出来的六

---

① 参见 L. A. Cremin, *Public Education*, New York: Basic Books, 1976, pp.62-63.

② Thomas Lickona, *Educating for character: How our schools can teach respect and responsibility*, New York: New Times Company, 1989, pp.13-19 .

种最普遍、核心的价值观，这六种价值观就是：可信赖性、尊重、责任、公平、关爱、公民的职责与权利，而每一种价值观又包含一些具体的行为规范：1."可信赖性"包括：诚实、不欺诈、不欺骗、不偷盗；可信赖：按照自己之所说行事；有勇气做正确的事情；赢得好的声誉；忠诚于家庭、朋友和祖国。2."尊重"包括：我们每个人都有义务营造一种尊重人的社会氛围；尊敬他人：依循金科玉律（即圣经中的"欲人施于己，己必施诸人"）；宽容地对待他人的不同意见或意见分歧；讲礼貌，不说脏话；将心比心；不威胁、打骂或伤害他人；平和地处置愤怒、侮辱和争执。3."责任"包括：做别人期望自己所做之事；做事有毅力、有恒心；做事总是尽自己的最大努力；自控；自律；行为之前要慎思，考虑其结果；对自己的行为选择负责。4."公平"包括：按规则行事；心襟开放，听取他人意见；不利用他人；不粗心大意地责备他人。5."关爱"包括：仁慈；对他人富有同情心并表现自己对他人的关心；表达自己的感激；宽恕他人；帮助需要帮助的人。6."公民的职责与权利"包括：为使自己的学校和社区变得更好而尽自己的一份努力；合作；熟谙时事，参加投票选举；成为他人的好邻居；遵守法律和规则；尊重权威；保护环境；废物再利用。"六特质"人格教育的实施在美国中小学是模式繁多，如伯巴（Borba）博士提出的"五步"人格教育模式，要求人格的六种特质要分别进行专门培养，每一特质的培养都应遵循下列五个步骤：一是着重强调某种人格特质要培养学生某种新的人格特质，首先必须向学生强调这种特质；二是告诉学生所确定的人格特质的价值和意义；三是让学生清楚这种特质看上去和听上去像什么；四是给学生提供实践这种特质的机会；五是给学生提供有效的信息反馈。根据调查[①]显示，美国中小学"六特质"人格

[①] 有关调查结果引自江新华：《美国中小学"六特质"人格教育：内涵、模式及效果》，《外国中小学教育》2005 年第 8 期。

教育的实施取得了显著效果。在伊利诺伊州的库克（Cook）和威尔（Will）两个县，有 7 万多名学生接受了"六特质"的人格教育。调查发现，这两个县的 90% 的学校校长相信，人格教育促进了学校风气的好转，也融洽了师生之间的关系；80% 的校长反映，学生的纪律问题和破坏行为已大大减少。内布拉斯加州（Nebraska）对教育工作者的一项新近的调查表明：85% 的教师报告，"六特质"人格教育实施以后，他们所教的学生发生了全面、积极的变化；73% 的教师反映学生使用了人格"六特质"语言(可信赖性、尊重、责任、公平、关爱、公民的职责与权利)；75% 的教师报告实施"六特质"人格教育也改变了他们自己的行为；61% 的教师报告看见学生帮助他人的次数增加；55% 的教师报告他们看到学生责备他人的次数明显减少；50% 的教师报告他们看到更多事例证明学生值得信赖。

　　美国人格教育模式的有效开展，首先在于国家的重视和人格教育质量标准的顶层设计。1993 年在华盛顿成立了"人格教育协会"，作为全美人格教育的倡导者和领导者，每年在全国评选 10 个人格教育成绩突出的学校和社区，颁发人格教育奖，并在全美予以宣传和推广。制定和发布"人格教育质量标准"，包括 11 项原则：发展性原则；人格必须从思维、感情和行为等方面加以综合界定的原则；综合性原则；群原则；实践性原则；在学术课程中进行人格教育的原则；内在动机原则；全员教育原则；多种领导原则；父母和社区共同参与原则；综合评价原则等。这些都为在全国范围内开展人格教育提供了制度和策略保障。另外，在美国中小学无论是"六特质"人格教育、"12点·综合法"人格教育，还是其他结合学校实际展开的丰富多彩的人格教育模式，其中所体现出来的人格教育主体的广泛性和示范性、教育影响的渗透性和全面性、教育途径与方法的多样性等，都为我们开展积极人格教育的策略思考与教育方法提供了有益的启示和借鉴。

二、基于人格完善的心治策略

（一）明确人格教育内涵和目标的"养心"策略

人格的完善与教育不是一个空洞的口号和空泛的概念，也不能陷于知性德育的空心化，需要有明确的目标、具体的内容（可以细化为条目）和可评价性标准。在这方面中国古代传统的伦理道德教育和现代西方的人格教育实践，都反映了这应该是增强人格教育实效性的可行途径。因此，立足传统，借鉴外来，便成为我们基于人格完善的基本策略。

君子是中国古代的理想人格代表，中国古代的伦理教化目标就是为了造就"君子"，"君子"常常又与"仁者""贤者""大人""圣人"以及"成人"等典范人格相关联，"君子"核心是"德"。古代的君子人格有明确的道德要求和修养标准。《虞书·皋陶谟》记载皋陶与大禹以德任人的对话，提出了"宽而栗，柔而立，愿而恭，乱而敬，扰而毅，直而温，简而廉，刚而塞，强而义"。皋陶与大禹的对话讨论的是"以德任人"九个方面的条件，但"九德"之目实际上是明确了关于德性的九个方面的内容要求。周公总结殷亡周兴的历史经验，明确地提出了"敬德保民"和"明德慎罚"的观念，周公关于"德"的概念，大凡一切美好的东西都可包括其中。作为善，作为一个原则，它具体化为：敬天、诚祖、严己、善人、怜民、畜民、少刑、轻罚等。

孔子一生教书育人，以培养君子作为教育的根本宗旨和目标，在《论语》一书中"君子"一词出现了107次，由此可见他对培养"君子"的重视，而且特别应该重视的是他常常把"君子"和"小人"对举，君子是道德纯美、旨趣高洁的人，是应该学习效仿的榜样；小人则是缺德失范、卑鄙龌龊之人，应该是引以为戒。孔子的君子小人之辩，目的在于扬善抑恶，塑造具有君子之风的道德品行。孔子把"仁""义""礼""智""信""勇""中庸""自强""和而不同""文质彬彬"作为教育和培养"君子"的重要内容。1."仁"是君子人格培养的基础和根本，"仁"首先要有博爱之心，"樊迟问仁。子曰：'爱人'。"（《颜渊》）"仁"要有宽恕之心，"夫仁者，己欲立而立人，己欲达而达人。能近取譬，可谓仁之方也已"（《雍也》）。"仁"要具备恭、宽、信、敏、惠五种品质，"子张问仁于孔子。孔子曰：'能行五者于天下为仁矣。''请问之。'曰：'恭，宽，信，敏，惠。恭则不侮，宽则得众，信则人任焉，敏则有功，惠则足以使人。'"（《论语·阳货》）2."义"即适宜合理，孔子主张"君子以义为质""君子义以为上"，追求富贵要以"义"为最高原则，"富与贵，是人之所欲也；不以其道得之，不处也。贫与贱，是人之所恶也；不以其道得之，不去也。"（《里仁》）"不义而富且贵，于我如浮云。"（《述而》）3."礼"是君子的道德规范和行为准则，是君子的立身处世之本，所以君子的修养途径是"兴于诗，立于礼，成于乐"（《泰伯》）。"恭而无礼则劳，慎而无礼则葸，勇而无礼则乱，直而无礼则绞。"（《泰伯》）所以要成为"君子"，就要"非礼勿视，非礼勿听，非礼勿言，非礼勿动"（《颜渊》）。4."智"是一种君子需要具备的智慧和能力，要达到"知者不惑"的标准要求，要能够明是非、辨善恶，知人、善学、思齐的能力，所谓"不患人之不己知，患不知人也"（《学而》）。"见贤思齐"，"学如不及，犹恐失之"（《泰伯》）。"见不善而内自省也""其不善者而改之""学而时习之""游于艺"等。5."信"是君子言行的准则。孔子把"信"作为君子人格构成中非常重要的内容，致力于"信"的教育，他主张"与朋友交，言而有信""敬事而信""信则人任焉""人而无信，不知其可也"，他要求学生"言之必可行"，并以"言而无信"为耻。6."勇"是孔子提出的"仁、智、勇"所谓的"三达德"之一。孔子认为君子应该勇毅、果敢、刚强、刚正、不能软弱无能，要勇于仁、勇于义、勇于礼、勇于耻，也就说君子之"勇"要出于仁，合于义，遵于礼，知耻而后勇，不能是不符合仁、义、礼的匹夫之勇。7."中庸"就是不偏执、不过激、言语得体、行为适中、无过不及。"仲尼曰：'君子中庸，小人反中庸。君子之中庸也，君子而时中；小人之反中庸也，小人而无忌惮也。'"①在孔子看来，各执一端或形式主义的执其中都有失偏颇，所以他非常反对这种处世态度。"庸则是永远保持恒常之态，既要'择善固执'，又能随着事物的不断发展变化而调整选择最佳的方位和方式，以达到和谐平衡的状态。"②8."自强"是君子人格中自强不息、精进向上的精神内核。孔子说："君子上达，小人下达。"（《宪问》）君子遵循高尚的伦理道德规范，见贤思齐，克己奉公，日进其德，不断自我完善，追求向上进步，小人却系于一己私利，陷于个人欲望之中，日趋沉沦，自甘堕落。孔子阐发《易·乾卦》象辞，特别强调"天行健，君子以自强不息"，这说明把"自强不息"作为君子人格修养的重要内容。9."和而不同"突出的是君子人格修养中的内在持守和做人原则。"君子周而不比，小人比而不周"（《为政》），"君子和而不同，小人同而不和"（《子路》）。君子出于公义，平等宽和待人，不结党营私，小人则从一己私利出发，搞小圈子。君子胸怀坦荡，以"和"为准则，但却勇于坚守自己的原则和观点，不肯盲从附和，而小人却相反，出于自己的私心，曲意逢迎附和。10."文质彬彬"是孔子所主张的内在之"仁"与外在之"礼"的有机统一，是内外兼修、文质和谐的君子境界。所以孔子说："质胜文则野，文胜质则史。文质彬彬，然后君子。"（《雍也》）

在中国古代伦理文化的历史发展中，形成了儒教的仁、义、礼、智、信、忠、孝、恕、悌、慈、温、良、恭、俭、让、诚、勇、宽、

---

① 《中庸章句》，（宋）朱熹：《四书章句集注》，中华书局 2011 年版，第 21 页。

② 梁国典：《孔子的"君子"人格论》，《齐鲁学刊》2008 年第 5 期。

敏、惠等道德条目。其中，"仁"是最重要的统领性德目，其他德目都涵盖于"仁"的范畴之中，都是"仁"德的具体表现。由于历代学者的阐释和弘扬，形成了以"四维""五常""八德""十义"为主要内容伦理道德的体系范畴。"四维"即礼、义、廉、耻；"五常"即仁、义、礼、智、信；"八德"即孝、悌、忠、信、礼、义、廉、耻；"十义"即父慈、子孝、夫和、妇从、兄友、弟恭、朋谊、友信、君敬、臣忠。这些伦理道德范畴内涵丰富，既是我国古代教化育人的具体内容，同时也为我们今天立足传统创造性转化和创新性发展提供了难得的人格教育资源。

美国中小学开展的以积极人格为主导的人格教育活动，有明确的人格教育目标：即培养有责任感的公民；有良好的职业道德；诚实的学术态度；宽容、合作、正直、容忍的品质；神圣的国家意识；等等①。围绕人格教育目标提出了人格教育的11项原则，以塞利格曼为代表的心理学专家，制定了六大美德和二十四积极人格特质，对积极人格教育提供了具体的内容条目和教育模式。另外，在美国中小学开展的"12点·综合法"人格教育，也是在美国兴起的众多的人格教育模式中富有特色和启发意义的积极人格教育模式。"12点·综合法"人格教育是由纽约州立大学教育学院的"第四和第五尊重与责任研究中心"研究出来的。该中心是致力于尊重、责任和其他作为良好人格基础的社会主义核心价值观的教学和研究工作。"12点"是指人格教育12个方面的实施策略，包括构建一个充满爱心的班集体，道德纪律，创建一种民主的教室氛围，通过课程传授价值观，合作学习，发展职业良心，鼓励伦理思考，指导解决冲突，教师作为监护者、榜样和良师，培育教室外的关心，创造一种积极的校园道德文化、父母和社区作为合作者。关于"综合"内涵，纽约州立大学教育学院的教授

---

① 参见崔波：《中美青少年人格教育比较研究》，《北京青年政治学院学报》2005年第3期。

托马斯·里克拉（Thomas Lickona）博士进行了归纳，但其归纳比较散乱，我国学者江新华在阅读相关资料的基础上，参考托马斯·里克拉的解释，对该模式的"综合"重新进行了概括，树立了"综合"的五层含义：一是对人格概念理解的综合。人格概念包括认知、情感和行为三个层面，良好的人格由道德的心智习惯、情感习惯和行为习惯构成。二是对儿童活动形式的综合。儿童人格的形成是多种活动形式综合作用的结果，诚如詹姆士·斯腾森（James Stenson）所说："儿童是通过他们之所见、所闻及多次按照要求之所做来发展他们的人格。"三是对影响儿童人格发展的课程的综合。儿童人格的形成是多种课程，包括显性课程和隐性课程、教室内课程和教室外课程综合作用的结果[1]。四是对儿童实施人格教育的主体综合。儿童人格的形成是包括教师（学校的管理人员、服务人员）、家长和社区人员共同努力，协同作用的结果。五是对实施人格教育的12个方面策略的综合。虽然人格教育的每一个方面有着自己独特的任务，但12个方面策略的任务集中于一个核心目标——培养学生健全的人格。

改革开放以来，国家重视对青少年的思想品德与心理健康的教育，先后出台了一系列的文件和通知要求。1985年中共中央颁发了《关于改革学校思想品德和政治理论课程教学的通知》，1995年国家教委出台《中学德育大纲》，2004年，中共中央、国务院下发《关于进一步加强和改进未成年人思想道德建设的若干意见》，同年教育部办公厅印发《关于进一步加强中小学诚信教育的通知》，2012年教育部修订《中小学心理健康教育指导纲要》，等等。在相关文件中对青少年思想品德的总体目标和分阶段目标都有明确的规定。但从实施层面来看仍然偏重于知性德育，目标笼统，内容空泛，缺少操作性和可评价性。因此，立足传统，借鉴外来，面向未来，进一步

---

[1] 江新华：《美国人格教育的"12点·综合法"及其启示》，《外国教育研究》2006年第1期。

明确人格教育目标、内容以及可评价性标准，应该成为必然的策略
选择。

（二）德智体美四育并举的"育心"策略

人格教育是一个系统工程，不取决于某一方面和单一因素的作
用，而是体现和渗透于各个方面和环节。作为学校教育，人格的完善
不是依赖于某一门具体的课程，而是应该渗透于德育、智育、体育、
美育各个方面，突出人格教育和完善的综合性。

在中国近现代教育史上，蔡元培是第一个提出和强调健全人格教
育的，他认为普通教育的最终目的就是培养健全人格，健全人格构成
了蔡元培教育思想的核心。1912 年 2 月，蔡元培回国担任教育总长
不久，发表了《对于新教育之意见》，提出了军国民主义教育、实利
主义教育、公民道德教育、美感教育和世界观教育，初步表达了他以
"五育"为基本内容的健全人格教育。1912 年 5 月，蔡元培在参议
院的演讲时说："在普通教育，务顺应时势，养成共和国民之健全人
格。"[1]正式提出了养成健全人格的教育宗旨。1915 年，蔡元培在《1900
年以来教育之进步》中重申："教育者，养成人格之事业也。"[2]1917
年在爱国女学校演说中指出："健全人格，首在体育，次在智育，德
育实为健全人格之本"，明确了以"三育"为主要内容的健全人格教育。
1920 年，蔡元培在任北京大学校长时进一步提出："所谓健全的人格，
内分四育：（一）体育，（二）智育，（三）德育，（四）美育。这四项
是一样重要，不可放松一项的。"[3]1922 年他在《美育实施的方法》一
文中又指出："我国初办新式教育的时候，提出体育、智育、德育三
条件，称为三育。十年来，渐渐的提到美育，现在教育界已经公认

---

① 《蔡元培全集》第二卷，中华书局 1984 年版，第 262 页。

② 《蔡元培全集》第二卷，中华书局 1984 年版，第 412 页。

③ 蔡元培：《普通教育和职业教育》，《北京大学日刊》1921 年第 1 期。

了。"①蔡元培关于健全人格的表述前后并不完全相同，但其内涵指向是一致的，在健全人格的培育方面也经历了"五育""三育"，最终定型于"四育并举"的健全人格教育思想。

在蔡元培的健全人格教育思想中，"四育"同样重要，不可偏颇。1.体育居人格健全之首。他认为身体是精神的载体，健全的精神与人格首先有赖于健康体魄，健康体魄是一个前提性的条件。"体育，如西洋成语所说'健全的精神，宿于健全的身体。'足见体育的重要。"②2.智育为健全人格之基本。智育作为向学生传授和培养科学文化知识与能力并发展其潜能、智力的教育，不仅是人全面发展教育的重要内容，而且是关键性的基础。他认为"生活的改良，社会的改造，甚而至于艺术的创造，无不随科学的进步而进步"③。在蔡元培的智育中，不仅注重知识的传授，更强调科学精神与方法的培养，他说："爱智之人，其欲得方法，远过于具体知识也。"④3.德育为健全人格的根本。他说："德育实为人格之本，若无德，则虽体魄智力发达，适足助其为恶，无益也。"⑤他把北京高等师范学校"诚勤勇爱"的四字校训，提倡于科学中行之，把"自由、平等、博爱"作为新道德的核心。4.美育陶冶人的情感。蔡元培说："人人都有感情，而并非都有伟大而高尚的行为，这是由于感情推动力的薄弱要转弱而为强，转薄而为厚，有待于陶美，陶美的工具，为美的对象，陶美的作用叫做美育。"⑥通过美育的感情陶冶培养发现美、感受美、欣赏美、创造美的能力，进而培育健全人格，塑造美好心灵，养成高尚行为，这是素

---

① 蔡元培:《美术的进化》,《北京大学日刊》1921 年第 2 期。
② 《蔡元培教育论集》,湖南教育出版社 1987 年版,第 268 页。
③ 《蔡元培全集》第二卷,中华书局 1984 年版,第 287 页。
④ 《蔡元培教育论著选》,人民教育出版社 1991 年版,第 154—155 页。
⑤ 《蔡元培全集》第二卷,中华书局 1984 年版,第 263 页。
⑥ 《蔡元培全集》第二卷,中华书局 1984 年版,第 34 页。

质教育的重要内容，是陶冶情操的重要途径，也是全人教育的重要手段。

　　学校是低龄未成年人教育的主阵地，承担着低龄未成年人人格完善教育的重任。根据"四育并举"的人格教育原则，我们对目前学校教育进行反思，尽管随着素质教育的推进情况有所改观，但存在的问题依然很多。1. 体育的边缘化。体育课和体育活动的时间被挤压，让路于升学考试科目的学习。重视体育特长生的培养，忽视学校群体活动的开展；重视与升学有关联的体育达标项目的针对性训练，忽视一般性体育项目和体育活动的开展；更严重的是忽略体育的"育人"功能，对体育活动中蕴含的坚毅顽强的勇气、百折不挠的意志、更高更快的追求、团队协作的精神、恪守位置的责任等缺少必要的认识，从而丧失了体育育人功能的首要宗旨。2. 德育的碎片化。在德育教学中，人格的完善教育本来应该是德育的题中要义，在中华文化中，蕴含着极为丰富的德育教育资源，形成了可资借鉴的德育教育传统。但在目前面向低龄未成年人的德育教学，存在着碎片化的问题，缺少系统性。在山东教育出版社出版的初中生《思想品德》中，有珍爱生命、同伴友情、自尊自信、意志磨炼、情绪调控、分辨是非、相亲相爱、学会交往、合作竞争、关注国家等专题，作为目前仍在使用的比较好的一套教材，其主题比较突出，但仍然显得零碎且缺少内在的逻辑结构。在人民教育出版社出版的高中生《思想政治》中，则更多突出的是政治色彩，与初中生《思想品德》缺少必要的内在联系和逻辑提升。另外，无论是初中的"思想品德"课还是高中的"思想政治"课，都没有充分体现出人格完善的教育理念，在一定程度上还存在从升学考试出发的意识，注重知识点的教学，把思想品德教育知识化、教条化，忽略行为养成与实践教育的内化。3. 智育的片面化。在中学的教育体系中，智育被放在一个显要的位置，但重理轻文，重视科学教育轻视人文教育。在人文经典中蕴含着丰富的世界观、人生观、道德价值观、情感与思维模式、对真善美的追求等，但从应试目的出发的对人文经典的过度解读式教学，随着教师的条理和知识点的归纳而被肢解，丧失对学生具有感染和熏陶的淋漓元气。4.美育的非专业化。在应试教育的背景中，学校重视的是语数外生理化等主科的建设和师资的引进，对于没有纳入统考内容的音乐和美术则不重视，音乐、美术教师许多都是非专业出身，课程由其他有音乐或美术特长的教师兼任，这种情况在乡村中学尤为严重和普遍。有的学校音乐、美术课程无法开设，即使开设了质量也无法保障，以美育来进行人格完善教育也就无从谈起了。这是我们在学校人格教育中所面临的现实问题，也是我们在加强"四育并重"的人格完善教育中必须要解决的问题。

（三）认知教育与认知实践相结合的"化心"策略

根据认知心理学理论，认知是人们对信息接收、合成、编码、储存、提取、重建、概念形成、判断和问题解决的信息加工，也就是个体进行信息处理的过程。皮亚杰认知发展理论认为，未成年人主动建构他们的认知世界，但是信息并不是完全从环境进入他们的心理世界，为了理解世界，未成年人还会根据他们已有的经验，区分重要概念和次重要概念。低龄未成年人在主动建构认知世界的过程中使用了图式，图式作为一种心理概念或框架，用于组织和解释信息，并通过两个过程来使用和改变他们的图式，这就是同化和顺应（Piaget，1952）。同化（assimilation）是将新信息纳入已有的知识中去，在同化过程中，图式并没有改变。顺应（accommodation）是改变已有图式来适应新信息，在适应的过程中图式发生了改变。皮亚杰强调的另一个过程是平衡（equilibration），未成年人在尝试理解世界时，有时会经历认知冲突或不平衡感，最终他们会解决冲突达到思维的平衡①。

---

① ［美］约翰·桑特洛克:《青少年心理学》，寇彧译，人民邮电出版社 2013 年版，第 111 页。

认知包括社会认知、他人认知与自我认知三个方面。社会认知是指低龄未成年人对社会的印象、感觉与判断，包括了对社会价值、作用、意义的理解，对社会制度、规则、法律的认识，对社会现象、行为、道德的判断，对学习与生活环境的印象和评价，等等。当低龄未成年人凭借已有经验建立的图式在认知社会时，出现认识上的冲突、偏离和错位，形成社会认知障碍，就会萌发抵触、对抗等消极情绪，从而产生越轨违法行为。如校园恶性暴力事件频发表现为未成年人对法律知识的认知错误，性犯罪事件表现为未成年人对性行为和性道德认识的错误，防卫过度和以暴制暴则是对自我防卫认识的错位，对环境与秩序的破坏则是对人与环境关系的认识错位，等等。他人认知主要体现为通过他人言谈、举止、服饰、仪表、神态、行为、习惯等形成的"印象"，这种印象构成了对他人的认识"图式"。低龄未成年人如果不能认同他人的印象图式和尊重他人的个性习惯，就会产生排拒感，导致对他人的认知障碍，引发与他人的冲突行为，并进而影响到对是非的判断，把好人当坏人，把坏人当好人，降低了低龄未成年人对不良诱惑的抵御能力。自我认知是通过对自我外表、行为、个性、习惯、爱好等信息加工形成的自我认知图式。自我认知与自尊密切相关，"低龄未成年人时期是个体自我发展的重要阶段，自尊对低龄未成年人的自我认知、自我判断及自我概念的发展有着重要影响，并直接关系着低龄未成年人的人格塑造和心理健康水平"[1]。研究发现同伴关系对低龄未成年人的自尊发展有着直接的促进作用，同伴侵害和同伴之间的冲突、自私行为阻碍低龄未成年人自尊的发展，而同伴之间的友爱互助对低龄未成年人的自尊发展则起着积极的促进作用[2]。低龄未成年人不能客观地评价自己，不能正确地树立和维护自尊，容易

---

① 参见潘颖秋：《初中青少年自尊发展趋势及影响因素的追踪分析》，《心理学报》2015 年第 6 期。
② 参见潘颖秋：《初中青少年自尊发展趋势及影响因素的追踪分析》，《心理学报》2015 年第 6 期。

产生自我认知障碍，从而坠入"无可救药""破罐子破摔"的"问题低龄未成年人"的怪圈之中不能自拔。

针对低龄未成年人在社会认知、他人认知、自我认知中存在的认知障碍和问题，学校、社会和家庭都有责任和义务对低龄未成年人进行认知教育和矫正，在以社会主义核心价值观为引领的道德教育、法治教育、人格完善教育中，帮助他们树立正确的世界观、人生观、价值观。这种认知教育不能是空洞的说教，要创设良好氛围，让低龄未成年人能够积极主动地从已有的认知结构中，提取与新知识新概念有密切联系的旧知识旧概念，在认知过程中不断地分化、整合、优化，从而达到同化效应。另外，重视对低龄未成年人的认知教育，又不能把认知教育仅仅作为一种知识教育，只是停留在知识的层面，这是远远不够的。认知教育是基于实践的教育，认知的"同化"与"顺应"是建立在实践的基础之上，通过认知实践达到解决冲突的"思维平衡"。认知实践要从低龄未成年人日常的学习生活实际出发，符合低龄未成年人的认知水平，从身边做起，从小事做起，一点一滴积累，在落细、落小、落实上下功夫。李建均在《有感于认知教育在英国小学德育中的运用》一文中，分析了英国小学德育的认知教育与认知实践，总结英国小学校长的观点："学校要重视学生的认知实践，在实践中激起学生内在的认知结构优化，纠正错误的行为习惯和道德观念，形成正确的道德认知和道德品行。"[1]例如，在学校学生上下楼梯往往没有靠一边走的习惯，因此学生在楼梯上碰撞挤压的事故时有发生。英国察尔顿小学开展了一项活动，即为按规定上下楼梯靠左边走的学生拍照，于是大家选出了一男一女两名执行这项规定最好的学生，拍了示范照，并把照片张贴在楼梯转弯口，"上下楼梯靠左走"的要求，便逐步成为学生的自觉行为。"心中有榜样"也是加强任职

---

[1] 李建均：《有感于认知教育在英国小学德育中的运用》，《视野》2006 年第 11 期。

时间的一个重要方面，"各行各业都有很多值得我们学习的榜样，包括航天英雄、奥运冠军、大科学家、劳动模范、青年志愿者，还有那些助人为乐、见义勇为、诚实守信、敬业奉献、孝老爱亲的好人，等等"①。在认知基础上的实践、感受、体验和在榜样的教育、感召、启示下，生成智慧，充盈情感，磨炼意志，点亮心灵，从而使低龄未成年人的人格得以健全和完善。

（四）建立人格调查制度的"正心"策略

人格调查制度作为司法术语，是指在法院宣判前，由特定的机构对犯罪嫌疑人的成长经历、生活环境、日常表现、家庭状况、教育背景、社会交往等方面进行详细的调查，并根据调查结果对犯罪嫌疑人的人格作出评价，对犯罪嫌疑人的人身危险性和重复犯罪的可能性进行评估，将调查与评估报告提交法院作为对犯罪人量刑参考的制度。人格调查制度是在 19 世纪末的西方由于刑事犯罪与日俱增，刑事古典学派所主张的"以行为为中心"的行为刑法显得力不从心的背景下产生的。行为刑法制度"忘记了罪犯的人格，而仅把犯罪作为抽象的法律现象进行处理。这与旧医学不顾病人的人格，仅把疾病作抽象的病理现象进行治疗一样"②。刑事法学者们从教育、改造"行为人"的目的出发，把关注的目光从"行为"转向了"行为人"。1985 年《联合国少年司法最低限度标准规则》（又称《北京规则》）第 16 条规定，"所有案件除涉及轻微违法行为的案件外，在主管当局作出判决前的最后处置之前，应对少年生活的背景和环境或犯罪的条件进行适当的调查，以便主管当局对案件作出明智的审判"。这是人格调查制度第

---

① 习近平：《从小树立和践行社会主义核心价值观》，《习近平谈治国理政》，外文出版社 2014 年版，第 182—183 页。

② ［意］恩里科·菲利：《实证派犯罪学》，郭建安译，中国人民公安大学出版社 2004 年版，第 178 页。

一次在国际性文件中被明确规定。

人格调查制度以"教育为主、惩罚为辅"的少年司法原则，也于近年来悄然进入我国的司法领域，并取得了良好的效果。2009年至2010年，广州市两级法院共对20起未成年犯罪案件共23名未成年被告人开展了心理干预，从未成年当事人、家长、司法界等各方面反映的情况来看，心理干预机制运行效果良好，获得了广泛认同。法院在量刑时对心理测评报告的参考率达到87%，其中以测评报告为依据对未成年人酌定从轻处罚的占2%，酌定从轻并适用缓刑的占22%，以测评报告作为量刑依据考虑的占43%。根据问卷调查结果，心理干预对未成年被告人有教育感化作用的达70%。此外，根据跟踪考察，接受心理干预机制的未成年犯认罪改造效果明显，没有重新犯罪情况的发生[1]。在我国许多地方法院对未成年人的案件审理中，都在积极探索试行人格调查制度，取得了较好的效果。

少年司法中人格调查制度的理论研究、操作方法、实践探索及其积极试行的成功案例，为学校开展对问题低龄未成年人的教育矫正，在方法论的层面提供了有益的启示，在实践操作的层面提供了可资借鉴的经验。在学校可以组织以政教处、团委、班主任、心理咨询服务教师、思想品德教师为主体的团队，会同社区、家长、司法、普法等部门和人员，开展以问题低龄未成年人为重点的人格调查，建立问题低龄未成年人人格档案。人格调查围绕问题低龄未成年人的身心状况（年龄性别、个体需求、身体状况、兴趣爱好、性格特征）、家庭情况（家庭结构、父母情况、经济状况、教育状况）、成长经历（个人成长经历、社会经历、同伴关系、团伙交往）、犯罪前后表现（犯罪前的行为表现：初犯、再犯、惯犯；犯罪中的行为表现：动机与目的、

---

[1] 参见胡学相、张中剑：《完善未成年被告人人格调查制度的司法对策——以广州市审判的实践为例》，《华南理工大学学报（社会科学版）》2014年第5期。

性质与手段、时间与地点、性质与形态；犯罪后的行为表现：坦白交代或推诿隐瞒、自首或逃避、立功或对抗、退赃或藏匿等）四个方面展开。在方法上采用问卷调查、人格测评、结构访谈、投射测验、同伴提名、自然观察、实验测量、特殊鉴定等多种方法相结合的综合测评。通过调查测评，建立问题低龄未成年人的人格档案，为教育矫正提供依据，对症下药，增强对问题低龄未成年人教育矫正的针对性和实效性。同时，在人格调查的实施过程中必须饱含一颗爱心和慈悲之心，美国著名的少年法院运动代表人物朱利安·马克法官曾经说过："为什么我们不应该像贤明和慈悲的父亲对待其犯错误尚未被当局发觉的子女那样对待没人管的低龄未成年人呢？这样处理未成年犯又有什么不正确、不恰当呢？国家的责任不应该只限于查问这个男孩或那个女孩是不是犯了哪种罪，而应该进一步查明他在身体、精神、道德方面是什么情况。如果发现他走向犯罪道路并被控告，则不应一味予以处罚，而是应该实行改造；不是让他从此堕落下去，而是要叫他振奋起来；不是要把他摧垮，而是要他发展；不是要他变成罪犯，而是要把他造就成有益于社会的公民。"[1]这应该成为我们开展问题低龄未成年人人格调查的出发点和落脚点。

三、人格教育的方法探索

（一）以低龄触法未成年人为主体的自我教育法

在对学校教育的一般理解中，我们想到的是教师和学生两个方面，教师是传道、授业、解惑的教育者，教育的对象是学生；学生作为受教育的对象，是聆听者和接受者，是被动的接受者。以低龄触法

---

[1]　姚建龙：《少年刑法与刑法改革》，中国人民公安大学出版社 2005 年版，第 30 页。

未成年人为主体的自我教育是对传统教育的一种颠覆，低龄触法未成年人是双重身份出现，既是教育者又是受教育者，既当教育的主体，又是教育的对象，自己做自己的老师。有学者指出，"自我教育是个体根据思想政治教育主体的要求和自身发展的要求，把自我作为认识和改造的对象，通过自我认识、自我选择、自我反省和自我调控等方式，提高和完善自我道德品德和思想政治素质而进行的一种教育活动"①。前苏联教育家苏霍姆林斯基说："自我教育是学校教育中极为重要的一个因素"，"促进自我教育的教育才是真正的教育"②。苏霍姆林斯基认为，在对个体的教育中，自我教育是起主导作用的重要方法之一。自我教育的要义是学生培养自己的主体精神，发展积极的个性特点与积极的人格品质，促进自我发展、自我调控、自我实现与幸福成长。

1. 一月一题与一日一讲

在中国古代伦理文化的历史发展中，孔子的"君子"教育，以"仁""义""礼""智""信""勇""中庸""自强""和而不同""文质彬彬"作为教育和培养"君子"的重要内容。后来有所谓的"四维"（礼、义、廉、耻）、"五常"（仁、义、礼、智、信）、"八德"（孝、悌、忠、信、礼、义、廉、耻），形成了儒教的仁、义、礼、智、信、忠、孝、恕、悌、慈、温、良、恭、俭、让、诚、勇、宽、敏、惠等道德条目。在美国以心理学家塞利格曼为代表推动积极人格教育，提出六美德和二十四种积极人格特质，一是智慧（1创造力、2好奇心、3热爱学习、4开放性思维、5洞察力）；二是勇气（6正直、7勇敢、8坚持、9热情）；三是人道（10友善、11爱、12社交智慧）；四是正义（13公平、14领导力、15团队精神）；五是节制（16宽容、17谦虚、18

---

① 祖嘉合：《思想政治教育方法教程》，北京大学出版社2004年版，第148页。

② [苏]瓦·阿·苏霍姆林斯基：《帕夫雷什中学》，赵玮等译，教育科学出版社1983年版，第13—23页。

谨慎、19 百折不挠）；六是卓越（20 审美、21 感恩、22 希望、23 幽默、24 虔敬）。以社会主义核心价值观为本，植根优秀传统文化，借鉴外来优秀文化。矫正机构在以低龄触法未成年人为主体的人格教育活动中，协助低龄触法未成年人进行策划，制订低龄触法未成年人人格教育活动方案，在老师的指导下对低龄触法未成年人人格的自我教育活动系统设计，确定自我教育主题，每月围绕一种人格特质确定一个主题。第二课堂的所有学习、实践都围绕这一人格特质的主题活动展开，广泛利用海报、广播、宣传栏、文化墙、电脑屏幕、手机信息等，营造浓郁的主题氛围，使人格特质主题氛围洋溢于整个校园，渗透到学习、生活的方方面面。每天开展课前 10 分钟主题演讲，在主题月自我教育活动中，每一个低龄触法未成年人结合自己的学习、实践体会，在班级进行演讲交流。

2. 合作学习

所谓合作学习，是指"学生在小组或团队中为了完成共同的任务，有明确的责任分工的互助性学习"[①]。国务院《关于基础教育改革与发展的决定》中指出，"鼓励合作学习，促进学生之间相互交流、共同发展，促进师生教学相长"。《基础教育课程改革纲要（试行）》中也指出，"改变课程实施过于强调接受学习、死记硬背、机械训练的现象，倡导学生主动参与、乐于探究、合作学习"。合作以同伴互助合作学习、小组合作学习、全员合作教学等不同的形式展开，围绕人格完善和教育开展合作学习的理论依据是合作学习是一种特别有效的人格构建过程，因为在学生学习学术性课程的同时，合作学习在发展学生重要的美德方面提供了经常性的训练，并帮助他们发展交流、获得观点的技巧，获得作为团队成员的工作能力以及欣赏与自己不同的人的能力；合作学习可以构建良好的班集体，他使班上的每一个成员结

---

① 王坦：《合作学习论》，教育科学出版社 1994 年版，第 18 页。

合为一体并消除各种障碍。通过合作学习使低龄触法未成年人在经验交流与问题探讨中，能够发现和欣赏他人的优势和长处，增强团队协作精神，克服低龄触法未成年人之间的交流障碍，形成温暖而友好的伙伴关系，激发兴趣与爱好，提高分析问题、辨别是非的能力。

（二）一主多辅的渗透式教育法

课堂是学校教书育人的主渠道和主阵地，课程是学校为实现培养目标而选择的教育内容及其进程。对于低龄未成年人的人格教育要立足于思想品德课程，以思想品德课为主，加强低龄未成年人的思想教育、品德教育和人格教育。一是要以社会主义核心价值观为导向，突出思想性，根据低龄未成年人身心发展特点，分阶段分层次对初中学生进行社会主义核心价值观教育，倡导"富强、民主、文明、和谐"，倡导"自由、平等、公正、法治"，倡导"爱国、敬业、诚信、友善"。以思想品德课为主体，积极培育和践行社会主义核心价值观，使社会主义核心价值观内化于心、外化于行，成为低龄未成年人思想、品德、人格的灵魂。二是要以道德修养为根本，加强道德修养，注重道德实践。道德对于个人和国家都具有基础性的意义，要让低龄未成年人懂得做人做事第一位的是崇德修身。"修德，既要立意高远，又要立足平实。要立志报效国家、服务人民，这是大德，养大德者方可成大业。同时，还得从小事做起、管好小节开始起步。'见善则迁，见过则改'，踏踏实实修好公德、私德，学会劳动、学会勤俭、学会感恩、学会助人、学会谦让、学会宽容、学会自省、学会自律。"[1] 三是要加强实践性，注重与社会实践的联系，引导低龄未成年人自主参与丰富多样的活动，在认识、体验与践行中促进正确思想观念和良好道德品

---

[1]　习近平：《青年要自觉践行社会主义核心价值观》，《习近平谈治国理政》，外文出版社 2014 年版，第 173 页。

质的形成和发展。四是要加强整合性，有机整合思想品德教育、心理健康教育、法制教育、行为守则教育、形势政策教育等相关内容，密切联系与低龄未成年人的家庭生活、学校生活和社会生活等，将情感态度价值观的培养、知识的学习、能力的提高有机地整合在一起。

人格教育以思想品德课为主体，同时在其他学科的课程教学中要采取渗透式教育法，促成人格教育在课程间的全覆盖和全程化。其他学科要根据自身的课程内容和特点，发挥课程的自身优势，有意识渗透人格教育，形成课程间的相互协同。

1. 语文。语文内容丰富多彩，地涉中外，时跨古今，笼括天地万物，包纳人间众事，范围之广泛、内容之丰富是中学其他学科所没有的。语言文字是人类最重要的交际工具和信息载体，是人类文化的重要组成部分。语文因其学科的特殊性广泛地渗透到社会生活的各个方面，哪里有人类活动，哪里就有语言文字的参与，就有语文的实践和运用。语文具有工具性和基础性，语文教学要致力于培养学生的语言文字运用能力，提升学生的综合素养，为学好其他课程和终身学习奠定良好基础。语文以诗词文小说为载体，蕴涵着丰富人文精神"基因图"、思想道德的"定盘星"、历史文化的"活化石"；渗透着讲仁爱、重民本、崇正义、守诚信、尚和合、求大同的价值观；在诗词文中凝聚了最丰富、浓郁、深沉、持久的家国情怀、高尚人格、感人故事，在熏陶凝成民族气质、弘扬民族精神、塑造民族灵魂、养成积极人格方面具有无可替代的作用，能够为学生形成正确的世界观、人生观、价值观、良好心理品质和健全人格打下基础。语文教师在教学活动中，较之其他学科教师更多地触及到人、人性、道德、伦理、情感、性格，如于漪所说：语文老师"站在课堂上就是生命在闪光"[1]。语言文字在抑扬顿挫的节奏旋律之中，在点横撇捺的书写之间，体现了中

---

[1]　于漪：《谈素质教育背景下的语文课堂教学改革》，《课程·教材·教法》2000年第7期。

华民族的文化图谱，语文课程对继承和弘扬中华民族优秀传统文化，增强民族文化认同感和文化自信心，增强情感凝聚力、文化向心力、艺术感染力具有不可替代的优势。语文课中历代文人字斟句酌、呕心沥血书写的锦绣文章，或气壮山河，动人心魄；或娓娓道来，声情并茂，凝成最美的文字，构成醉人的意境，其崇高美、悲壮美、清雅美、平淡美，能够净化优美心灵，激发积极情感，塑造高尚人格。

2. 音乐。音乐教育坚持以审美为核心，以体验为根本，把音乐基础知识和基本技能的学习，有机地渗透在音乐艺术的审美体验之中。音乐课的主要目的是通过音乐用于人的情感世界，激发人的积极情感，提高人的审美能力，培养学生的积极人格。音乐课的基本价值在于通过以聆听音乐、表现音乐和音乐创造活动为主的审美活动，使学生充分体验蕴涵于音乐音响形式中的美和丰富的情感，为音乐所表达的真善美理想境界所吸引、所陶醉，与之产生强烈的情感共鸣，使音乐艺术净化心灵、陶冶情操、启迪智慧、情智互补的作用和功能得到有效的发挥，以利于学生养成健康、高尚的审美情趣和积极乐观的生活态度，以音乐审美为核心的基本理念，贯穿于音乐教学的全过程，在潜移默化中培育学生美好的情操、健全的人格。

3. 美术。根据《中华人民共和国义务教育法》制定的《义务教育全日制小学、初级中学课程计划》规定，美术课是义务教育阶段必修的艺术教育课程，是对学生进行美育的重要途径。通过美术教育，培养学生对美的感受力、鉴赏力和创造力，从而使学生树立正确的审美观念和高尚的审美情操。小学阶段的美术教育使学生初步接触我国民族民间的、国外的优秀美术作品，掌握浅显的美术基础知识和简单的美术技能，培养学生的观察能力、想象能力和美术欣赏能力。初中阶段的美术教育进一步了解我国民族民间的、国外的优秀美术作品，使学生掌握美术基础知识和基本技能，提高学生的观察能力、形象思维能力、美术欣赏能力和表现能力。在美术教学中，学生以个人或集体合作的方式参与各种美术活动，尝试各种工具、材料和制作过程，学习美术欣赏和评述的方法，丰富视觉、触觉和审美经验，体验美术活动的乐趣，获得对美术学习的持久兴趣；了解基本美术语言的表达方式和方法，表达自己的情感和思想，美化环境与生活。在美术学习过程中，激发创造精神，发展美术实践能力，形成基本的美术素养、陶冶的审美情操，提高审美能力，培育完善人格。

4. 体育。蔡元培认为身体是精神的载体，健全的精神与人格首先有赖于健康体魄，健康体魄是一个前提性的条件，因此他于 1917 年在爱国女学校演说中提出了"健全人格首在体育"的观点，表明了体育教学在学校育人中的重要性。学校体育应把育人作为出发点和归宿，学校体育应以提高运动技术水平保障，坚持以增强体质为主、以终生体育为主、快乐体育为主，形成锻炼身体的习惯。体育教育要注重发展学生个性，锻炼学生意志品格，通过体育课程教学和丰富多彩的校园体育活动的开展，培养学生的团队协作的精神、坚守位置的责任、遵守规则的意识、坚忍不拔的意志、快乐共享的情感、积极向上的人格。

（三）有针对性的特色教育

1999 年颁布的《预防未成年人犯罪法》列出的未成年九种不良行为和九种严重不良行为。不良行为的经常性和反复发生，具备了违法犯罪的倾向性和可能性，则形成了个体的品行障碍，需要有针对性进行教育矫正。

从未成年人走向犯罪的心理与行为历程进行考察，我们发现这些未成年犯罪经历了大致相同的轨迹：对文化课程学习没兴趣→学习成绩差→厌学情绪→断续性旷课→长时间逃学→失学辍学→游荡社会→走向犯罪。从学校的教育与管理来看，如果学校的教育能够激发学生的学习兴趣，那么则不会有厌学、逃学情况的发生，如果学校的管理能够有效阻止学生的旷课、逃课以致失学辍学，那么也不会有学生在义务教育阶段游荡社会、结交不良、走向犯罪。在应试教育痼疾难除的背景中，学校教育中现有的所谓兴趣特长班、实验班、创新班等名目，都是在分数至上和升学考试的语境中展开的。在这样的学校教育语境中，文化课程学习跟不上的学生则常常受到老师的忽视、同学的歧视。少年儿童的心灵是敏感的，老师的一句话和一个态度都可能改变孩子的一生，有的家长认为教师对待孩子的态度比知识的传授更为重要。调查显示，表示与老师关系"对立"的未成年犯"经常"旷课逃学的高达 63.3%，从来没有受过老师表扬的学生中"学习成绩跟不上"的学生高达 65.1%，与老师"对立"的学生中"学习跟不上"的高达 56.4%。[①]学习兴趣、学习成绩与得不到老师表扬、与老师对立，这两个方面是互为因果关系。

从学校教育的源头着眼，调动学生的学习兴趣则是一个关键性问题，要破解这个问题，对低龄触法未成年人进行因材施教、分类培养的特色教育，应该成为一个需要我们去认真探讨的改革项目。根据他们的兴趣、爱好和特长进行特色教育，训练他们的社交技巧，传授解决社会家庭问题的方法，引导他们学习对抗社会行为压力的知识和方法要特别加强对不良行为虞犯少年的法治教育，改革教学方法，充分调动学生学习的积极性，采用故事教学、情境模拟（如法庭模拟）、角色扮演、案例研讨、法治辩论、价值辨析等多种教学方法，以提高教学效果。也可以根据低龄触法未成年人的认知特点，将真实法治案例引入课堂教学。在教育教学活动中通过对社会生活中常见违法行为的认知，强化法律责任意识，巩固守法观念，使低龄触法未成年人了解犯罪行为的特征、刑罚种类、校园暴力的危害，认知初中生能够理解和常见的违法和犯罪行为及其危害和要承担的法律责任。主要的教

---

① 关颖：《学校教育对未成年人犯罪影响的调查》，《预防青少年犯罪研究》2012 年第 3 期。

育方法有：

一是目标激励。人格目标表达的是一种价值理想，是在应然的意义上体现主体对道德教育所进行的价值追求。目标是面向未来的一种承诺，是前进和发展的方向。从人格发展的目标建构理论出发，低龄未成年人在学习和生活中是否有目标是其人格发展的动力所在。目标可以区分为三个层次：成就目标、关系目标、精神目标。成就目标是个体根据生活、学习的现实状况，确定经过努力要达到的程度和状况，学习目标的确定要适中，目标太高远或目标太低下都会失去激励的作用，形同虚设。这种目标的设定还需要着眼个体的适中与恰当，从而在个体的进步与发展中获得幸福成长的快乐。关系目标是个人在所处的学习和生活环境中，确定与他人相处良好的关系目标，这一目标的确定可以由近及远，包括与同桌、与同组其他同学、与同班其他同学，形成友好、互助、信任的同学关系，并能有意识地改变与自己关系比较疏远的同学，在良好的同学关系构建中，树立自信心，增强团队合作意识，在爱与被爱的温暖关系中共同成长。精神目标是个体对促进主体性道德人格发展的自我教育目标，表达的是一种主动的价值理想追求，也体现了一种自我的价值选择，在精神目标的选择中，需要立足本来，借鉴外来，着眼未来，为适应将来的社会需要和个体成长发展的需要奠定良好的基础。

二是榜样激励。榜样激励就是以古今中外的先进人物、优秀典型、杰出代表为榜样对学生进行激励的教育方法。根据班杜拉的社会学习理论，人们可以通过观察他人的行为及其行为的结果而获得替代性强化来进行学习，强调通过观察或榜样来学习。在班杜拉看来，"人类的大多数行为都是有意或无意地通过榜样而学习的"①。通常我

---

① [美]杜安·舒尔茨、西德尼·艾伦·舒尔茨：《人格心理学》，张登浩、李森译，机械工业出版社 2016 年版，第 211 页。

们说"榜样的力量是无穷的",都说明先进人物、优秀典型、杰出代表的人和事对人特别是低龄未成年人的影响是巨大的。习近平总书记2014年六一儿童节前夕在北京市海淀区民族小学主持召开座谈会时,教育少年儿童要"心有榜样",就是要求少年儿童要学习英雄人物、先进人物、美好事物,在对榜样的学习中养成好的思想品德。我国历史上有很多少年英雄故事,在中国共产党领导人民进行的革命、建设、改革事业中也涌现了大批少年英雄,这些少年英雄都应该成为学习的好榜样。在社会主义现代化建设中,涌现出来的航天英雄、劳动模范、科学精英、发明大王、文学巨匠、艺术大师、技术能手、爱心大使、青年志愿者、最美乡村医生、最美乡村教师等,还有助人为乐、见义勇为、诚实守信、敬业奉献、孝老爱亲、救死扶伤、无私奉献等好人好事。教师应该有针对性地选择典型和榜样,对学生进行激励教育。同时,教师还应着眼于身边的人和事,在学生中发现、培养各种典型,在同学中形成带动效应。教师特别要关注和鼓励有不良行为的少年儿童,在及时矫正他们不良行为的同时,还要善于发现他们的优点、特长和进步,及时给予表扬和鼓励,增强他们快乐成长的自信心。

三是信任激励。信任激励是教师基于鼓励、尊重、支持、关怀而对学生进行的一种激励教育方法。"信任"在现代汉语词典学意义是"相信而敢于托付"。作为构词要素的"信"是中国古代伦理道德的"五常"之一,具有"诚实"的意思,是指一个人心理、行为、言语及结果之间相一致,也就是通常我们所说的言必信、行必果,另外信还有"信赖""可靠"的意思,也就是通常所说的信得过靠得住。"任"则是任用、担任、担当的意思。"信"为本,"任"为用,因"信"而"用",就是教师因相信而任用学生,这种教育方式能够使学生处于一种被信任、尊重、关怀、支持与平等的心理体验之中,增强了学生积极向善的自信心。信任激励包括工作信任、人格信任、成就信任、友谊信任等。工作信任是发挥学生的优势和特长，交给学生来具体组织完成某一项具体的工作和任务；人格信任是从师生平等的关系出发，尊重学生人格，充分调动和发挥学生主体性、主动性，增强责任感和使命感，在学生的自我要求中提升人格境界；成就信任是基于对学生学习、成长、发展的信心，相信学生能够积极上进，不断取得成就，教师要细心观察，及时表扬和鼓励学生所表现出来的点滴进步和成就；友谊信任是教师建立"爱"的基础之上，在与学生的双向交流中构建出来的可亲、可爱、可信、可敬的温暖关系，教师既是学生尊敬的长者，有时可以交心的朋友，在这样和蔼温暖的师生关系中激励才会有实效。

要提高学校教育矫正效果，关键在老师。有32.8%的未成年犯表示，当出现不良行为时未收到教育和引导[①]。作为面向低龄触法未成年人的教师，要不断强化教育情怀，提升专业素质，当学生产生学习困难和厌学情绪时，教师要及时帮助他们分析原因，给予必要的指导和帮助，使他们在幸福与关爱的体验中快乐学习；当他们受到社会、家庭、同伴的不良影响时，教师应该尽职尽责，及时与学生交流沟通，帮助他们缓解不良情绪，消除不良影响，以积极的情感状态面对生活。学校要加强管理，避免学生的流失辍学。义务教育是国家法律规定的所有适龄儿童都必须接受的教育，具有强制性，这是义务教育学校的根本所在。对于初中教育阶段学生的旷课逃学，导致最后的流失辍学，学校应该负有不可推卸的责任。调查显示，有83.2%的未成年犯在上学时有过旷课逃学的情况，其中"经常有"的占46.9%，"偶尔有"的占36.3%。从旷课逃学的时间来看，"一个星期以内"的占54.3%，"一个星期以上"的占20.1%，"一个月左右"的占16.1%，"一

---

① 　路琦、牛凯、刘慧娟等：《2014年我国未成年人犯罪研究报告》，《中国青年政治学院学报》2015年第3期。

个学期左右"的占 8.5%^①。这不能不说是学校管理上的漏洞。学校在管理上应该以"一个都不能少"的态度平等对待所有学生。

"教无定法"这是人们对教育方法的共识，教育生态多种多样，教育内容丰富多彩，教育方式林林总总，教育对象千差万别，教育方法千变万化。因此我们对人格教育方法的探索，由于能力和选题的局限，不可能做到面面俱到全面展开，只是选择性地从以学生为主体的自我教育法、一主多辅的渗透式教育法、激励教育法三个方面进行探讨。因为关于养成教育在前文已经有所论及，在此不再赘述。尽管教育的方法是千变万化，但是万法归宗，其"宗"就是一个大写的"人"，教育的"不忘初心"就是立德树人，"教天地人事，育生命自觉"^②，养成低龄未成年人向上、阳光、明亮、温暖的心理和态度，使低龄未成年人在幸福快乐中成人成才。

---

① 关颖：《学校教育对未成年人犯罪影响的调查》，《预防青少年犯罪研究》2012 年第 3 期。

② 叶澜：《教天地人事　育生命自觉——"生命·实践"教育的信条》，《光明日报》2017 年 2 月 21 日第 13 版。

第八章　基于教育生态结构的综治策略

教育作为一个活动过程，可以是正式的也可以是非正式的，教育可以在公共的、社会的、学校的场所展开，也可以在私人的、家庭的和个人空间进行。学校、家庭、社会作为学生的学习和成长的主要空间与场所，构成了以受教育者个体发展为中心的生态环境。美国哥伦比亚大学师范学院院长劳伦斯·A.克雷明于 1976 年明确提出了教育生态学，认为教育不是一个独立于社会之外的形态而是一个有机的和复杂的生态系统，把各种教育机构与结构置于彼此联系以及与维持它们并受它们影响的更广泛的社会之间的联系中加以审视是有益的，"教育结构中各教育机构之间的关系既可能是相互补充的，也可能是相互对立的；既可能是和谐一致的，也可能是矛盾冲突的"①。学校、家庭、社会等教育机构之间的"和谐一致"抑或"矛盾冲突"，取决于教育价值取向，只有在教育价值取向上达成一致和共识，才能形成"和谐一致"的良好生态，发挥"相互补充"的作用。当社会发展到人们只需花少量的时间就可以解决温饱的生存问题后，文明和幸福则成为人们关注的焦点，教育也由过去的一种外在使然而成为一种内在的需求，教育的根本任务就成为"使每一个个体、每一个家庭和整个社会都变得富有生机，而要达到以上目的的根本前提则是使每个个体生活快乐、幸福和健康"②。

---

① L.A.Cremin, *Public Education*, New York:Basic Books, 1976, p.30.

② 严瑜:《幸福心理学》，人民出版社 2015 年版，第 17 页。

一、教育生态的构成与检视

（一）教育生态的构成

生态结构作为生态系统内各要素之间相互联系和作用的方式，它是属于生态学范畴的一个基础性、核心性概念。生态学（Ecology）作为研究生物有机体与其周围环境之间相互关系的概念，是由德国动物学家海克尔（E. Haeckel）在 1866 年首先提出的。Ecology 一词来源于希腊文 oikos，原意为"住所"或"栖息地"，因此，就文字的表层意思来看，生态学就是关于生命的生活（居住、学习、生存、成长）环境状态的科学。在生态学的发展过程中，英国生态学家坦斯利（A.G.Tansley）于 1935 年提出的生态系统概念具有里程碑的意义。作为生态学核心概念的"生态系统"，简言之就是指生物群落与周边环境组成的功能整体，它由若干个密切联系相互作用的层级系统和子系统构成。"把生态系统中的人与其他各个组成部分物质循环和能量流动作为其重要的研究内容，这就是所谓的生态系统方法。"[1] 生态系统生态学的研究首先引起人类学家的关注，主要是由于生态系统的整体观，其进入教育研究领域则是后起之事。

20 世纪 70 年代，美国著名的教育史家、教育评论家劳伦斯·A. 克雷明（Lawrence Arthur Cermni, 1925—1990），首次提出"教育生态学"理论，他在《公共教育》一书中指出"将生态学方法运用于教育研究是有益的，即把各种教育机构与结构置于彼此联系以及与维持它们并受它们影响的更广泛的社会之间的联系中加以审视"[2]。克雷明在他的教育生态学理论中引入了教育结构的概念，他所谓的教育

---

[1] 崔明昆：《生态人类学的系统方法》，《中南民族大学学报（人文社会科学版）》2012 年第 4 期。

[2] L. A. Cremin, *Public Education*, New York: Basic Books, 1976, p. 24.

结构也就是各种个体与教育机构的有机结合。克雷明认为除了学校，教育也在其他的教育情境和机构中进行，他认为"不要把所有的成就都归功于学校，也不要把所有的缺点都归罪于学校"。并强调"教育必须从整体上加以考察，它不仅贯穿人的整个一生，而且必须关注所有发生教育的情境和机构"①。西方的教育生态学是从 20 世纪末和 21 世纪初开始引起我国教育学界的注意，在我国教育领域出现了方兴未艾的教育生态学研究景象，发表了大量论文并有以范国睿《生态教育学》为代表的著作出版。作为新的研究范畴，"教育生态学是把教育作为一个自然的、社会的、经济的、政治的、文化的，由时间和空间构成的，开放而实在的生态系统。它的解释框架是运用系统论的观点和系统分析的方法，将教育作为一个由各层次的结构单元和外界多维生态环境中各种生态因子所构成的网络，各个单元和因子之间又互相联系、互相作用和影响，形成一种复杂的结构，在功能上组成一个统一的整体"。②

　　生态结构作为生态系统内各要素相互联系和作用的方式，构成了生态系统的基础，教育的生态结构则是指教育个体与生态环境诸要素之间的复合网络与层级结构。美国著名的心理学家尤里·布朗芬布伦纳（Urie Bronfenbrenner, 1917—2005）提出了生态系统理论（ecological systems theory），他把"环境"定义为"一套嵌套结构，一层套一层，像一套俄罗斯套娃"。他用"套娃"理论非常形象地说明发展中的个人处于中心位置，"被几层环境系统所包围，从直接环境（家庭）到更远的环境，如文化。这些系统，层与层、层与个体之间相互作用，最终影响人的发展。"③尤里·布朗芬布伦纳把生态系统进行精细化分

---

① L. A. Cremin, *Public Education*, New York: Basic Books, 1976, pp. 58-59.

② 李守可：《大学生思想政治教育的教育生态诠释与构建》，《毛泽东思想研究》2015 年第 1 期。

③ ［美］戴维·谢弗：《社会性与人格发展》（第 5 版），陈会昌等译，人民邮电出版社 2012 年版，第 93 页。

析，分为微系统、中系统、外系统和宏系统四层生态结构。最内层环境指儿童周围环境中的活动和互动，称之为微系统；第二层环境指的是家庭、学校以及同伴群体等相互联系和内在关系，称之为中系统；第三层环境是指儿童并不身处其中，但其发展却不可避免的受其影响的环境（如父母的工作、社区事件等），称之为外系统；最外层环境是一个意识形态系统，它规约了社会与成人应该怎样对待儿童、儿童应该接受怎样的教育、应该追求什么样的成长目标等。在不同的生态系统的结构层级以及因素之间，由于其物质循环、能量流动、信息交换等而产生相互作用与影响，如作为社会意识形态的宏系统不可否认且理所当然地影响和制约着微系统、中系统和外系统。在同一层级结构中的不同因素也会产生互相或连环作用，从而影响低龄未成年人的发展，如与父母建立了亲密关系的低龄未成年人很容易为同伴所接受，从而建立与同伴亲密的支持性的关系；低龄未成年人的学习能力不仅仅依赖于学校教师的教育质量，同时在某种程度上也与父母对教育活动的价值定位以及父母与教师的共同探讨与合作密切相关[①]。尤里·布朗芬布伦纳围绕生态系统论的生态分层结构理论，对于我们的研究具有重要的启示与借鉴意义。

（二）教育生态的检视

如果我们突破狭义的教育观，从大教育的视域来观照，可以说整个人类社会就是一个大的教育生态系统。正是在这一意义上，我国著名教育家陶行知在《生活即教育》中提出"生活即教育，社会即学校"的教育理念。教育也只有在开放性和多元性的建构中，营造和孕育出和谐的教育生态，才能使教育生态与教育效果体现出一种正相关

---

① [美]戴维·谢弗：《社会性与人格发展》（第5版），陈会昌等译，人民邮电出版社2012年版，第93—94页。

性，推动教育的健康发展，维系教育的理性与德行。正因为我们是从大教育观的视域来观照教育，所以培育和建构和谐健康的教育生态就成为一项系统而复杂的教育工程，它既关系到教师的知识与能力、校长的思想理念与道德领导，也包括父母的涵养与智慧、祖父母及外祖父母的观念与态度；既包括教师、家长、朋友、同伴等人际交往因素，也包括家庭、学校、社区、社会等环境因素；既与受教育者的心智、兴趣、个性、人格等内在因素有关系，也与教材、大纲、教学内容、方法和手段等外在因素有关；等等。当下的教育生态不可否认存在一些偏颇，"教育理念与教育实践的背离，应试教育与素质教育的此消彼长，家庭教育强调知识的实用，而社会教育则诱导投机，学校教育、家庭教育与社会教育的相互消解，都是教育偏颇的表现。"① 基于这种生态偏颇，教育失去了从容淡定的姿态，走向了追名逐利；失去了高贵博雅的秉性，趋向于世俗甚或媚俗；没有了仰望星空的那份美好情怀与理想期待，瞩目的是当前眼下升学考试的实际；缺少了青春少年飞扬的生命旋律，稚嫩的双肩过早地承担起不堪负载的沉重学业。这种教育生态环境，对处于青春过渡期和成长转折期的初中生来说影响尤为明显，根据有关调查显示，初中生的适应型人格的人数比例随年级的升高而降低，过度控制型和低控型在不断升高，"初中生面临年级升高，学业难度加大，掉队淘汰风险升高的压力，学校、家庭都要求学生全力以赴备战考试，使学生的应激反应陡增，导致情绪稳定性的下降趋势，使更多适应型人格初中生转变为过度控制型或低控型人格。"② 过度控制型人格在行为模式上，比较遵守规则，但自我压力过大，自我控制不灵活，表现出不善交际沟通、情绪稳定性差等

① 刘春梅、张浩珏：《论教育生态的偏颇与修复》，《河南师范大学学报（哲学社会科学版）》2015 年第 4 期。
② 杨丽珠、马世超：《初中生人格类型划分及人格类型发展特点研究》，《心理科学》2014 年第 6 期。

特征，容易出现焦虑、抑郁、退缩行为、强迫和神经性贪食症等。低控型低龄未成年人做事冲动任性，无视规则，情绪不稳定且变化波动幅度大，容易从事冒险行为，忽略他人的感受和权益，受到诱惑时不考虑后果。因此低控型低龄未成年人与很多外在问题及社会问题相关联，如攻击暴力行为、触法违规行为、酒精与药物滥用、性冲动行为与意外怀孕、缺乏恒心及拖延行为、情感问题、吸烟酗酒、学业不良等。①

（三）我国教育生态的现状

学校、家庭和社区三者之间互联互动共同形成教育的合力，这已经是西方发达国家关于教育通行的一种认识和做法，同时也成为现代教育发展的必然趋势和必由路径。"一旦意识到教育机构的多样性，我们可以很快察觉到，在特定的时间和地点，组成教育结构的教育机构之间往往是相互联系的。教育机构之间相互影响，同时又与维持它们并反过来受它们影响的大的社会之间相互影响。教育结构也与它们作为其中一部分的社会之间相互影响。"②在我们国家推动形成现代教育体系的过程中，学校、家庭、社会三者之间相互影响形成教育的合力，推动教育的健康发展，需要不同的方面在教育的价值取向上达成共识，这是教育生态修复的灵魂和关键所在。

在国家的层面上关于不同的教育机构的教育作用及其相互影响的关系，多年前已经有所认识。因此，在我国面向低龄未成年人的素质教育、思想品德教育、法治教育、预防犯罪教育等政策与策略制定中，都突出了社会、学校、家庭以及相关方面的合作与责任。国家在对低龄未成年人的教育方面，强调多方联动各尽其责的要求由来已

① 杨丽珠、马世超：《初中生人格类型划分及人格类型发展特点研究》，《心理科学》2014 年第 6 期。

② L. A. Cremin, *Public Education*, New York: Basic Books, 1976, p. 30.

久，但在社会现实的层面上却是收效甚微。

改革开放以来，在以经济建设为中心的思想指导下，我国的国民经济快速发展，人民的生活水平得到很大改善。但在经济发展的过程中，也不可避免地带来一些问题，由于各级地方政府把 GDP 的增长作为衡量经济发展的重要指标和为官从政重要的"政绩"指标，因而在片面追求 GDP 指标增长的同时，忽略了对环境的保护，忽略了对人的关注，不可避免地导致了自然环境、人文环境、社会环境的恶化，人们在享受经济发展带来的成果同时，也尝到了环境恶化带来的苦果。美国前总统罗伯特·肯尼迪曾有一段精彩和富有警示的演讲："GDP 既不表现我们的身体健康，也没有反映社会的教育质量；既不代表文采优美，也不体现家庭和谐；既不证明辩论智慧，也不显示政府廉洁；它既没有衡量我们的勇气，也没有反映我们对国家的贡献。简而言之，它衡量了一切，却没有衡量我们活着的意义；它标志了一切，却没有标志我们作为国人的骄傲。"[1]据 2006 年北京市统计局曾经公布的北京人幸福感调查指数显示：家庭月收入不足 4000 元时，幸福感随收入的提高而提高，达到 4000 元后，幸福感呈波状上升，5000—7000 元中等收入组幸福感最强；7000 元后出现下降，15000—20000 元组幸福感更不确定，其平均幸福感分值与 1000—1499 元收入组相同[2]。说明经济收入达到一定水平后，人们更注重精神生活、健康和谐、幸福快乐。片面追求 GDP，导致了人们的价值观裂变，严重忽略了对人的发展、成长、和谐、幸福的关注。在对 GDP 增长的片面追求的背景下，反映到对教育的关注中则是重视考试升学率，在过去的几年中有的地方政府把高考升学率作为地方宣传的招牌，甚至有的地方政府给学校定名额定指标，作为考核教育行政部门和学校

---

① 严瑜：《幸福心理学》，人民出版社 2015 年版，第 18 页。

② 葛洪义：《法律与幸福》，《光明日报》2007 年 12 月 18 日第 11 版"理论周刊"。

的硬指标。这就更加增长了教育的工具性和对人的成长的忽略。

在学校教育改革的现实中，对教育结果急于求成的功利主义、分数至上的效用主义、知识学习的实用主义和升学考试的工具主义以及存在于一些学校教育中的"精致化"利己主义、"可口可乐"式享受主义、"我的地盘我做主"式个人主义等，冲击、扭曲、异化着学校教育的本真价值，学校教育始终走不出迷茫的"价值丛林"。目前一些学校教育的育人实践中仍存在诸多与教育改革创新理念相悖的价值观念，如"刻苦学习是为自己的将来付出""高分才能上好大学""吃得苦中苦、方为人上人"等，这些观念和认识，虽具有一定的激励或劝说属性，但其隐含的显性利己主义、功利主义等价值观念却以关心学生未来的"亲情"力量强力地弥散并渗透于学生的学习与发展中，深刻地影响甚至制约着学生的人生观、价值观的取向定位。在学校和学生信奉和推崇的"成绩和分数至上"的价值围绕中，学校教育中的学生，似乎"自愿"地被异化为学习的"机器"，学生的成长被设定、被控制、被安排、被塑造、被标准化评价，在这种系列的"被"中，学生定格在"成长"的方格中，如此，何谈学生的学习是幸福快乐的、何谈学生的成长是幸福的、何谈学校是学生幸福成长的教育环境、何谈学校教育对学生的人生意义和生命成长的终极关怀。这些可能都是一厢情愿的"幻相"。可以说，丢掉学校教育的灵魂和本真，找不到学校教育的价值本体，才会造成功利性、工具性、效用性以及其他实用性价值观念被认可和流行，造成教育迷茫于"价值丛林"。

在社会经济发展和教育改革的现实语境下，家庭教育更深深地陷于教育的价值迷茫之中。在社会舆论与学校考试的共同驱动下，家长表现出严重的教育焦虑，孩子的上学、考学、就业成为家长巨大的心理压力。家长的教育焦虑，在最近几年来更呈现出低龄化超前教育趋向，受"不能让孩子输在起跑线上"的误导和误读，许多家长纷纷带领孩子"抢跑"，在幼儿园时期就给孩子报各种培训班，家长们借助微信群和 QQ 群等便捷的信息交流，谈论和交流的主题也大多是孩子上什么样的辅导班等有关信息。从进入小学开始到初中、高中、高考的漫长过程，孩子的学习成绩和分数成为家长的唯一兴奋点和关注点，甚至出现了"学校减负"而"家庭增负"的怪现象。家庭教育的方向出现错位，家庭教育的功能被削弱，忽略甚至放弃了对孩子道德品行、人格养成方面言传身教的生活化优势，家庭教育"学校化"的倾向越来越明显，成为学校教育的附庸或时空延伸。据中国儿童发展中心 2014 年发布的《城市小学生家庭教育状况调查报告》显示，50.43%的家长和孩子谈话最多的主题是关于"学习"的，39.49%的家长给孩子选择报各种补习班，59%的家长表示存在育儿压力，感到焦虑①。

　　未成年人是家庭的希望，更是国家和民族的未来，社会、学校、家庭是构成教育的共同体，是低龄未成年人健康快乐幸福成长的责任承担者。在应试教育的背景下，人们更多地关注于学习好成绩高的尖子学生，家长骄傲，老师喜爱，社会青睐；而对于那些学习不好成绩差的学生，则是家长自卑，老师歧视，学校轻视，社会忽视，从而使这些学生长期处于抑郁、焦虑、自卑、消沉、怯懦、孤独、空虚的情绪体验中，甚至使有的学生以偏执、暴躁、敌对、极端、冲动性的行为表现自我或引起关注。一些学习差的学生在学校管理、家长监护不到位的情况下，经常旷课逃课，以至于失学辍学，游荡社会，从而陷入违法犯罪的泥淖不能自拔。面对这种教育现实我们必须进行理性反思，在国家连续多年的政策文件、法律法规、发展纲要中，三令五申，反复强调加强素质教育，扭转应试倾向，促进学生全面发展、健康成长，但在现实中无论是社会、学校还是家庭层面却是收效甚微，

---

① 陈建翔、曹继光、于子洋：《为爱启航·陪伴成长——中国亲子教育现状调查报告（2014）》，《中国家校合作教育》2015 年第 1 期。

改观不大，原因何在？

鉴于教育生态系统的生成结构以及当下我们所面临的教育现实问题，我们从生态结构的视域出发，来探讨面向低龄触法未成年人的系统教育矫治策略。

二、基于生态结构的综治策略

（一）优化以家庭为核心的微系统教养策略

家庭是以血缘为纽带而构成的人类最普遍、最基础、最持续的社会单元和组织，是每个人必不可少的生活领域，是未成年人无可选择的生活与成长、学习与认知的重要场所。"家庭是孩子的第一所学校，父母是孩子的第一任教师"，这是人们对家庭教育重要性共识的最精要的概括。未成年人的成长植根于家庭，家庭教育是一切教育的初始和起点，对一个人成长与发展具有奠基的作用。孩子是父母的未来，是家庭的未来，也是国家的未来，基于对未成年人成长和家庭教育的重要性的共识。1996 年全国妇联、教育部联合制定颁发了第一个《家庭教育发展五年计划》，家庭教育正式转变为政府行为。1997 年，教育部与全国妇联制定颁发了第一个《家庭教育行为规范》，第一次为家长的家庭教育"立规"，2015 年颁发的《教育部关于加强家庭教育工作的指导意见》，进一步明确家长在家庭教育中的主体地位。全国人大常委会先后颁布了《未成年人保护法》《义务教育法》《预防未成年人犯罪法》等，明确用法律的形式规定了家庭、家长对未成年人的责任和义务。相关法律和制度的相继颁布，体现了在家庭与家长教育的责任与行为方面的"国家意志"。习近平总书记在 2015 年春节团拜会上强调："不论时代发生多大变化，不论生活格局发生多大变化，我们都要重视家庭建设，注重家庭、注重家教、注重家风，紧密结合培育和弘扬社会主义核心价值观，发扬光大中华民族传统家庭美德，促进家庭和睦，促进亲人相亲相爱，促进下一代健康成长，促进老年人老有所养，使千千万万个家庭成为国家发展、民族进步、社会和谐的重要基点。"习近平总书记提出的"注重家庭、注重家教、注重家风"，对我们重视家庭建设，营造良好的家庭生态环境，具有十分重要的意义。

1. 注重家庭，改善家庭生态环境

家庭的构成状况与家庭的行为方式对低龄未成年人的影响至为重要。和睦、温暖、平等的家庭关系，有利于低龄未成年人的健康成长，而父母关系紧张或离异残缺家庭则容易诱发低龄未成年人走上违法犯罪的道路。不容否认的客观事实是，我国低龄未成年人的家庭生存环境呈现出持续恶化的状况。一是由于离婚率的上升，生活与单亲或重组家庭中的孩子越来越多。相关调查数据显示，2004年以来离婚率连续十年递增，2010年突破2%，2014年达到2.7%。二是边远贫困地区农村婚恋状况的恶化，使低龄未成年人成为直接的受害者。发生兄妹自杀的贵州毕节七星关区田坎乡茨竹村，该村151名留守儿童中，有43名儿童的母亲是无联系、失联或离家出走，该村留守儿童三分之一找不到母亲。另外，由于家庭关系与家庭生活的复杂化，腐败形成的婚外关系、非婚生育等使家庭不正常的儿童比例持续上升。① 家庭的残缺以及家庭环境的恶化，不仅影响低龄未成年人的生活状态和生活质量，而且使他们的心灵受到摧残，严重影响甚至扭曲了低龄未成年人的人格心理和社会心理。

家庭教育不当也是诱发低龄未成年人越轨违法的重要因素，这种不当教育包括过于严格，如拒绝否认、过分干涉、行为粗暴、言语欺

---

① 参见陆士桢、陈丽英：《论当前我国儿童的生存与发展——盘点2015年一系列重大恶性儿童事件》，《中国青年社会科学》2016年第2期。

凌、期望值过高等；过于宽纵，如溺爱偏袒、放纵放任、过度保护、差别对待；缺少原则，如前后矛盾、言行不一、缺少坚守、不会拒绝等。通过一项关于父母教养方式与反社会人格障碍研究发现："父母对子女采取过多拒绝否认的态度，易使子女产生自卑感、无价值感、无助感、无位置感和不安全感，从而成为人格障碍的高危人群。此外，父母对子女过分溺爱或者过分偏袒子女，极容易使未成年子女娇气甚重、优越任性、蛮横霸道、自私自利、好逸恶劳，进而容易在社会消极因素诱发下导致犯罪。"① 以儿童家庭暴力为例，据北京青少年法律援助与研究中心 2014 年对 2008—2013 年间媒体所报道的未成年人遭受家庭暴力案件进行研究，发现 84.9% 的案件是父母施暴。儿童遭受家庭暴力排在第一位的是家庭关系不和睦和家庭矛盾（27.67%），其次是因性冲动或有恶习对孩子实施侵害（10.67%），再次是因孩子不听话、撒谎、偷拿家里的钱和督促学习而暴力管教。② 不当的家庭教育方式和暴力管教，是诱发低龄未成年人走向违规犯罪的重要因素。

鉴于以上情况，注重家庭文明建设，为低龄未成年人的健康成长创造良好的家庭生态环境是非常迫切的，这既是家庭问题也是社会问题，以国家公权的法律形式介入家庭的低龄未成年人保护也是非常必要的。

2. 注重家教，促进健康全面发展

重视家庭教育，营造良好的家庭生态环境，树立正确的家庭教育理念，采取科学恰当的教育方式，有利于低龄未成年人的健康成长。进行家庭教育，首先要清楚家庭教育"教什么"和"怎么教"的问题。

---

① 胡学相、张中剑：《完善未成年被告人人格调查制度的司法对策——以广州市审判实践为样本》，《华南理工大学学报（社会科学版）》2014 年第 5 期。

② 参见陆士桢、陈丽英：《论当前我国儿童的生存与发展——盘点 2015 年一系列重大恶性儿童事件》，《中国青年社会科学》2016 年第 2 期。

无可否认，在目前整个社会重视家庭教育的背景下，家庭教育生态出现了偏颇，在长时间的应试制度背景下家长对教育的认知被固化在分数上，以分数作为唯一标准评价学校和教师的教育质量，以分数作为唯一标准衡量孩子的学习与成长，因而出现了重智轻德、重知轻能、过高要求等现象。家庭教育学校化，把学校的课程教育延伸到家庭。另外用各种特长班塞满了低龄未成年人的课余时间，不问兴趣、盲目报班。在"不能输在起跑线上"的心理驱动下，催生了许许多多的"虎妈""狼爸"，家庭教育中父母缺失了"陪伴成长，等待花开"的心态，从而严重影响了孩子的健康成长和全面发展。

为了积极发挥家庭教育在低龄未成年人成长过程中的重要作用，促进学生健康成长和全面发展，2015年10月发布的《教育部关于加强家庭教育工作的指导意见》明确提出，家庭教育要"用正确思想、正确方法、正确行动教育引导孩子；不断更新家庭教育观念，坚持立德树人导向，以端正的育儿观、成才观、成人观引导孩子逐渐形成正确的世界观、人生观、价值观"。关于家庭教育的内容方面也提出了明确的阶段性要求，在小学生阶段，家长要督促孩子坚持体育锻炼，增长自我保护知识和基本自救技能，鼓励参与劳动，养成良好生活自理习惯和学习习惯，引导孩子学会感恩父母、诚实为人、诚实做事；在中学生阶段，家长要对孩子开展性别教育、媒介素养教育，培养孩子积极学业态度，与学校配合减轻孩子过重学业负担，指导孩子学会自主选择。在《指导意见》中充分体现了以人为本的理念，突出强调了低龄未成年人的健康成长和全面发展。

在明确了"教什么"的前提下，为了增强家庭教育的时效性，还要学会"怎么教"的方法，国外最近的研究表明，父母的下列教育行为更有利于培养出有道德的儿童：（1）温暖的、支持的，而不是惩罚的；（2）采用诱导式的教养方式；（3）给儿童提供学习他人观点与感受的机会；（4）让儿童参与家庭决策和思考道德决定的过程；（5）自已表现出榜样道德行为和认知方式，并让孩子有模仿的机会；(6) 让儿童知晓什么样的行为是被人期望的，以及人们期望这些行为的原因；(7) 培养内在的而不是外在的道德感。① 具备以上教养行为的父母则能够培养出具有良好德性的儿童，并能够营造出良好的家庭生态和积极的亲子关系。

在中华文化中历来就有以家庭为核心，重视家教，注重培育优美家风的传统。我国古代讲究修齐治平，只有首先做到身修家齐，然后才可致国家兴盛天下太平。《孟子·离娄上》说："天下之本在国，国之本在家，家之本在身。"《礼记》："一家仁，一国兴仁；一家让，一国兴让；一人贪戾，一国作乱。"家庭和睦团结、诚信友好、亲善礼让，有助于社会的和谐兴盛，因此，在我国古代产生了丰富多彩各具特色的家训、家范、家约、家规、家法、家诫等，用以规范子孙后代的言行，养成规则意识。古人家教重视抓早抓小，甚至根据孩童成长的过程有针对性地设计出不同阶段的教育内容和要求，如司马光在《家范》中设计的蒙养过程与内容：能食则教之以右手，能言则教之以自名，稍有智则教之以恭敬尊长。六岁男子始习书字，女子则始习女工之小者。七岁开始诵读《孝经》和《论语》。八岁教之以谦让，诵读《尚书》。九岁诵读《春秋》及诸史，使晓义理。十岁外出就师求学，诵读《诗》《礼》《传》，知仁义礼智信。家庭教育作为中国古代优秀传统文化的有机组成部分，蕴含着丰富的家庭教育资源，在我们当下进行的家庭教育中非常有必要把中华民族优秀传统家庭美德予以发扬光大。

3. 注重家风，培育高尚家国情怀

家风是一个家庭或家族在长期的繁衍教化过程中形成的传统习

---

① [美]约翰·桑特洛克：《青少年心理学》(第 11 版)，寇彧译，人民邮电出版社 2013 年版，第 283 页。

惯、生活作风、道德规范的综合表现，与"家教""家规""家学"密切相关。古人讲究耕读传家，把读书与人的道德修养密切联系在一起。宋代黄庭坚有诗《题胡逸老致虚庵》："藏书万卷可教子，遗金满籝常作灾。"北宋著名宰相韩琦广泛收集图书，严教子孙，专门建醉白堂用以储藏图书，他在《醉白堂》诗中写道："吾今谋退亦易足，池南大屋藏群编。一车岂若万籍富，子孙得以精覃研。"钱穆在论述魏晋南北朝学术文化与门第之关系时指出，世族大家"所希望于门第中人，上自贤父兄，下至佳子弟，不外两大要目：一是希望能具孝友之内行，一则希望能有经史文集之修养，此两种希望，并合成当时共同之家教。其前一项之表现，则成为家风，后一项之表现，则成为家学"①。对于家庭成员"孝友之内行"与"经史文集之修养"，主要是通过家庭教育来实现的，从而形成独特传之久远的家学与家风。家学与家风的形成，对于培育涵养子弟的人格品行与道德文章具有无形的力量。

以钱学森为杰出代表的钱氏家族人才辈出，与其源远流长的家风家教密不可分。在《钱氏家训》中，关于家庭，有"欲造优美之家庭，须立良好之规则""勤俭为本，自必丰亨，忠厚传家，乃能长久"。关于个人修身，有"心术不可得罪于天地，言行皆当无愧于圣贤""持躬不可不谨严，临财不可不廉介，处事不可不决断，存心不可不宽厚""读经传则根柢深，看史鉴则议论伟。能文章则称述多，蓄道德则福报厚"。关于交友及公德，有"信交朋友，惠普乡邻。恤寡矜孤，敬老怀幼。救灾周急，排难解纷"。在"国家"一节，有"执法如山，守身如玉，爱民如子，去蠹如仇。严以驭役，宽以恤民""利在一身勿谋也，利在天下必谋之"②。这种家教与家风所蕴含的修齐治平精神

---

① 钱穆：《略论魏晋南北朝学术文化与当时门第之关系》，《新亚学报》1963 年第 5 卷第 2 期。

② 杨云：《名人家风模因及其参鉴价值——以钱学森为例》，《湖南人文科技学院学报》2015 年第 2 期。

培养出了一大批钱氏精英。

中国传统文化以家庭为单位的自组织教育，充分体现了人本思想，修身是首位，把如何做人放在了头等重要的地位。"家规""家范""家法"等是对子弟外在行为的规约，"诗书耕读"的家学、家风则是对子弟内在的德性的涵养，内外兼修，从而达到文质彬彬的"君子"境界。从古代家教与家风所蕴含的内容来看，大至家国天下、社稷苍生的胸怀，小至言行举止、待人接物的行为，无不闪烁着家国一体的情怀。中国传统家教与家风所体现出来的智慧、理性与品格，与当下家庭教育流行的"不能输在起跑线上"的功利追逐，表现出大异其趣的价值追求，能够为修复和优化当下家庭教育的生态环境提供有效的能量补充与经验借鉴。

（二）深化以学校教育为重点的融合互动策略

学校是专门从事教育的机构，是对低龄未成年人进行教育培养的主阵地和主渠道。学校教育是按照特定社会要求和受教育者的身心发展规律，对受教育者进行的传授知识技能、发展智力和体力、培养思想品德的系统活动，具有比较强的统一性、集中性、系统性和组织性的特点。学校教育有明确的教育目标、科学的教学计划、合理的课程安排、专业的师资队伍、完备的教育教学设施，体系稳定，结构完整，这一切都有利于学生德智体美的全面发展，作为学校教育生态结构中正效能的方面是其他任何教育形式都无可比拟和无法取代的。学校在教育的系统链条中一头连着家庭一头连着社区，形成了教育生态结构中系统的三个相互联系和作用的子系统。

1.学校对家庭教育的指导

美国教育家杜威有一个非常著名的观点，说的是家庭教育与学校教育的分离是教育中最大的"浪费"，如果学校在教育过程中要有效利用家庭教育的资源，在重视家庭的同时，必须加强对家长的培训。这是因为现实中家长的构成成分比较复杂，有的家长本身的文化素养比较低，没有接受过正规的高等教育，缺少专业训练；有的家长由于工作忙碌，缺少时间研究低龄未成年人学习与成长规律，在与孩子的沟通方面存在很多障碍；有的是随着孩子年龄增长认知水平的提高和知识的更新，家长原有的知识积累与思维模式已无法满足家庭教育的要求；等等。这就客观地要求家长要从家庭教育的"教育者"，要适时转变为"被教育者"。目前关于家庭教育指导培训的模式和机构比较多，但是最有效和最重要的家庭教育指导，还是由教育部门牵头中小学组织实施的家庭教育指导。"一项教育科研国家课题的调查报告显示，86.5%的家长表示，在家庭教育方面，需要学校的指导和帮助。"[①]

为提高家长素质和家庭教育质量，在 2015 年 10 月颁布的《教育部关于加强家庭教育工作的指导意见》中，明确提出要"强化学校家庭教育工作指导"，要求各地教育部门要切实加强对行政区域内中小学幼儿园家庭教育工作的指导，推动形成政府主导、部门协作、家长参与、学校组织、社会支持的家庭教育工作格局，进一步明确了各部门在家庭教育指导工作的职责。近几年来，各中小学大都成立了旨在进行家庭教育指导的"家长学校"，实际开展情况良莠不齐，效果并不理想，要提高"家长学校"在家庭教育指导方面的效益，需要切实加强几个方面的工作：一是建立专兼职相结合的团队，以学校校长、德育主任、年级长、班主任以及德育课老师为主体，聘请专家学者、优秀家长共同参与，构成一支综合水平高、专业互补性强、富有责任心的家庭教育指导团队；二是内容与形式丰富多样，开展中华优秀传统家庭教育专题讲座、家长培训讲座、咨询服务、教育知识培训、教育理念指导、经验交流、优秀家长讲座、倾听孩子心声、志愿服务、

---

① 傅国良：《"家长职业"更需要培训"上岗"》，《基础教育论坛》2016 年第 12 期。

公益活动、文体活动、社会实践等，通过内容与形式的多样化，增强指导的实效性和吸引力；三是增强指导的针对性，家长的情况不完全相同，学校可以制定和提供不同的培训课程模块，供家长选择，以满足家长不同的需求，增强培训的针对性；四是支持孩子参与教育过程，如在文体活动、实践活动、公益活动等，增进亲子交流，倾听孩子心声，则让孩子登上讲台，在教育与被教育的身份互换中提升。

2. 家庭、社区对学校教育的参与

在教育的生态系统中，学校教育不可能唱独角戏，它必须与家庭教育和社区教育融合互动形成合力，才能最大化地发挥教育的效能，产生 $1 + 1 + 1 \geq 3$ 的能量。家庭教育是通过言传身教和家庭生活实践来实施的，具有亲和性、早期性和稳定性的特点，同时又带有相对封闭性缺陷；社区教育具有实践性、补充性和适应性的特点，同时又带有碎片化的不足，学校教育具有系统性、统一性和集中性的特点，但是又表现出一定的书生气和抽象性，学校教育、家庭教育、社区教育的不同作用与特点，为三者的合作提供了必要性的依据。从教育目的来看，学校教育、家庭教育、社区教育的目标是一致的，这就为三者的融合互动提供了可行性的依据。学校作为教育的主阵地一头连着家庭一头连着社区，从而形成一个教育生态系统的有机体。

在家庭参与学校教育与管理方面，美国的研究与实践起步较早，其 PTA 家校合作模式为我们提供了有益的借鉴。PTA 模式是"家长教师联合会"（Parent Teacher Association）的简称，这是一个家长参与学校教育管理的组织机构，由教师、家长代表和社区代表组成。兰根布伦纳（M. R. Langenbrunner）和索恩伯格（K. R. Thornburg）把家长参与学校教育管理分为三种类型：（1）支持者和学习者。具体方式有家长会议、家长小报、家长学校、家庭教育咨询、家校书面联系等。（2）学校活动的自愿参与者。家长以这种角色身份自愿为学校提供无偿服务。家长可作为班主任的辅助人员；可就自身经历给学生做

非正式报告；可利用自己的特殊才能对学生进行课外辅导。（3）学校决策参与者。家长参与学校教育决策的全过程：决策形成、决策执行和决策监督。① 美国 PTA 实践项目活动突出人人参与，内容富有充满创意，方式便捷多样，受到普遍欢迎。如 1988 年成立于威斯康星的"家庭与学校同在项目"（Families and Schools Together），其目标主要是预防儿童越轨行为，包括：改善家庭关系，帮助家长成为孩子消极行为的首要预防者，并提高家庭的整体机能；帮助未成年人提高在校行为表现，防止未成年人承受过度的校园失败；加强家庭与治疗机构的联系；加强对高危儿童父母的支持；提高家庭对社区设施资源的利用率；等等②。

对于学校教育与社区教育这两个教育群落，在我们以往的教育范畴理解中，学校教育是面向低龄未成年人的系统教育，社区教育是面向成年人的补偿教育，这种传统的狭隘构图已经无法适应新的教育生态系统的建构。在学校与社区的一体化方面，日本经历了"学社结合"到"学社融合"递进演变。在"学""社"一体化的实践中，开发"综合学习时间"项目，即"积极开拓和充分利用教室以外的、以社会教育资源为主的广阔资源，重视体验性学习和探究性学习、拓展性学习，注重跨学科的合作与协调"③，充分展现了校社合作的广阔空间和多样化的模式。

（三）净化社会教育的网络媒体引导策略

社区教育与社会教育是两个既相互联系又有区别的概念，社区教

---

① 刘衍玲、臧原、张大均：《家校合作研究述评》，《心理科学》2007 年第 2 期。

② 杨雄、刘程：《关于学校、家庭、社会"三位一体"教育合作的思考》，《社会科学》2013 年第 1 期。

③ 杨雄、刘程：《关于学校、家庭、社会"三位一体"教育合作的思考》，《社会科学》2013 年第 1 期。

育是社会教育的一个构成部分，社会教育涵括社区教育，两者的根本区分在于"社区"与"社会"的载体不同。社区教育的对象则是居住于特定社区的居民，他们既是教育者也是受教育者。通常我们所理解的"社会"，主要是指一个国家、一个大范围地区或一个大文化圈，按照马克思主义的观点，社会是人们通过交往形成的社会关系的总和，是人类生活的共同体。相比于"社区"的具体性，"社会"的概念比较抽象。关于"社会教育"的概念，有广义和狭义之分，就广义来说，"社会教育是指一切社会生活影响于个人身心发展的教育"。就狭义来说，"社会教育是指除学校教育以外的一切文化教育设施对青少年、儿童和成人进行的各种教育活动"①。这里我们更多是从广义上使用社会教育的概念。

社会教育具有教育主体的多元性、教育对象的广泛性、教育内容的丰富性、教育形式的多样性等特点。传统的社会教育载体主要是依托影剧院、图书馆、博物馆、展览馆、广播电视、报纸杂志而进行。但随着以互联网为代表的信息技术日新月异的快速发展，不仅给人类生产生活带来巨大转变和深刻的影响，而且也给传统的社会教育方式带来了根本性变革，对以低龄未成年人为重点的社会教育提出了新的挑战。

信息技术的蓬勃发展时代，未成年人摒弃了原有的社会教育载体，把网络作为获取知识和信息以及消遣娱乐的主要方式。在中国青少年网络协会 2009 年 10 月开展的有关"上网目的"的调查显示，未成年人上网行为依次为网络游戏、视频音频、联络朋友、搜寻信息论坛/BBS、个人空间、浏览新闻、网络购物。其中，排在第一位的"网络游戏"达到了有效样本数的 75.4%。中国互联网络信息中心 2015 年 7 月发布的第 36 次《中国互联网络发展状况统计报告》显示，截

---

① 董纯才：《中国大百科全书》（教育卷），中国大百科全书出版社 1985 年版，第 313 页。

至 2015 年 6 月，我国网民规模达 6.68 亿，其中 19 岁以下的低龄未成年人网民约占全体网民数量的四分之一，达到 25.6%。根据 2015 年下半年开展的第八次《中国未成年人互联网运用状况调查报告》显示，超九成未成年人上过网，其中近七成的人上网主要目的是娱乐游戏、完成作业、查阅资料和放松休息，再次表明互联网正越来越成为未成年人了解资讯、学习知识、休闲娱乐的"平台"。在经济利益的驱动下网络游戏充满暴力、色情和低级趣味，2014 年全球游戏市场收入预计将达到 820 亿美元，全球游戏玩家数将达到 18 亿。德国《焦点》周刊称，在这个巨大的市场中，80% 的电子游戏含有暴力和色情成分。最近几年频发的未成年人的恶性暴力和性犯罪案件，就与网络游戏的模仿和影响密不可分。游戏使未成年人潜移默化地了解犯罪手法，不知不觉形成"解决问题的最好方法是暴力"的行动思维。

1. 加强法律制度建设，依法管网

首先要加强法律制度建设，依法进行网络管理，净化网络空间。针对当前网络无所不在的影响，迫切需要进行法律制度建设，依法管理，规范网络行为，净化网络空间。许多国家在保障低龄未成年人权益的法律建设上已取得了值得借鉴的成果。如美国从 1996 年至今，先后颁布了《儿童在线保护法》《儿童网络隐私保护法》《儿童互联网保护法》《传播净化法案》和《删除在线掠夺者法案》五部法律。德国在 1997 年颁发了《信息与通信服务法》，2009 年 6 月又出台了《反对因特网儿童色情法》。新加坡、欧盟等国家和组织也就低龄未成年人安全用网设立相关法律条文。因此，借鉴其他国家的成功经验结合我国实际，尽快制定防止低龄未成年人网络暴力、网络色情、网络欺凌、网络犯罪的法律和制度则显得尤为重要。

2. 加强道德建设，培养健康的网络道德

网络道德作为规范人们网络行为的准则，是一种与现实道德既有联系又有区别的一种新型道德。网络道德归根结底仍然是一种人类社会的道德表现样式，它依然需要遵循人们共同遵循的道德准则，它是社会公德的组成部分。但是更为重要的是以互联网为代表的信息技术的快速发展，引领了社会生产和生活的变革，无限扩展了人们的生活空间与交流时间，从而促成了人与人之间的道德意识、道德观念和道德行为的冲突、碰撞和融汇更加频繁，从而使网络道德表现出开放性和自主性的特点。另外，由于网络道德依存的是不同于现实道德的物理空间而是虚拟空间，作为存在于虚拟空间的道德，最突出的表现就是行为主体的隐匿性，在缺少有效监督和道德评价的背景下，更容易出现道德偏差和道德失范。马晓辉等人在未成年人网络道德与网络偏差行为的实证研究基础上提出，要加强对未成年人的道德认知教育，促使他们正确认识网络中的道德现象和行为，并培养他们积极的网络道德意向；对于未成年人的网络偏差行为，学校和社会应多重视男生的过激和色情行为表现，在教育过程中结合不同性别的差异进行专门辅导，比如对男生有更多的情绪疏导知识、适当行为和性知识教育[①]。

3. 重视网络主流文化建设，引导未成年人健康成长

网络的全面普及，使网络进入人们社会生活和个人生活的方方面面，影响着人们生活的各个层面和各个环节，对人的道德人格与行为方式也都产生不同的影响。由于网络道德的开放性与多元性特点，其道德表现遇到的形态也是良莠不齐、鱼龙混杂，诸如拜金、逃避、低俗、放弃、堕落、侵凌、暴力、色情等消极文化大量存在于网络空间，对未成年人的世界观人生观不可避免地产生消极影响。因此，加强网络主流文化建设，唱响主旋律，把正确的世界观、人生观、价值观融入未成年人喜闻乐见的形式中，排除消极网络文化的不良影响，引导广大低龄未成年人健康成长，应该成为社会各界的共同责任。

---

① 马晓辉、雷雳：《青少年网络道德与其网络偏差行为的关系》，《心理学报》2010 年第 10 期。

（四）强化以社会主义核心价值观为统领的渗透润育策略

价值观作为人们对事物的认知、理解和对是非的判断、抉择的一种思维或取向，属于意识形态的文化范畴。根据美国心理学家尤里·布朗芬布伦纳（Urie Bronfenbrenner）关于生态系统的"四层次"结构理论，属于宏系统（macrosystem）结构，它"是一个影响广泛的意识形态系统"[①]，微系统（microsystem）、中系统（mesosystem）和外系统（exosystem）都受其影响。

美国批判社会学和文化保守主义思潮的代表人物丹尼尔·贝尔在《资本主义文化矛盾》一书中有一段著名的论述："我们的祖先有过一个宗教的归宿，这一归宿给了他们根基，不管他们求索彷徨到多远，根基被斩断的人只能是一个无家可归的漂泊者。那么，问题就在于文化能否重新获得一种凝聚力，一种有维系力、有经验的聚合力，而不是徒具形式的凝聚力。"[②]在丹尼尔对美国现代性文化的批判中，表达的是对文化凝聚力的期待和呼唤。一个民族和国家影响最持久和最深远的文化凝聚力，就是全社会共同认可的价值观，所以习近平在北大师生座谈会上的讲话说："人类社会发展的历史表明，对一个民族、一个国家来说，最持久、最深层的力量是全社会共同的核心价值观。核心价值观，承载着一个民族、一个国家的精神追求，体现着社会评判是非曲直的价值标准。"[③]中华文明源远流长，中华传统文化已经成为中华民族的基因，植根于中国人的内心，潜移默化地影响着中国人的思想方式和行为方式，培育了中国人独特的精神世界和百姓日用而不觉的价值观。今天我们倡导的富强、民主、文明、和

---

① [美]戴维·谢弗：《社会性与人格发展》，陈会昌等译，人民邮电出版社 2012 年版，第 94 页。

② [美]丹尼尔·贝尔：《资本主义文化矛盾》，赵一凡等译，生活·读书·新知三联书店 1989 年版，第 168 页。

③ 习近平：《习近平谈治国理政》，外文出版社 2014 年版，第 168 页。

谐，自由、平等、公正、法治，爱国、敬业、诚信、友善的社会主义核心价值观，既与中华民族的精神追求、精神特质、精神脉络一脉相承，又体现了适应社会主义现代化建设需要的时代性和先进性，凝聚成一种植根传统立足现实面向未来以社会主义核心价值观为灵魂的文化力。

1. 社会主义核心价值观渗透家庭养成教育

家庭是社会构成的最基本单元，家庭教育是所有教育形式中最富有亲和性、持久性和渗透性的教育形式，家庭教育为一个人的成长奠基和染色。因此，社会主义核心价值观的教育要渗透于家庭教育之中，从低龄未成年人抓起。习近平总书记在北京市海淀区民族小学召开座谈会时强调，要从小积极培育和践行社会主义核心价值观，提出"家庭是孩子的第一课堂，父母是孩子的第一个老师。家长要时时处处给孩子做榜样，用正确行动、正确思想、正确方法引导孩子。要善于从点滴小事中教孩子欣赏真善美、远离假恶丑。要注意观察孩子的思想动态和行为变化，随时做好教育引导工作"①。并且从"记住要求""心有榜样""从小做起""接受帮助"四个方面，谈了低龄未成年人如何培养和践行社会主义核心价值观。习近平总书记的讲话对如何在家庭教育中渗透对低龄未成年人的社会主义核心价值观教育具有重要的指导意义。在家庭教育中，要注意从根本上改变家长"不能让孩子输在起跑线上"的观念，不能迷失方向，要对跑向何方进行追问，"重智轻德"的家庭教育就是搞错了方向，本末倒置。良好的思想品德和行为习惯才是家庭教育的重点，社会主义核心价值观则是思想品德的灵魂。家长在家庭生活的方方面面、点点滴滴中，结合低龄未成年人的具体思想动态和行为表现有针对性地开展教育，在这种教育情境下，更容易达到内化于心、外化于行的效果。

---

① 《习近平谈治国理政》，外文出版社 2014 年版，第 184 页。

2. 社会主义核心价值观融入学校思想教育

学校是对低龄未成年人进行教育的主阵地、主渠道和主课堂，"学校要把德育放在更加重要的位置，全面加强校风、师德建设，坚持教书育人，根据低龄未成年人特点和成长规律，循循善诱，春风化雨，努力做到每一堂课不仅传播知识，而且传授美德，每一次活动不仅健康身心，而且陶冶性情，让学生都得到倾心关爱和真诚帮助，让社会主义核心价值观的种子在学生们心中生根发芽"[①]。学校教育不同于家庭教育，具有更专业、更系统、更集中的特点。在学校的思想教育中，要把社会主义核心价值观有机融入其中，既要有机融入课堂教学当中，也要渗透到课外的主题活动当中，做到课内课外相结合；既要作为思想品德、思想政治课的重点内容，也要融汇到其他学科的教学当中。在中学的思想品德和思想政治课的教学中，要充分发挥学校的专业优势，对国家层面价值要求的富强、民主、文明、和谐，社会层面价值要求的自由、平等、公正、法治，公民层面价值要求的爱国、敬业、诚信、友善，进行系统的内涵阐释与逻辑分析，使低龄未成年人在家庭教育的基础上得到理性提升，对社会主义核心价值观有更深刻的理解和系统的把握。

3. 社会主义核心价值观统领社会实践教育

社会教育作为学校教育形式的时空延伸和内容的必要补充，具有时空的开放性、形式的灵活性、内容的实践性等特点。与学校教育相比较，如果说学校教育主要是在相对封闭的校园环境中以课本为载体，更注重书本知识的传授，那么社会教育则是在开放的时空环境中以社会为平台，具有生动鲜活的实践性取向。低龄未成年人在社会教育中，通过丰富多彩的内容、灵活多样的形式、各行各业的先进案例、方方面面的优秀人物，使他们在接触、体验、交流、实践中，加

---

① 《习近平谈治国理政》，外文出版社 2014 年版，第 184 页。

深对社会主义核心价值观的理解与内化。每个人的成长与发展最终要离开家庭和学校走向社会，成为社会人，社会教育使低龄未成年人在社会中体验社会角色，学习社会规范，扩大社会交往，为他们最终走向社会奠定必要的基础。"一种价值观要真正发挥作用，必须融入社会生活，让人们在实践中感知它、领悟它，要注意把我们所提倡的与人们的日常生活联系起来，在落细、落小、落实上下功夫。"[①] 另外，作为社会教育的重要载体大众传媒，要加强对主流文化和社会主义核心价值观的宣传，加强对践行社会主义核心价值观的典型事件和先进人物的宣传，给广大低龄未成年人树立学习和励志的榜样。要善导媒体，善用媒体，让媒体在培养低龄未成年人学习和践行社会主义核心价值观方面更多地发挥正能量。

[①] 习近平：《培育和践行社会主义核心价值观》，载《习近平谈治国理政》，外文出版社 2014 年版，第 165 页。

附　录

附录 A：个人基本信息调查表

亲爱的少年朋友们：

你们好！本次测试只作为一项调查活动，不用填写姓名，各种答案没有正确、错误之分。你只需要按照自己的实际情况，认真回答就可以了。对每份问卷的回答，我们都将严格保密，你不必有任何顾虑。请回答完所有的问题。

谢谢你的合作！

1. 你这次违法时的年龄是_____岁，现在是_____岁

2. 你初次违法的时间_____年

3. 你这次是因为哪项罪名？_____（可多选）（1）故意伤害致人重伤或死亡　（2）强奸　（3）抢劫　（4）贩卖毒品　（5）放火　（6）爆炸　（7）投毒　（8）杀人　（9）偷盗　（10）其他（请注明）

4. 你的文化程度：_____（1）文盲　（2）小学没毕业　（3）小学毕业　（4）初中没毕业　（5）初中毕业　（6）高中或中专没毕业　（7）高中或中专毕业

5. 家庭来源：_____（1）城镇（包括县级市）　（2）农村

6. 您在家中属于：_____（1）独生子女　（2）非独生子女

7. 你认为自己家庭经济情况：_____（1）非常困难　（2）比较困

难 （3）一般 （4）比较好 （5）非常好

8.单亲家庭与否：_____ （1）单亲（父或母亡） （2）父母离异 （3）非单亲

9.家庭结构：_____ （1）与父母同住 （2）与祖父母或外祖父母同住 （3）其他

10.父亲学历：_____ （1）初中以下 （2）初中 （3）高中或中专 （4）大专或本科 （5）本科以上

母亲学历：_____ （1）初中以下 （2）初中 （3）高中或中专 （4）大专或本科 （5）本科以上

11.父亲的职业：_____ （1）工人 （2）农民 （3）知识分子 （4）干部 （5）商业人员 （6）军人 （7）其他

母亲的职业：_____ （1）工人 （2）农民 （3）知识分子 （4）干部 （5）商业人员 （6）军人 （7）其他

12.你是出于哪种动机违法的：_____ （1）激情违法 （2）预谋违法

13.你从什么渠道获得违法的"灵感"。_____ （1）网络 （2）书籍 （3）电视 （4）朋友 （5）其他

14.你从违法行为中获得了：_____ （1）金钱 （2）快感 （3）对他人的控制 （4）自我牺牲 （5）摆脱了恐惧 （6）其他

15.你违法时知道自己的行为是违法的吗？_____ （1）是 （2）否

附录 B：生活满意度量表（CASLSS）

我们希望了解您在违法前对自己生活状态的看法，参照你在大多数时间的生活状态，把最符合您观点的数字填写在答题纸上相同的题号的后面。请按照您的真实想法和感受填写，这一点很重要，这不是

考试，也无所谓对错，您不必参考别人的看法。对每份问卷的回答，我们都将严格保密，您不必有任何顾虑。请回答完所有的问题。

谢谢你的合作。

请在你选择的选项上打个"✓"

项　目	完全不符合	不符合	有点符合	说不定	有点符合	符合	完全符合
1.我的朋友都很尊重我	1	2	3	4	5	6	7
2.我喜欢和我的父母在一起	1	2	3	4	5	6	7
3.我在学校感觉不舒服	1	2	3	4	5	6	7
4.我希望住在别的地方，而不是自己家	1	2	3	4	5	6	7
5.基本没人强迫我做我不喜欢的事	1	2	3	4	5	6	7
6.我在学业上取得理想的成就	1	2	3	4	5	6	7
7.我有很多朋友	1	2	3	4	5	6	7
8.我的家庭是个幸福的家庭	1	2	3	4	5	6	7
9.学校的很多事情我都不喜欢	1	2	3	4	5	6	7
10.我生活中有许多不如意的事	1	2	3	4	5	6	7
11.基本上我能按自己的愿望行事	1	2	3	4	5	6	7
12.我对我的学业很满意	1	2	3	4	5	6	7
13.如我需要，朋友们都会帮助我	1	2	3	4	5	6	7
14.大多数时候我喜欢家长的教育方式	1	2	3	4	5	6	7
15.我喜欢去学校	1	2	3	4	5	6	7
16.我生活的地方治安好	1	2	3	4	5	6	7
17.基本上我有自主选择的自由	1	2	3	4	5	6	7
18.与多数同学比，我在学校发展较全面	1	2	3	4	5	6	7
19.我的朋友对我很好	1	2	3	4	5	6	7

续表

项　目	完全不符合	不符合	有点符合	说不定	有点符合	符合	完全符合
20. 我的家人在一起相处很和睦	1	2	3	4	5	6	7
21. 我喜欢学校的生活	1	2	3	4	5	6	7
22. 我生活的地方社会风气好	1	2	3	4	5	6	7
23. 我在课余能做自己喜欢的事	1	2	3	4	5	6	7
24. 与同学相比，我在学校获得的荣誉较多	1	2	3	4	5	6	7
25. 我在自己的同伴中很有威望	1	2	3	4	5	6	7
26. 我的父母能平等地对待我	1	2	3	4	5	6	7
27. 我喜欢学校的生活	1	2	3	4	5	6	7
28. 我们生存的世界是和平安宁的	1	2	3	4	5	6	7
29. 基本上没有人干涉我的生活	1	2	3	4	5	6	7
30. 我觉得自己在同伴中很有面子	1	2	3	4	5	6	7
31. 我希望结交与现在不同的朋友	1	2	3	4	5	6	7
32. 我的家庭成员之间很友善	1	2	3	4	5	6	7
33. 我在学校的生活很有趣	1	2	3	4	5	6	7
34. 我在学业上很有成就感	1	2	3	4	5	6	7
35. 我与我的朋友有很多趣事	1	2	3	4	5	6	7
36. 我和我的父母在一起能愉快的交谈	1	2	3	4	5	6	7

附录 C：情绪体验量表（PANAS-R）

请用 1—5 评价您一周内在多大程度上体验到了以下这些情绪或感受：(1= 没有或非常轻微，2= 有一点，3= 中等程度，4= 很强烈，

5= 非常强烈）

　　（　）害怕的；（　）内疚的；（　）紧张的；（　）恼怒的；（　）难过的；（　）感激的；（　）活跃的；（　）兴奋的；（　）自豪的；（　）欣喜的；（　）惊恐的；（　）羞愧的；（　）易怒的；（　）快乐的；（　）精力充沛的；（　）兴高采烈的；（　）充满热情的；（　）战战兢兢的。

参考文献

一、著作类

[德] 李斯特:《德国的刑法教科书》,徐久生译,法律出版社 2006 年版。

[德] 马克思、恩格斯:《马克思恩格斯选集》第 1 卷,人民出版社 1995 年版。

[德] 包尔生:《伦理学体系》,何怀宏、廖申白译,中国社会科学出版社 1988 年版。

[德] 马克斯·舍勒:《价值的颠覆》,罗悌伦译,生活·读书·新知三联书店 1997 年版。

[法] 埃米尔·迪尔凯姆:《自杀论》,冯韵文译,商务印书馆 1996 年版。

[古希腊] 柏拉图:《理想国》,郭斌、张竹明译,商务印书馆 1986 年版。

[古希腊] 亚里士多德:《尼各马科伦理学》,苗力田译,中国社会科学出版社 1999 年版。

[古希腊] 亚里士多德:《形而上学》,吴寿彭译,商务印书馆 1991 年版。

[古希腊] 亚里士多德:《亚里士多德全集》(第八卷),苗力田主编,中国人民大学出版社 1992 年版。

[加] 朗奇菲尔德:《刑罚的故事》,郭建安译,法律出版社 2006 年版。

[前苏联] 苏霍姆林斯基:《帕夫雷什中学》,赵玮译,教育科学出版社 1983 年版。

[美] 埃里克·H.埃里克森:《同一性:青少年与危机》,孙名之译,中央编

译出版社 2015 年版。

[美] 巴特尔：《犯罪心理学》，杨波等译，中国轻工业出版社 2015 年版。

[美] 伯尔曼：《法律与宗教》，梁治平译，中国政法大学出版社 2003 年版。

[美] 杜安·舒尔茨、西德尼·艾伦·舒尔茨：《人格心理学》，张登浩、李森译，机械工业出版社 2016 年版。

[美] 富兰克林·E.齐姆林：《美国少年司法》，高维俭译，中国人民公安大学出版社 2010 年版。

[美] 默顿：《社会理论和社会结构》，唐少杰、齐心译，译林出版社 2008 年版。

[美] 玛格丽特·K.罗森海姆编：《少年司法的一个世纪》，高维俭译，商务印书馆 2008 年版。

[美] 斯蒂芬·巴坎：《犯罪学：社会学的理解》，姜晨译，人民出版社 2011 年版。

[美] 约翰·桑特洛克：《青少年心理学》，寇彧译，人民邮电出版社 2013 年版。

[日] 大塚仁：《刑法概说》（总论），冯军译，中国人民大学出版社 2003 年版。

[意] 菲利：《实证派犯罪学》，郭建安译，中国政法大学出版社 1987 年版。

[意] 龙勃罗梭：《犯罪及其原因和矫正》，吴宗宪译，中国人民公安大学出版社 2009 年版。

[英] 约翰·穆勒：《功利主义》，徐大健译，商务印书馆 2007 年版。

北京大学哲学系：《古希腊罗马哲学》，商务印书馆 1982 年版。

《蔡元培全集》（第二卷），中华书局 1984 年版。

《蔡元培教育论集》，湖南教育出版社 1987 年版。

《蔡元培教育论著选》，人民教育出版社 1991 年版。

曹漫之主编：《中国青少年犯罪学》，群众出版社 1988 年版。

董纯才：《中国大百科全书》（教育卷），中国大百科全书出版社 1985 年版。

《汉书》，中华书局 1962 年版。

傅安球：《实用心理异常诊断矫治手册》，上海教育出版社 2015 年版。

郭建安主编：《社区矫正通论》，法律出版社 2004 年版。

金大陆：《上海青年志》，上海社科院出版社 2002 年版。

康树华：《青少年犯罪与治理》，中国人民公安大学出版社 2000 年版。

康树华：《青少年法学》，北京大学出版社 1986 年版。

康树华、刘灿璞等：《中外少年司法制度》，华东师范大学出版社 1991 年版。

康树华、向泽选：《青少年法学新论》，高等教育出版社 1996 年版。

康树华主编：《预防未成年人犯罪与法制教育全书》（上卷），西苑出版社
1999 年版。

康树华：《当代中国犯罪主体》，群众出版社 2004 年版。

孔颖：《走进文明的橱窗——清末官绅对日监狱考察研究》，法律出版社
2014 年版。

李秀清、孟祥沛、汪世荣点校：《大清新法令 1901—1911 点校本》（第 1 卷），
商务印书馆 2010 年版。

林山田、林东茂、林灿章：《犯罪学》，台北三民书局 2007 年版。

李山译注：《管子》，中华书局 2016 年版。

李小龙译注：《墨子》，中华书局 2016 年版。

李泽厚：《历史本体论》，生活·读书·新知三联书店 2002 年版。

刘作揖：《少年事件处理法》，台北三民书局 2012 年版。

刘晓东：《儿童教育新论》，江苏教育出版社 1999 年版。

刘锡鸿、张德彝：《英轺私记－随使英俄记》，岳麓书社 1986 年版。

刘焕阳：《宋代巨野晁氏家族文化研究》，中华书局 2013 年版。

马克昌：《近代西方刑法学说史略》，中国检察出版社 2004 年版。

（清）阮元：《揅经室集》（上册），邓经元点校，中华书局 1993 年版。

饶尚宽译注：《老子》，中华书局 2016 年版。

沈银和：《中德少年刑法比较研究》，台湾五南图书出版公司 1988 年版。

孙正聿：《哲学通论》，辽宁人民出版社 2000 年版。

唐凯麟：《西方伦理学名著提要》，江西人民出版社 2000 年版。

谭家健、孙中原：《墨子今注今译》，商务印书馆 2009 年版。

《史记》，中华书局 1959 年版。

王牧主编：《犯罪学丛论》，中国检察出版社 2009 年版。

王勇民：《儿童权利保护的国际法研究》，法律出版社 2010 年版。

汪庆祺编：《各省审判厅判牍》，北京大学出版社 2007 年版。

吴宗宪：《西方犯罪学》，法律出版社 2006 年版。

徐建主编：《青少年犯罪学》，上海社会科学院出版社 1986 年版。

徐建主编：《青少年法学新视野》（上），中国人民公安大学出版社 2005 年版。

向培风：《智慧人格——苏格拉底柏拉图亚里士多德》，长江文艺出版社 1996 年版。

姚建龙：《中国少年司法研究综述》，中国检察出版社 2005 年版。

姚建龙：《少年刑法与刑法变革》，中国人民公安大学出版社 2005 年版。

姚建龙主编：《中国青少年犯罪研究综述》，中国检察出版社 2009 年版。

姚建龙：《法学的童真：孩子的法律视界》，生活·读书·新知三联书店 2015 年版。

杨伯峻：《春秋左传注》，中华书局 1981 年版。

杨伯峻：《论语注译》，岳麓书社 2000 年版。

严瑜：《幸福心理学》，人民出版社 2015 年版。

张婧：《监狱矫正机能之观察与省思》，中国人民公安大学出版社 2010 年版。

朱熹：《四书章句集注》，中华书局 2011 年版。

朱贻庭：《伦理学小辞典》，上海辞书出版社 2004 年版。

张远煌：《中国未成年人犯罪的犯罪学研究》，北京师范大学出版社 2012 年版。

周振想主编：《青少年犯罪学》，中国青年出版社 2004 年版。

周路、杨若何、胡汝泉：《青少年犯罪综合治理对策学》，群众出版社 1986

年版。

　　赵琛：《监狱学》，上海法学编译社 1933 年版。

　　赵汀阳：《论可能生活———一种关于幸福与公正的理论》，中国人民大学出版社 2004 年版。

　　郑文樾：《乌申斯基教育文选》，人民教育出版社 1991 年版。

　　祖嘉合：《思想政治教育方法教程》，北京大学出版社 2004 年版。

　　Agnew, R., *Sources of Criminality: Strain and Subcultural Theories, in Criminology: A Contemporary Handbook*, Belmont, J., CA: Wadsworth, 2000.

　　Brownmiller, S., *Against Our Will: Men, Women, and Rape*, New York: Simon and Schuster, 1975.

　　Charles, E., *Crisis in the Classroom: The Remaking of American Education*, New York: New York Random House, 1971.

　　Cohen, Albert K., *Delinquent Boys: The Culture of the Gang*, New York: Free Press, 1955.

　　Cairns, Jo., Lawton, D. and Gardner, R., *Values, Culture and Education*, Sydney: Kogan Page Limited, 2001.

　　Krohn, M., *Sources of Criminality: Control and Deterrence Theories, in Criminology: A Contemporary Handbook*, Belmont J., CA: Wadsworth, 2000.

　　Warr, M., *Public Perceptions of and Reactions to Crime, in Criminology: A Contemporary Handbook*, Belmont, J., CA: Wadsworth, 2000.

　　William, James, *Varieties of Religious Experience: A Study in Human Nature*, London: Routledge, 2002.

二、期刊论文类

　　陈来：《古代德行伦理与早期儒家伦理学的特点》，《河北学刊》2002 年第 6 期。

陈冰、李雅华:《德国少年司法保护简述》,《青少年犯罪问题》2005年第3期。

陈铭聪、徐明明、袁晶:《台湾地区少年事件处理法规范与立法研究》,《预防青少年犯罪研究》2014年第2期。

崔波:《中美青少年人格教育比较研究》,《北京青年政治学院学报》2005年第3期。

操学诚、路琦、牛凯等:《2010年我国未成年犯抽样调查分析报告》,《青少年犯罪问题》2011年第6期。

丁新华、王极盛:《青少年主观幸福感研究述评》,《心理科学进展》2004年第1期。

傅国良:《"家长职业"更需要培训"上岗"》,《基础教育论坛》2016年第12期。

关颖:《关注未成年人、家庭及其城市》,《青年研究》2004年第8期。

关颖:《家庭对未成年人犯罪的影响因素分析》,《预防青少年犯罪研究》2012年第2期。

关颖:《学校教育对未成年人犯罪影响的调查》,《预防青少年犯罪研究》2012年第3期。

关颖:《大众传媒对未成年人犯罪影响因素分析》,《预防青少年犯罪研究》2012年第4期。

关颖:《社会交往对未成年人犯罪的影响分析》,《预防青少年犯罪研究》2012年第6期。

关颖:《未成年人犯罪特征十年比较——基于两次全国未成年犯调查》,《中国青少年研究》2012年第6期。

高维俭、胡印富:《少年虞犯制度比较研究》,《预防青少年犯罪研究》2013年第4期。

何立国、周爱保:《"青少年学生生活满意度量表"的概化理论研究》,《心理科学》2006年第5期。

化雨:《青年要自觉践行社会主义核心价值观》,《党建文汇月刊》2014年第6期。

胡学相、张中剑：《完善未成年被告人人格调查制度的司法对策》，《华南理工大学学报》（社会科学版）2014 年第 5 期。

贺光辉：《新时期青少年越轨行为的特点、成因及对策研究》，《理论月刊》2007 年第 2 期。

金凤仙、程社火：《家庭教养方式与青少年犯罪研究进展》，《中国健康心理学杂志》2015 年第 3 期。

姜爱东：《德国社区矫正概论》，《中国司法》2005 年第 11 期。

匡敦校：《中国未成年人社区矫正的问题及对策》，《中国青年社会科学》2015 年第 1 期。

路琦、董泽史、姚东、胡发清：《2013 年我国未成年犯抽样调查分析报告》（上），《青少年犯罪问题》2014 年第 3 期。

路琦、董泽史、姚东、胡发清：《2013 年我国未成年犯抽样调查分析报告》（下），《青少年犯罪问题》2014 年第 4 期。

路琦、牛凯、刘慧娟等：《2014 年我国未成年人犯罪研究报告》，《中国青年社会科学》2015 年第 3 期。

李康熙：《未成年人违法犯罪急剧上升的原因分析》，《青少年犯罪问题》2007 年第 4 期。

李晓凤：《武汉市青少年社会教育经验模式研究》，《中国青年研究》2007 年第 12 期。

李博翔、蒋岩波：《城市流动青少年犯罪原因及对策思考》，《江西社会科学》2014 年第 9 期。

李新军：《申报视野下的民国留学生研究（1929—1933）》，《衡阳师范学院学报》2016 年第 1 期。

李科生、曹中平、高鹏程等：《工读学生的人格与自我同一性状态》，《湖南科技大学学报》（社会科学版）2013 年第 6 期。

李建均：《认知教育在英国小学德育中的运用》，《江苏教育研究》2006 年第 11 期。

梁国典：《孔子的"君子"人格论》，《齐鲁学刊》2008 年第 5 期。

刘衍玲、臧原、张大均：《家校合作研究述评》，《心理科学》2007 年第 2 期。

刘春梅、张浩珏：《论教育生态的偏颇与修复》，《河南师范大学学报》（哲学社会科学版）2015 年第 4 期。

刘若谷、苏春景：《虞犯制度背景下工读学校改革走势的思考》，《中国特殊教育》2016 年第 8 期。

刘若谷：《幸福成长：教育价值的本体回归》，《教育研究》2016 年第 5 期。

刘蕊译：《少年法》，《财经政法资讯》2014 年第 6 期。

陆青：《国外青少年法规有关青少年犯罪概念的规定》，《国外法学》1987 年第 3 期。

孟兰芬：《"以德治国"研究述要》，《齐鲁学刊》2002 年第 5 期。

马晓辉、雷雳：《青少年网络道德与其网络偏差行为的关系》，《心理学报》2010 年第 10 期。

潘颖秋：《初中青少年自尊发展趋势及影响因素的追踪分析》，《心理学报》2015 年第 6 期。

屈奇：《社会排斥与闲散青少年违法犯罪》，《理论导刊》2010 年第 9 期。

屈智勇、邹泓：《家庭环境、父母监控、自我控制与青少年犯罪》，《心理科学》2009 年第 2 期。

邱林、郑雪、王燕飞：《积极情感消极情感量表（PANAS）的修订》，《应用心理学》2008 年第 3 期。

宋灵青、刘儒德、李玉环等：《社会支持、学习观和自我效能感对学习主观幸福感的影响》，《心理发展与教育》2010 年第 3 期。

沈重译：《少年法》，《国外法学》1979 年第 6 期。

谭德礼：《道德自觉自信与公民幸福感的提升》，《道德与文明》2013 年第 3 期。

吴建明：《浅谈青少年法制教育》，《陕西青年管理干部学院学报》2001 年第 2 期。

吴宗宪：《我国未成年犯罪人社区矫正的主要问题与对策》，《贵州民族大学学报》2015 年第 5 期。

吴宗宪：《恢复性司法述评》，《江苏公安专科学校学报》2002 年第 3 期。

吴海航、黄凤兰：《日本虞犯少年矫正教育制度对我国少年司法制度的启示》，《青少年犯罪问题》2008 年第 2 期。

王道春：《农村"留守儿童"犯罪原因及预防对策刍议》，《北京青年政治学院学报》2006 年第 3 期。

王枬：《论教师的仁爱之心》，《教育研究》2016 年第 8 期。

王极盛、丁新华：《初中生主观幸福感与应对方式的关系研究》，《中国公共卫生》2003 年第 10 期。

王淑芹、刘畅：《德治与法治：何种关系》，《伦理学研究》2014 年第 5 期。

夏佩群、洪海波：《论未成年人帮教制度的构建》，《预防青少年犯罪研究》2012 年第 11 期。

徐淑慧、苏春景：《法律信仰的特点、结构与培养策略》，《教育研究》2016 年第 6 期。

徐国栋：《普通法中的国家亲权制度及其罗马法根源》，《甘肃社会科学》2011 年第 1 期。

徐建：《我国青少年法制建设发展中的一个里程碑》，《青少年犯罪问题》1998 年第 1 期。

熊谋林、胡瑶等：《青少年越轨、犯罪与"社会一体化"预防理念》，《预防青少年犯罪研究》2015 年第 1 期。

习近平：《从小积极培育和践行社会主义核心价值观》，《辅导员》2014 年第 1 期。

邢占军：《主观幸福感测量研究综述》，《心理科学》2002 年第 3 期。

邢占军、黄立清：《西方哲学史上的两种主要幸福观与当代主观幸福感研究》，《理论》2004 年第 1 期。

辛晓娇：《论王阳明"治世""治心""治天"的逻辑统一》，《孔子研究》2015 年第 5 期。

游涛、周慧敏、刘欣：《未成年犯罪人特殊成长模式及教育制度完善对策》，《预防青少年犯罪研究》2016 年第 1 期。

杨雄、刘程：《关于学校、家庭、社会"三位一体"教育合作的思考》，《社会科学》2013 年第 1 期。

杨云：《名人家风模因及其参鉴价值》，《湖南人文科技学院学报》2015 年第 2 期。

姚建龙：《转变与革新论少年刑法的基本立场》，《现代法学》2006 年第 1 期。

姚建龙：《犯罪后的第三种法律后果：保护处分》，《法学论坛》2006 年第 1 期。

姚建龙：《国家亲权理论与少年司法》，《法学杂志》2008 年第 3 期。

姚建龙：《犯罪学与刑事司法的融合》，《社会科学》2008 年第 12 期。

姚建龙：《近代中国少年司法改革的进展与高度》，《预防青少年犯罪研究》2014 年第 4 期。

严标宾、郑雪、邱林：《主观幸福感研究综述》，《自然辩证法通讯》2004 年第 2 期。

张旭：《转型中的中国社会与未成年人犯罪预防》，《吉林大学社会科学学报》2006 年第 6 期。

张奇伟：《"为政以德"的当代解读——论儒家德治思想的现代意义》，《北京师范大学学报（社会科学版）》2002 年第 2 期。

张亚伶、杨红英、刘学惠：《未成年人犯罪与父母教养方式的相关研究》，《首都师范大学学报（社会科学版）》2005 年第 4 期。

张鸿巍：《"国家亲权"法则的衍变及其发展》，《青少年犯罪问题》2013 年第 5 期。

张远煌、姚兵：《中国现阶段未成年人犯罪的新趋势》，《法学论坛》2010 年第 1 期。

翟进：《从失范到紧张：青少年越轨行为研究的衍变及本土化视角》，《社会科学研究》2012 年第 3 期。

赵军、彭志刚、彭红彬：《暴力资讯与未成年人犯罪实证研究》，《江西财经大学学报》2010 年第 3 期。

赵军、祝平燕:《学校联系紧密度与未成年人犯罪因果性经验研究》,《教育研究与实验》2012 年第 1 期。

赵利云、程灶火、刘新民:《儿童行为问题与父母教养方式的关系》,《中国健康心理学杂志》2011 年第 4 期。

周羚敏:《台湾地区少年虞犯处分措施对内地不良行为少年处遇的启示》,《青少年学刊报》2011 年第 4 期。

Akers, Ronald L., "Linking Sociology and Its Specialties: The Case of Criminology", *Social Forces*, 1992, 71 (1).

Agnew, R., "Foundation for General Strain Theory of Crime and Delinquency", *Criminology*, 1992, 30 (1).

Bandura, A., "Imitation of Film-Mediated Aggressive Models", *Journal of Abnormal and Social Psychology*, 1963, 66 (1).

Baron, Stephen W., "Self-Control, Social Consequences, and Criminal Behavior: Street Youth and the General Theory of Crime", *Journal of Research in Crime & Delinquency*, 2003, 40 (4).

Bao W., Haas A. & Pi Y., "Life Strain, Negative Emotions, and Delinquency: An Empirical Test of General Strain Theory in the People's Republic of China", *International Journal of Offender Therapy and Comparative Criminology*, 2004, 48(3).

Diener, E., "*Subjective Well-Being*", *Psychology Bulletin*, 1984, 95 (3).

Diener, E., "Subject Well-Being: The Science of Happiness and a Proposal for a National Index", *American Psychologist*, 2000, 55 (1).

Haynie, D., "*Race, Friendship Networks, and Violent Delinquency*", *Criminology*, 2006, 44 (4).

Hoffmann, John P. and Cerbone, F., "Stressful Life Events and Delinquency Escalation in Early Adolescence", *Criminology*, 1999, 37 (2).

Jang, S., "The Effects of Family, School, Peers, and Attitudes on

Adolescents' Drug Use", *Justice Quarterly*, 2002, 19 (1).

Keyes, C., "Social well-being", *Social Psychology Quarterly*, 1998, 61 (2).

Miller, Walter B., "Lower Class Culture as a Generating Milieu of Gang Delinquency", *Journal of Social Issues*, 1958, 14 (3).

Morselli, C., Tremblay, P., "Mentors and Criminal Achievement", *Criminology*, 2010, 44 (1).

Shek, D.T., Sun, R.C., "Positive Youth Development Programs for Adolescents with Greater Psychosocial Needs: Subjective Outcome Evaluation over 3 Years", *Journal of Pediatric and Adolescent Gynecology*, 2014, 27 (9).

三、学位论文类

陈敏男：《少年事件处理法之保护处分与刑法保安处分之比较研究》，博士学位论文，台湾辅仁大学 2002 年。

曹月：《浅析我国青少年犯罪成因及对策》，硕士学位论文，吉林大学 2012 年。

党日红：《中俄未成年人刑事责任比较研究》，博士学位论文，中国政法大学 2008 年。

段炼炼：《青少年犯罪预防与矫正研究》，博士学位论文，鲁东大学 2016 年。

谷彩肖：《问题青少年家庭功能、情绪调节与依恋的关系研究》，硕士学位论文，江西师范大学 2012 年。

龙丽达：《青少年罪错行为分析与矫治对策探究》，博士学位论文，东北师范大学 2011 年。

李艳玲：《城市居民主观幸福感特点及影响因素研究》，硕士学位论文，曲阜师范大学 2006 年。

盛长富：《未成年人刑事司法国际准则研究》，博士学位论文，大连海事大学 2012 年。

吴晶：《南京市流动未成年人犯罪成因探讨及对策分析》，硕士学位论文，南京理工大学 2006 年。

王维：《社区矫正制度研究》，博士学位论文，西南政法大学 2006 年。

王顺安：《社区矫正理论研究》，博士学位论文，中国政法大学 2007 年。

王敏：《矫正基本原理研究》，博士学位论文，西南政法大学 2010 年。

徐淑慧：《法律意识植根于自我的教育研究》，博士学位论文，鲁东大学 2016 年。

于国旦：《少年司法制度研究》，博士学位论文，中国政法大学 2004 年。

曾康：《未成年人刑事审判程序研究》，博士学位论文，西南政法大学 2007 年。

周颖：《近代少年司法制度研究》，博士学位论文，华东政法大学 2015 年。

张若男：《初中生主观幸福感现状及影响因素研究》，硕士学位论文，皖南医学院 2015 年。

四、网络类

雷宇：《初中男生持刀伤害花季少女　因未满 14 岁被释放引发争议》，2018-07-02，见 http://zqb.cyol.com/html/2018-07/02/nw.D110000zgqnb_20180702_1-07.htm。

张瑞：《杀师之后》，2016-02-18，见 http://www.weibo.com/p/1001643943993107959988。

袁汝婷、谢樱：《留守女童毒死两同学》，2015-06-17，见 http://news.sina.com.cn/o/2015-06-17/081931959829.shtml。

曾春：《陕西警方通报"女生穿同款衣被围殴"：打人者均未成年不担责》，2016-06-04，见 https://www.thepaper.cn/newsDetail_forward_1478766。

后　记

"翠条多力引风长，点破银花玉雪香。"又是一年玉兰花开时，鲁东大学教育科学学院门前下课的同学们熙熙攘攘，青春与活力扑面而来。想必这一届的博士师弟师妹们正在进行答辩前的最后修改。回想当年的自己，此时还在苏老师的指导下，对外审专家的意见进行论文调整，真是痛苦与期待并存，让人刻骨铭心。

这本书可以说是对我三年博士求学经历的总结，也是对我三十五年人生积累的梳理。这包含着青春的梦想与激情，思想碰撞的痛苦和收获，包含着劳动的汗水，对低龄触法未成年人的哀其不幸、怒其不争和对这个冷暖世界的复杂体验。更重要的是，它包含了我对世界终将更美好的坚信。至此，我就可以对我的青年时代挥手告别，走向新的未来。

低龄触法未成年人的矫正工作需要法学、教育学、心理学和社会学等多学科、多方面的合力。随着写作的深入，越发感受到自己局限和浅薄。由于身体发育程度、知识积累情况等因素，低龄未成年人的触法行为大多数不会严重危害社会安全，但令人担心的是他们对于触法行为的无知，以及对于被害人的冷漠。"身病易治，心病难医。"价值观的扭曲、道德感的缺失、法律的知识化以及朋辈间的交叉感染成为低龄触法未成年人矫正的难题。本书仅仅涉猎了低龄触法未成年人教育矫正的一点皮毛，希望以后有机会进一步深入探讨。

感谢我的导师苏春景教授，本书从确立选题、构建框架、撰写和修改，自始至终都是在老师的悉心指导下进行。感谢韩延伦教授对于本书选题的启发，以及指导我将幸福成长纳入触法未成年人矫正的视域中。感谢姚建龙教授一针见血的点评，为我指明前进的方向。感谢人民出版社的翟金明博士对我的鼓励和热情帮助。

感谢我的家人对我的支持和理解。

最后，谨以本书献给我的女儿，她的幸福成长是我奋力前行的动力和终极追求。希望你如同你的名字一般尽情演绎自己绚丽的人生。

刘若谷
2019 年 8 月于鲁大佳苑

责任编辑：翟金明

封面设计：石笑梦

图书在版编目（CIP）数据

引领与成长：低龄触法未成年人教育矫正研究／刘若谷 著．—
　北京：人民出版社，2018
ISBN 978－7－01－019879－8

I.①引…　II.①刘…　III.①青少年犯罪－研究－中国　IV.① D669.5

中国版本图书馆 CIP 数据核字（2018）第 226532 号

引领与成长

YINLING YU CHENGZHANG

——低龄触法未成年人教育矫正研究

刘若谷　著

人民出版社 出版发行

（100706　北京市东城区隆福寺街 99 号）

天津文林印务有限公司印刷　新华书店经销

2019 年 10 月第 1 版　2019 年 10 月北京第 1 次印刷
开本：710 毫米 ×1000 毫米 1/16　印张：22.25
字数：288 千字

ISBN 978－7－01－019879－8　定价：69.00 元

邮购地址 100706　北京市东城区隆福寺街 99 号
人民东方图书销售中心　电话（010）65250042　65289539